ORÁCULO ASTROLÓGICO

Ana Lía Ríos

ORÁCULO ASTROLÓGICO

Tradução
CARMEN FISCHER

EDITORA PENSAMENTO
São Paulo

Título original: *Oráculo astrológico.*

Copyright © 2001 Ana Lía Ríos.

Todos os direitos reservados. Nenhuma parte deste livro pode ser reproduzida ou usada de qualquer forma ou por qualquer meio, eletrônico ou mecânico, inclusive fotocópias, gravações ou sistema de armazenamento em banco de dados, sem permissão por escrito, exceto nos casos de trechos curtos citados em resenhas críticas ou artigos de revistas.

A Editora Pensamento-Cultrix não se responsabiliza por eventuais mudanças ocorridas nos endereços convencionais ou eletrônicos citados neste livro.

Dados Internacionais de Catalogação na Publicação
(Câmara Brasileira do Livro, SP, Brasil)

Ríos, Ana Lía
    Oráculo astrológico / Ana Lía Ríos ; tradução
Carmen Fischer. — São Paulo : Pensamento, 2005.

    Título original: Oráculo astrológico
    Bibliografia.
    ISBN 85-315-1387-1

    1. Astrologia 2. Oráculos I. Título.

05-2037   CDD-133.5

Índices para catálogo sistemático:
1. Oráculo astrológico 133.5

O primeiro número à esquerda indica a edição, ou reedição, desta obra. A primeira dezena
à direita indica o ano em que esta edição, ou reedição, foi publicada.

Edição	Ano
1-2-3-4-5-6-7-8-9-10-11	05-06-07-08-09-10-11

Direitos de tradução para a língua portuguesa
adquiridos com exclusividade pela
EDITORA PENSAMENTO-CULTRIX LTDA.
Rua Dr. Mário Vicente, 368 — 04270-000 — São Paulo, SP
Fone: 6166-9000 — Fax: 6166-9008
E-mail: pensamento@cultrix.com.br
http://www.pensamento-cultrix.com.br
que se reserva a propriedade literária desta tradução.

Impresso em nossas oficinas gráficas.

Para minha mãe,
Que habita o plano espiritual,
Com amor e gratidão.

Agradecimentos

Quero agradecer, em primeiro lugar, às minhas queridas amigas Cristina Grigna e Graciela Palomba, por terem acreditado que este livro merecia ser publicado e terem sempre me apoiado com carinho e confiança.

A todos da Editorial Kier, por confiarem no meu trabalho e pela receptividade que tiveram para encarar as dificuldades impostas por um texto extenso acompanhado de dois diferentes baralhos de cartas.

A Hania Czajkowski, companheira de jornadas espirituais, por ser minha madrinha amorosa nesta ocasião.

À minha revisora Beatriz Kareteew que, com seu habitual bom humor, me ofereceu sugestões sábias e observações perspicazes.

A Graciela Goldsmidt que, com seu entusiasmo e bom gosto, conseguiu fazer com que este livro e suas cartas tivessem a beleza que têm.

A Enrique Buchek, pela amabilidade e paciência com que ajudou a solucionar todos os problemas que tive com meu computador.

A Leandro Pinkler, pela costumeira generosidade com que me animou a encarar esta empreitada.

Por outro lado, tenho um sentimento especial de gratidão para com aqueles que me apoiaram espiritualmente durante os anos em que passei escrevendo este livro: refiro-me a Néstor Cabobianco e ao padre Carlos, mestres incondicionais de vida.

A Jorge Mele que, com sua simpática insistência, foi a primeira pessoa que me instou a escrever.

E a meu pai, meus professores, amigos, colegas, alunos e clientes; com todos eles tenho uma grande dívida de gratidão. Eles foram os próprios símbolos vivos de que fala este livro.

Sumário

Dedicatória 5

Agradecimentos 7

Prefácio de Hania Czajkowski 11

Introdução 13
    História dos Símbolos Sabianos 15
    Breve Exposição do Conceito de Consciência Simbólica 17
    Como utilizar os Símbolos Sabianos 22

Signos Cardinais 27
    Áries–Libra 28
    Câncer–Capricórnio 67

Signos Fixos 107
    Touro–Escorpião 108
    Leão–Aquário 147

Signos Mutáveis 187
    Gêmeos–Sagitário 188
    Virgem–Peixes 227

Bibliografia 267

Anexo: Tabela de Correspondências 269

Prefácio

Cada um de nossos sonhos, desejos, pensamentos, atos e sentimentos está ligado ao céu por um fio invisível. Ana Lía Ríos, como uma maga paciente e genial, revela um jogo maravilhoso que nos permite seguir o percurso desses fios. Em uma de suas pontas, estamos nós, com nossas dúvidas e interrogações; na outra, o Zodíaco cintilando no céu com suas respostas surpreendentes.

Os símbolos Sabianos, interpretados em profundidade por Analía, nos falam na linguagem dos sonhos. Com imagens quase cinematográficas, os olhos de nossa alma detêm-se numa cena, numa paisagem, num detalhe, num objeto... E ali está, a nosso alcance, o sinal esperado! O sinal dos deuses, o de que mais necessitamos neste exato momento. E eles, como sabemos, sempre nos falam em sua linguagem criptográfica e sempre nos desafiam a compreendê-los.

Minhas viagens me trouxeram ao México — o país mais surrealista do mundo — para apresentar o meu novo romance em meio a um redemoinho de entrevistas, conferências, cores e sabores, intensidade e surpresas. Acompanhada do livro e do baralho de Analía, refugio-me num fim de semana em um lugarejo encravado nas montanhas próximas do Distrito Federal chamado Tepoztlan. Doce, mágico, com suas ruas de pedra, casinhas coloridas e perturbadores olhares de índios, é um refúgio perfeito para consultar os astros. Peço aos planetas que cintilam na infinitude deste firmamento que me dêem a medida exata de minhas necessidades para transpor esta experiência tão maravilhosa quanto inquietante. E, para saber, consulto as cartas...Virgem, grau 6 é a resposta...

Enquanto leio a resposta, um tremor percorre o meu corpo da cabeça aos pés. A cena que aparece tem uma tal ressonância com a situação que estou vivendo que prendo a respiração. Uma pequena carruagem, como as queridas de minha infância, puxada ora por cavalinhos fantásticos conduzindo-me a lugares distantes, ora por dragões terríveis, carruagens irresistíveis de cores explosivas, girafas alegres subindo e descendo, girando e girando. É assim que me sinto diante de tanta velocidade, de tantas alternativas, mudanças e sensações. Continuo lendo.

Astrológico: "As brincadeiras de infância são, muitas ⟍ simbólicas das experiências de vida que só teremos ⟍ᵁltos." As cartas descrevem exatamente o que me ⟍ᵈe uma simples figura de mandala, cujo centro se ex- ⟍ᵃs variadas para a periferia..." "Ela tem um movimento re- ⟍ partir de um centro imóvel...", continua o oráculo. Continuo ⟍ᵒ e, de repente, como quando se obtém uma chave para decifrar um sonho, tudo se ordena diante de mim e compreendo o que é que devo fazer neste momento: ...Manter-me no centro fixo, mágico e imperturbável!

Essa maravilhosa variedade de cores, pessoas, sensações e sorrisos que estou vivendo tem um centro fixo, é um objetivo que não devo esquecer e ao redor do qual giram todos os acontecimentos.

Leio a mensagem do oráculo e a cena se apresenta ainda mais clara e definida: "...Neste momento, um amplo espectro de possibilidades aparecerá diante dos seus olhos. Saiba desfrutá-lo, ao mesmo tempo em que distingue o acessório do essencial." Essa é decididamente a chave exata para descrever tudo o que está acontecendo comigo neste exato momento!

O jogo contém sabedoria, precisão, magia e mistério, quatro elementos sem os quais não é possível viver. E como diz Analía: "O principal objetivo do trabalho com os símbolos é produzir uma mudança de consciência." Eu posso assegurar que este jogo o alcança plenamente.

Com a suavidade, criatividade e leveza que a caracterizam, ela nos ajuda a acomodar mundos, projetos, esperanças, amores e sonhos.

Hania

Introdução

No começo da década de 1980, entrei em contato com os Símbolos Sabianos por meio do livro *Uma Mandala Astrológica* [Editora Pensamento, S. Paulo], cujo autor, Dane Rudhyar, os apresentava considerando que podiam ser, ao mesmo tempo que um instrumento inestimável para a compreensão de qualquer mapa astral, um excelente livro de consulta oracular, o que me pareceu uma idéia promissora. Quando observei as imagens, fiquei imediatamente fascinada pela riqueza que possuíam, mas logo percebi que penetrar naquele mundo maravilhoso não seria uma tarefa fácil, devido ao fato de as interpretações sugeridas nem sempre serem claramente compreensíveis.

Mesmo diante dessa dificuldade, intuí que seria importante continuar investigando-os, uma vez que, quando conseguia decifrá-los, vislumbrava chaves essenciais, às quais não poderia ter acesso por outros meios. Isso deve-se ao fato de esses Símbolos terem sido construídos a partir de uma perspectiva totalmente diferente da tradicional, o que nos permite extrair outros tipos de leitura e interpretação.

Estudar a obra de Carl Gustav Jung foi primordial para a minha iniciação no mundo dos símbolos. Aos poucos, pude sentir pessoalmente como o trabalho com eles permite entender a essência do que está acontecendo conosco, e também descobri que esse é um verdadeiro caminho de autoconhecimento, que nos dá a oportunidade de evoluir como seres humanos, já que aprendemos a reconhecer a dimensão transcendente e evolutiva de qualquer situação corriqueira. Se percorremos esse caminho, aos poucos vamos abrindo a chamada "consciência simbólica" que, por sua vez, abrirá um novo mundo diante de nossos olhos, dando novos significados aos fatos da nossa vida, qualquer que seja a fase que estejamos atravessando.

Quanto aos Símbolos Sabianos, eles foram interpretados por dois grandes mestres em astrologia — Dane Rudhyar e Marc Edmund Jones — ambos com profunda erudição nessa ciência e conhecedores versados em temas do ocultismo. Entretanto, ambos são norte-americanos e suas obras foram escritas no início do século, sendo, portanto, de uma época e cultura muito diferentes das nossas. Talvez essa diferença de contexto seja uma das causas de suas explicações não serem muitas vezes crípticas. Por esse motivo, em deter-

enti que poderia ser interessante fazer uma reinterpretação
os. É desnecessário dizer que considero suas reflexões
as e que a minha contribuição para o tema só pode
de oferecer conceitos mais atualizados e uma terminolo-
mais apropriadas para a nossa época.

que diz respeito a símbolos, eu gostaria de esclarecer que sou apenas
a aprendiz apaixonada e perseverante. Isso me levou a compreender que,
para que outros possam ter acesso a esse mundo maravilhoso, é necessário
indicar a pista por onde eles poderão começar a investigar e, neste momento,
minha única intenção é provocar inquietação e compartilhar meus achados.

Meu contato com os Símbolos Sabianos não se deu por meio de um
estudo sistemático, mas fundamentalmente por meio do seu uso na prática; comecei a entendê-los quando (por coincidências em graus astrológi-
cos) conheci pessoas que os representavam. Foi só quando os vi manifestos
na vida cotidiana é que pude comprovar a verdadeira dimensão do seu
significado; então eles tornaram-se **símbolos vivos** e atuantes no mundo
interior de pessoas conhecidas e em sua vida concreta, expressando de maneira apropriada suas alegrias e sofrimentos, seus desejos mais profundos e
seus medos mais terríveis.

A verdadeira sabedoria reside nos próprios Símbolos Sabianos. Minhas
idéias a respeito deles estão baseadas no que tenho visto na prática cotidiana, nas interpretações tradicionais que a imagem pode sugerir e, é claro, no
meu próprio discernimento subjetivo, **ao qual o leitor deverá contrapor o
seu**. Conto com uma participação ativa do consulente e acho que talvez ele
possa considerar minhas indagações mais como uma ajuda em sua tarefa do
que como algo acabado e completo em si mesmo.

Se o zodíaco é usado como livro de consulta oracular, ele pode oferecer
respostas claras e sugestões convenientes quanto à questão consultada e
indicar corretamente qual é a disposição e conduta mais apropriadas para o
momento. Além do mais, como têm significados múltiplos, os símbolos
descrevem tanto as características emocionais quanto o sentido profundo
das circunstâncias nas quais o consulente se encontra.

Se utilizado de uma perspectiva astrológica, ele oferece imagens que
permitem entender dilemas existenciais presentes em qualquer mapa astral.
Essas imagens *complementam* perfeitamente uma leitura tradicional, orien-
tando-nos com respeito a questões que, mesmo quando estão expressas de
alguma maneira — seja por meio de situações ou aspectos planetários —
podem não ter chamado a nossa atenção e, por isso, podemos ter subesti-
mado sua importância. Por outro lado, e no momento de fazer uma síntese,

contribuem para a dimensão simbólica que, numa única imagem, oferece a possibilidade de integrar alternativas de amplo espectro.

Com referência ao uso deste livro como oráculo, eu gostaria de ressaltar a importância da atitude que se tem ao utilizá-lo com esse propósito. Com isso, quero dizer que a aproximação deve ser feita com todo o respeito e seriedade que a situação merece. A pergunta deve ser mais orientada para a busca de uma compreensão do significado da situação do que para a espera de uma resposta direta positiva ou negativa a determinados acontecimentos, mesmo quando muitas vezes a resposta obtida seja também contundente nesse sentido. Lembre-se de que, se você se "compromete" interiormente no momento de dirigir-se a um oráculo, obterá respostas sábias; se, ao contrário, só se volta para ele por curiosidade ou de brincadeira, poderá receber respostas zombeteiras ou irônicas: ele sempre lhe devolverá aquilo que você lhe apresentou.

Durante a Era de Peixes, considerava-se que o estudo dos símbolos era algo sagrado, oculto e restrito às diferentes tradições esotéricas: acreditava-se que era um caminho obrigatório a todo desenvolvimento espiritual empreendido com seriedade. Neste momento, a humanidade está ingressando paulatinamente na Era de Aquário. Nos dias de hoje, os conhecimentos esotéricos estão emergindo na consciência da humanidade e, por essa razão, entender determinados significados pode ser uma ferramenta útil para um conhecimento introdutório na matéria; talvez dessa maneira possamos começar a intuir o que pode representar o desenvolvimento de uma autêntica consciência simbólica.

História dos Símbolos Sabianos

No começo do século, Marc Edmund Jones perguntava-se se era possível construir uma nova estrutura simbólica que levasse em conta cada grau da esfera do zodíaco, ou seja, se seria possível ter uma imagem absolutamente exclusiva para 1º de Áries, outra para 2º de Áries, e assim sucessivamente. Ele achava que, se isso fosse viável, acrescentaria uma nova dimensão à leitura tradicional de qualquer mapa astral.

Como não existem casualidades, e sim coincidências significativas, ele conheceu então a senhorita Elsie Wheeler, uma médium muito reconhecida no seu meio e cuja clarividência se manifestava justamente por meio da visualização de imagens simbólicas. As respostas às questões que as pessoas lhe apresentavam apresentavam-se dessa forma em sua visão interior. Ela era conhecida pela precisão de suas respostas.

Jones achou que, talvez, juntos, eles pudessem obter a tão almejada roda de 360 graus. Com essa idéia em mente, ele confeccionou um maço de 60 cartas, atribuiu a cada uma delas um signo e um grau determinado, e foi com a srta. Wheeler trabalhar num parque tranqüilo de San Diego. Ali, ele lhe mostrou cada carta, mas de uma maneira que ela não pudesse ver a anotação que especificava o grau em questão (para ter certeza de que ela não estava de maneira alguma sendo influenciada) e ela comentou a imagem que visualizava em cada caso.

Assim, eles chegaram numa única tarde a completar todo um baralho de Símbolos Sabianos. Como Jones trabalhava na época com vários grupos de estudos paralelos, ele utilizou-os para colocar à prova as imagens, e só quando comprovou sua veracidade, decidiu dá-los a conhecer publicamente. Para sua surpresa, enquanto os estudava, observou que, além do mais, eles tinham interiormente uma estrutura simbólica harmônica e coerente, devido ao fato de as imagens não apenas estarem diretamente relacionadas com cada grau, mas também que a construção tinha por sua vez uma estrutura tal que graus em oposição e quadratura se complementavam perfeitamente, de maneira que o 15º de Câncer podia ser melhor compreendido quando se levava em conta também o 15º de Capricórnio e até o 15º de Áries e o 15º de Libra.

Logo depois de ter feito essa importante comprovação, ele decidiu publicar o livro ao qual intitulou *Sabian Symbols*, editado pela primeira vez durante o decorrer de 1953. No livro, ele expôs toda a sua experiência na área e escreveu suas interpretações pessoais de cada imagem obtida.

Dane Rudhyar conheceu esse texto e também comprovou na prática a autenticidade dos símbolos. Esse autor havia construído sua teoria astrológica com base em uma concepção cíclica da roda, entendendo que era preciso alcançar uma visão holística da mesma para captar a correspondência de cada parte com o todo e, especificamente, com o lugar que ocupa no interior da roda. Para ele, o 15º de Câncer é conseqüência direta de um processo evolutivo que vem ocorrendo de maneira tal que a imagem apresentada no 13º de Câncer passa para o 14º de Câncer e essa, por sua vez, ao 15º de Câncer, e assim sucessivamente. Como sua visão é de integração, da sua perspectiva, não apenas se vinculam e integram os graus que se encontram em quadratura e em oposição, mas também os aspectos de trígono e sextil e todos os outros. Dessa maneira, é possível construir diferentes estruturas simbólicas de acordo com a necessidade do consulente, e cada símbolo fica enriquecido quando se começa a estabelecer essas complexas relações.

Desse ponto de vista, Rudhyar elabora uma nova interpretação dos símbolos, acrescentando os significados que resultam de sua concepção pessoal. E assim, ele escreveu o livro que denominou *Uma Mandala Astrológica*.

Breve Exposição do Conceito de
CONSCIÊNCIA SIMBÓLICA

Em astrologia, estamos acostumados a usar uma linguagem simbólica. Quando, por exemplo, supomos que uma balança representa o signo de Libra, ou quando entendemos que um mapa astral pode conter equilíbrio ou desequilíbrio de elementos, estamos indicando fatos concretos e definíveis para quem entende esses códigos.

A balança, ou qualquer outro elemento astrológico, é um **símbolo**, porém deveríamos começar estabelecendo sua diferença de **signo**. Os signos nos remetem indubitavelmente a algo conhecido: pode ser uma placa que nos avisa em uma estrada que estamos nos aproximando de uma curva ou um emblema que representa um partido político ou clube de futebol. O símbolo, em troca, nos remete a algo pressentido, mas não conhecido, nem totalmente cognoscível. Por exemplo, a cruz pode ter significados distintos para diferentes pessoas e culturas e, mesmo que os pesquisadores do assunto tenham escrito durante séculos sobre ela, seu verdadeiro núcleo essencial continuará sendo um mistério para nós.

Por isso se diz que todo **símbolo** está vivo, porque conservará sua essência como tal enquanto continuar sendo fonte de inspiração e permanecer aberto a novos significados. Se essa capacidade se esgotar, ele será imediatamente transformado em **signo**.

No entanto, o que caracteriza fundamentalmente o símbolo é a sua qualidade de despertar fortes emoções. Diz-se que, quando estamos diante de um símbolo, algo começa a "ressoar" em nosso mundo interior, abrindo-se todo um espectro de experiências e imagens que foram ativadas por sua presença no campo da consciência. Sem dúvida, aqui o subjetivo tem grande importância, já que algumas mentes sensíveis e atentas podem perceber essa reverberação diante de muitas coisas, às quais vão atribuindo uma qualidade simbólica, enquanto outras contemplam insensíveis os mesmos objetos e fatos. É a nossa atitude interna que determina que coisa ou acontecimento pode ser elevado à categoria de símbolo, e isso acontece quando atribuímos uma nova dimensão ao fato vivido, além do que em princípio ele parecia ter.

Tomemos como exemplo o Sol, que foi e é adorado por muitos povos de diferentes culturas e é um símbolo impregnado de vasta história mítica. Pode acontecer de uma pessoa de uma cidade moderna desconhecer tudo isso e, no entanto, talvez, em algum momento de sua vida, ao deter-se diante do Sol — em determinadas circunstâncias e num determinado estado de espírito — ela sentir um arrebatamento que desperta nela imagens vívidas e emoções intensas, graças às quais ela compreende que, pela primeira vez, o está vendo realmente. A partir desse momento, quando por algum motivo volta a "vê-lo" ou olha para um simples desenho do Sol, todo esse mundo interior de representações volta a se mobilizar; mas o fato pode passar totalmente despercebido para as pessoas que a rodeiam.

Quando ocorrem essas experiências intensas, também aflora uma enorme gama de lembranças pessoais. Dessa forma, os impactos cotidianos nos impressionam lenta e imperceptivelmente, remetendo-nos a experiências afins e, assim, se configura a riqueza do nosso mundo interior de representações. Se sabemos quais são os nossos universos simbólicos (pessoais e coletivos), também entendemos a maioria de nossas ações e reações instintivas, como também a origem de muitas crenças e medos comuns a uma determinada sociedade.

Por isso, em toda interpretação simbólica é tão importante considerar o aspecto subjetivo de quem interpreta, as exigências da situação em que ele se encontra, suas tendências pessoais, sua orientação psíquica e as possíveis projeções de sua sombra* pessoal, uma vez que tudo isso passa a impregnar sua leitura pessoal.

Um mesmo símbolo pode ter vários significados. Por exemplo, uma pomba pode representar a deusa Afrodite para os gregos e ser um símbolo da paz ou do Espírito Santo em outros contextos. Cada uma dessas leituras é válida em determinados âmbitos e seus significados deveriam ser considerados inclusivos ou somatórios para a compreensão real dessa ave como símbolo. Diante disso, poder-se-ia pensar que os significados são atribuídos de maneira casual ou caprichosa, o que não é verdade, já que o alcance da acepção é determinado pelo **que é** e **como é** o objeto no qual o símbolo se apóia. Assim, o significado que será atribuído à pomba vai depender da cor de sua plumagem, de seu modo de voar e dos lugares que ela gosta de

---

* Sombra: Soma de disposições psíquicas pessoais e coletivas que não são vividas devido à sua incompatibilidade com a forma de vida escolhida conscientemente e que se constituiu numa personalidade relativamente autônoma no inconsciente, com tendências antagônicas.

freqüentar, do seu temperamento e hábitos comportamentais. Obviamente que conterá significados contraditórios dentro desse amplo espectro de possibilidades; de um lado, será símbolo de temperança e fecundidade, mas de outro, também poderá ser mensageira de más notícias se a sua plumagem for de cor preta, etc.

Pelo que foi dito, podemos compreender que objetos ou situações com qualidades semelhantes estão de algum modo relacionados entre si, de maneira que podemos, por exemplo, relacionar a Lua com os aspectos femininos maternais e com a contenção da água, aproximando seres que, de uma perspectiva racional, não teriam nenhuma ligação. Assim surgem as "seqüências simbólicas" ou "estruturas simbólicas", a partir da atração de determinados símbolos com base em uma afinidade interna que os liga e faz gerar constelações*.

Nessas estruturas simbólicas encontram-se, obviamente, componentes tanto de significados semelhantes quanto opostos, mas que estão ligados por fios de sentido semelhantes.

Costuma-se dizer que todo símbolo, ao mesmo tempo que **revela, oculta** mistérios. Com isso, quer-se dizer que podemos começar a entendê-los, seja por meio da nossa própria experiência ou por meio do estudo e análise do que a tradição lhes atribui, mas que não há nada que possamos fazer para extrair sua essência, uma vez que seu núcleo permanecerá para sempre como um mistério que nos é inacessível.

Jung considerava que quando a consciência é mobilizada por algum símbolo, é importante elaborá-la com um método que ele denominou de *amplificação*, com o qual se pretende ampliar e, com isso, enriquecer o conteúdo manifesto no símbolo, com todas as imagens que a história da humanidade foi acumulando a seu respeito. Voltando ao exemplo da pomba, se ela aparecesse, se investigaria como a sua presença foi interpretada em diferentes épocas e culturas, de maneira tal que o seu entendimento no contexto atual seria iluminado pela forma com que ela foi vista no passado. Para essa finalidade, pode-se utilizar alguns mitos, contos e lendas conhecidos. Não se pretende com essa investigação chegar à compreensão do tema (algo considerado inalcançável), mas contornar o seu núcleo central e, com isso, efetuar uma mudança na consciência que foi ativada pela imagem.

---

* Constelação: Influência do complexo ativo no pensamento e no comportamento, da mesma maneira que um conjunto de estrelas forma, na nossa visão interpretativa, um desenho global que se assemelha a uma determinada figura.

Com essa concepção, talvez possamos entender que o objetivo principal do trabalho com símbolos é efetuar uma mudança na consciência. Isso implica uma enorme transformação, já que estamos acostumados a nos mover com a mente racional, aquela que pensa por meio de conceitos e idéias, e devemos aprender a pensar a partir do inconsciente, que atua e é dinamizado por imagens, lembranças e emoções.

Seguindo a linha de pensamento de Jung, Bond criou a idéia de "consciência simbólica", que ocorre quando se alcança um estado interno no qual se pode, ao mesmo tempo, participar de uma fantasia e manter a consciência observadora em estado de alerta. Não se trata de uma experiência real e objetiva com fatos concretos, nem tampouco de um jogo mental totalmente ilusório, mas de um processo de busca que se realiza quando se tenta encontrar significado para uma experiência que mobilizou a consciência. Propõe-se a criação de um espaço íntimo que seja propício para a pessoa deixar-se levar pelas imagens que vão surgindo e, ao mesmo tempo, manter um olhar distante e objetivo enquanto observa o processo. Se a pessoa consegue alcançar esse estado e mantiver essa energia pelo tempo suficiente, emergirão do inconsciente estruturas simbólicas que ganharão importância para ela.

Com respeito ao inconsciente, Jung acreditava que contém não apenas o nosso passado pessoal, mas também a memória universal da humanidade, que ele chamou de **inconsciente coletivo**, que armazena tanto riquezas e sabedoria quanto terrores abissais do passado imemorial. No seu bojo, podemos entrar em contato com o nosso verdadeiro guia interior em busca de ajuda para nossos conflitos existenciais, sempre que adotarmos a atitude apropriada para entender sua linguagem hermética. E não só isso. Nesse nível, encontram-se também prontos para emergir os potenciais latentes que até o momento ainda não conseguimos realizar, mas que anseiam por se realizar e indicam suas pistas por meio de imagens.

É evidente que as pistas que vêm desse mundo recôndito não podem ser respostas claras e concretas (embora isso às vezes ocorra), mas sua riqueza potencial exige de nós uma atitude de espera receptiva, sabendo que mais que soluções, com freqüência encontramos novos questionamentos e desafios. É possível que surjam sinais revelando que estamos capacitados para percorrer novos caminhos de vida, e essas mensagens podem nos predispor psiquicamente a criar coragem para percorrê-los.

Se compreendermos o enorme poder transformador que eles contêm, também perceberemos que encerram uma formidável força perturbadora, razão pela qual nosso primeiro impulso costuma ser restringir essa intensidade e tratar de entendê-los e racionalizá-los. Assim, liberamos a tensão, porém abortamos um processo que poderia ser profundamente enriquecedor.

Poderíamos dizer que toda imagem simbólica fala a linguagem do inconsciente e se relaciona diretamente com ele e, por isso, constitui um instrumento inestimável de ligação e de modificação de nossas estruturas profundas. Quando dizemos que nos relacionam com "outro nível de consciência", queremos dizer que nos ligam diretamente às forças autóctones e originárias do inconsciente coletivo, ou seja, com os **arquétipos**. Em seu significado original, os **arquétipos** são aqueles padrões fundamentais que determinam a formação de símbolos e mitos semelhantes, que são recorrentes muitas e muitas vezes em diferentes mitologias e se expressam como imagens primordiais, desde um passado imemorial até hoje. Essas mesmas formas (padrões, modelos, estruturas) encontram-se também presentes no nosso inconsciente coletivo pessoal. Pode-se dizer que todo arquétipo em si mesmo encontra-se vazio; este é um princípio anterior a toda configuração, mas atua como pauta de formas e dinâmicas universais e cósmicas. As imagens variam de acordo com a cultura, mas tendências estruturais semelhantes mantêm-se através dos tempos.

As teorias de Freud e de Jung diferem muito no que diz respeito à interpretação de símbolos. Freud considerava que eles são o meio específico pelo qual a parte obscura da psique se revela, permitindo que impulsos reprimidos se transformem em aceitáveis para a consciência. Ele acreditava que eles representam o que ainda não pode ser assumido e que, ao surgir dentro da consciência, cumprem uma função homeostática já que restabelecem um equilíbrio que fora perturbado no passado. Eles desempenham muito bem essa função, pois permitem que a pulsão surja "manifesta e oculta" ao mesmo tempo, de tal modo que aos poucos pode ir sendo aceita.

Jung, por sua vez, não entende que se trate unicamente do produto de uma descarga de pulsão, senão de um meio pelo qual a energia psíquica também pode se transformar em projetos de vida, em esboços do futuro, que desmascaram com clareza o "ainda não vivido" enquanto se encontra implícito no "já vivido". Desse ponto de vista é não-homeostático, já que o seu propósito fundamental é suscitar tensão e não anulá-la, o que realiza estimulando desníveis energéticos dentro da consciência.

Em síntese, o pensamento simbólico surge como aquela função psíquica que o Ocidente vem reprimindo até o presente, por meio de sua *hubris* (soberba que leva a desafiar os deuses) conceitual; é a lógica do inconsciente quase desconhecida por nós, que se encontra entre o raciocínio e a imagem, unindo pensamento e sentimento, caos e cosmos.

"O que para a consciência é uma laceração insuportável, para o inconsciente — pelo recurso simbólico — é conciliação e composição." Carl Gustav Jung.

Como utilizar os Símbolos Sabianos

A) Para quem deseja usar o livro como oráculo: Em primeiro lugar, é fundamental que a pessoa se concentre na pergunta que pretende formular ao oráculo. Para isso, ela deve refletir procurando discernir o *motivo essencial* para estar querendo uma resposta. A pergunta não seria do tipo: "Vou conseguir esse emprego?", mas antes, "Em que condições me encontro para conseguir um novo trabalho?" ou "Que aspectos pessoais tenho de resolver para que o profissional se abra neste momento?" Ela deve considerar a intenção do oráculo como de ajuda para entender a situação e oferecer-lhe ferramentas para poder mudar seu estado psicoespiritual, se é essa a sua necessidade. Em outro sentido, é importante lembrar que os Símbolos Sabianos (que atuam como mediadores com o inconsciente) também podem oferecer chaves de situações que ainda não se apresentaram e que a pessoa nem as colocou como dilemas, mesmo que de fato elas já se encontrem presentes no seu momento atual; em muitos desses casos, eu recomendo que ela os encare sem nada de concreto em mente, mas com uma atitude receptiva para aceitar a resposta como o conselho mais oportuno para o momento.

Uma vez que tenha definido a questão de seu interesse, o mais aconselhável é usar ambos os baralhos, com as cartas espalhadas (com as faces voltadas para baixo) separadamente sobre uma mesa; em seguida, a pessoa relaxa e desliza suavemente as mãos sobre as cartas. Sem pressa, ela deve procurar "sentir" com quais cartas está sintonizada antes de tirar uma de cada grupo. Com esses elementos, ela busca a resposta no livro.

Eu recomendo que leia somente a imagem (não a interpretação sugerida), feche os olhos e tente visualizá-la interiormente e observar descontraidamente que emoções ela suscita; deixe-se levar por elas, sem esquecer que elas podem ser contraditórias entre si, como o entusiasmo e a angústia, por exemplo. Observe se apareceram em seu olhar interno outras imagens e/ou lembranças e anote-as. Só depois de ter feito isso é recomendável que leia a interpretação. Considere que sua intenção é ser apenas um elemento de ajuda a seu próprio imaginário e que assim será se você realizou seu trabalho interno; só com a união de ambos é que algo começa a se mobilizar em suas estruturas internas.

Como você pode observar, a Mensagem do Oráculo aparece no final da explicação de cada símbolo. Sugiro que você sempre leia atentamente toda a explicação prévia para que possa entender em que contexto o conselho é indicado e quais as melhores possibilidades e maiores riscos que o momento atual oferece.

Você poderá criar o seu próprio caderno de consultas e registrar nele as datas, as respostas e suas próprias associações, imagens e sentimentos. Lembre-se de que, a partir do momento de seu encontro com o oráculo, inicia-se um processo que não pode ser interrompido. Nos dias seguintes, você pode ter sonhos relacionados com o tema ou, talvez, surjam idéias ou pensamentos esclarecedores; confie e entregue-se ao processo. Se precisar de esclarecimentos, consulte novamente o oráculo, mas não exagere, para não acabar se confundindo. É melhor elaborar em profundidade uma única imagem do que ter várias dançando em sua mente. De qualquer maneira, crie o seu próprio estilo pessoal de diálogo com o livro sabiano.

B) Para quem quer usá-lo como complemento de uma leitura tradicional de mapa astral (para astrólogos). Nesse caso, eu aconselharia a antes analisar cuidadosamente o mapa astral. Como forma habitual para trabalhar com eles, você pode usar os símbolos correspondentes ao Sol, ao ascendente e à Lua; observe que novas idéias surgem a partir dessa leitura. Pode ser que essas imagens tenham um elemento comum, ou seja, um traço acentuado de Marte ou de Netuno, etc.; essa informação poderá acrescentar uma nova perspectiva à forma com que tem visto a carta até agora.

Se você estiver interessado em aprofundar a investigação de algum planeta em especial, seja por ele não estar aparente ou por se tratar de um planeta solitário num hemisfério, ou por qualquer outro motivo, eu recomendaria que você procurasse descobrir o grau correspondente ao planeta e o grau oposto ao mesmo. Tenho observado que, quando é necessário compreender questões básicas, é importante levar em conta ambos os graus (também pode-se incluir os que se encontram em quadratura), já que contêm uma mesma idéia, porém expressa de maneira diferente e complementar, e é preciso levar ambas em conta para integrá-las. Igualmente, você pode investigar qualquer ponto do mapa que lhe interessar, seja ele o eixo nodal, a roda da fortuna ou a cúspide de uma casa. Se quer encontrar saídas ou aspectos enriquecedores de um planeta demasiadamente conflitante em um mapa, procure os símbolos que se encontrem em trígono ou sextil. Você vai encontrar imagens que podem ser de grande ajuda.

Lembre-se de que, no começo, não é fácil usar muitos símbolos, pois isso só serviria para dispersar a sua atenção. Nesse estágio, eu sugiro que os considere exclusivamente como fonte de inspiração e análise em seu estudo anterior à consulta; e que os incorpore ao diálogo com o consulente só quando estiver bem familiarizado com eles; do contrário, poderia confundi-lo sem chegar a acrescentar nenhuma informação que seja do seu interesse.

Por último, mas não menos importante, *tenha paciência*, pense que vislumbrar a sabedoria hermética que os Símbolos Sabianos oferecem exige tempo. Paulatinamente, você começará a entender suas mensagens e orientações. Lembre-se de que qualquer interpretação sugerida deve ser colocada no contexto da carta e em relação específica com o planeta que esteja analisando, o que pode mudar grandemente a leitura pessoal do símbolo em questão. De qualquer maneira, se você é uma pessoa intuitiva, confie no seu guia interior; se acredita que não é, use o texto como livro oracular de acordo com o que foi sugerido no item A, e verá como a sua intuição e consciência simbólica começam a se desenvolver simultaneamente. Considere que os Símbolos Sabianos poderão servir-lhe como um meio de compreensão paralela e complementar de grande ajuda, capaz de acrescentar uma nova dimensão a toda análise astrológica, partindo de uma ótica completamente diferente.

C) Como guia de orientação, levando em conta a data do nascimento: Para esse fim, procure o dia no quadro anexo que aparece no final do livro.

Leia atentamente o símbolo que lhe corresponde. É provável que sinta muita identificação com essa imagem e procure lembrar se o núcleo do significado que o símbolo possui não se apresentou revestido de diferentes formas em diferentes etapas da sua vida. Nesse sentido muito profundo, ele está personificando uma das questões fundamentais da sua vida. Procure recordar tanto os seus aspectos enriquecedores quanto os negativos.

O quadro anexo foi elaborado para o ano 2000 e seus valores são aproximados (existe um pequeno deslocamento anual); por isso, recomendo que também leve em conta o símbolo anterior e o posterior aos da sua data de nascimento.

Ao delinear a compreensão de cada símbolo, pareceu-me importante acentuar a diferença que ele pode apresentar quando desenvolve seus plenos potenciais de enriquecimento, de quando aparece no seu aspecto menos feliz, que eu me dei a permissão de chamar de *lado negativo*. Minha visão pessoal com respeito aos Símbolos Sabianos é que eles se manifestam sempre de uma ou outra maneira. Em regra geral, percebi que ambos os aspectos se encontram invariavelmente presentes, com um ou outro mais ou menos acentuado, de acordo com o momento interno da pessoa.

Signos Cardinais

ÁRIES—LIBRA

Áries 1

Uma mulher emerge do mar abraçada por uma foca.

O mar significa o vasto útero do inconsciente coletivo que representa a Grande Mãe, riquíssimo por toda a sabedoria que possui, porém potentíssimo por sua força de atração irresistível. Num sentido, descreve a etapa da infância em que o ego ainda está sendo moldado e que, muito lentamente, vai se formando. A foca simboliza as energias que atuam interiormente e que contêm e protegem, porém enganam e podem deter o processo natural de evolução do ser humano. Nesse caso, a mulher que está emergindo traz consigo toda a riqueza do seu conhecimento, enquanto o abraço pode significar uma saudação de despedida ou uma resistência que tenta retardar a sua evolução. **Este símbolo pode representar uma pessoa** que tem o poder de submergir periodicamente no oceano arquetípico (por meio de sonhos, meditações, etc.) e trazer consigo as forças e conhecimentos acumulados pela humanidade. Alguém que possui muita criatividade e profunda experiência da vida. **Em seu lado negativo:** Pode ser uma pessoa que detém seus processos naturais de desenvolvimento, procura pessoas que a protejam e cuidem, sentindo-se incapaz de tomar suas próprias decisões.

Mensagem do Oráculo: Momento de nascimento; algo novo está surgindo no interior da sua consciência. Saiba reconhecer e cuidar disso. Não permita que suas possíveis inseguranças diante do novo impeçam a sua evolução.

Idéia-chave: ORIGEM

Libra 1

Uma borboleta com o corpo atravessado por um dardo fino.

Num simbolismo igual ao da crisálida, que expressa transformação, a borboleta indica renascimento. Com isso, pode estar expressando o momento em que a alma emerge do corpo quando desencarna ou quando assume uma nova forma concreta depois de ter efetuado sua descida ao inferno, como Psiquê. De qualquer maneira, expressa um grau de perfeição que, de acordo com o sugerido pela presença do dardo, foi alcançado graças a grandes sacrifícios. **Este símbolo pode representar uma pessoa** que conseguiu uma total regeneração de si mesma, expressando ao máximo os potenciais que não acreditava ter. Ela conseguiu isso com muito esforço, cuja profundidade e intensidade só ela conhece. **Em seu lado negativo:** Alguém que detêm o seu desenvolvimento interior, porque se refugia em um grau de perfeição que obteve há muito tempo e que teme perder.

Mensagem do Oráculo: A imagem pressagia conquistas muito desejadas; desfrute-as. Lembre-se de que ela também adverte quanto ao perigo de permanecer estagnado nesta etapa, por excesso de complacência.

Idéia-chave: REGENERAÇÃO

Áries 2

Um comediante entretendo um grupo.

O comediante tem de possuir talento para se identificar tão intensamente com um determinado personagem a ponto de, na sua representação, torná-lo real para seus espectadores. Sobretudo, deve ser capaz de exercer diferentes tipos de papel, todos possíveis de serem reconhecidos na vida cotidiana. Ele não é um ator dramático; seu propósito é mostrar a natureza humana de uma perspectiva que ao mesmo tempo irradie humor e ternura. Um bom intérprete nos ensina a conhecer e a rir de nós mesmos, nos mostra como somos vistos quando alguém nos observa de uma ótica diferente da nossa. E um mau intérprete força situações ridículas, as exagera e só deixa na gente uma sensação de vazio interior. **Este símbolo pode representar uma pessoa** que tem uma intuição natural para conhecer o ser humano. Não é preciso ser ator ou atriz para expressá-la, pois pode fazer isso de mil formas diferentes. **Em seu lado negativo:** Pode ser alguém que tem muitas caras, que não é confiável. Ou que talvez use a ironia para rir dos outros.

Mensagem do Oráculo: Parece que o problema que o está preocupando precisa ser atuado diante de outras pessoas; ao relatá-lo, você começará a vê-lo de outras perspectivas. Compartilhando-o, você vai começar a entendê-lo.

Idéia-chave: ATUAÇÃO

Libra 2

A luz do sexto raio transmutada para o sétimo.

Cada raio representa uma etapa evolutiva da humanidade e significa um estado ou nível de consciência diferente. No caso do sexto raio, quer-se evidenciar um estado de ambivalência (luta interna entre pólos opostos), a partir do qual pode-se chegar a um equilíbrio delicado, mas só como resultado de grandes embates e esforços e, portanto, de muitos desafios. No sétimo raio, essa estabilização já se consolidou e a referência é mais a um sentimento de plenitude e à expressão de uma vida ativa. **Este símbolo pode representar uma pessoa** que conseguiu alcançar um pleno desenvolvimento de si mesma depois de ter vivido longos períodos de reveses e altos e baixos emocionais. Em um determinado momento, ela foi capaz de dar um verdadeiro salto de consciência e alcançou uma percepção mais abrangente e integral da vida. **Em seu lado negativo:** É alguém que acredita ter alcançado uma grande evolução interior e, no entanto, ainda vive no estágio do sexto raio e perdeu o discernimento com respeito às oscilações que ocorrem no seu íntimo. É alguém que se auto-sugestiona e afirma que, no íntimo, está "sempre bem".

Mensagem do Oráculo: É um período de crescimento muito importante. Trata-se de uma transmutação e sugere a idéia de que a pessoa transcendeu um ciclo e está preparada para alcançar a abundância na área de sua consulta.

Idéia-chave: EVOLUÇÃO

Áries 3

O perfil (camafeu) de um homem que sugere a forma de seu país.

Certas pessoas encarnam plenamente o arquétipo de determinada cultura. Estão de tal modo sintonizadas com o que um povo sente e pensa que, para elas, a auto-realização está em alcançar um modelo sonhado por multidões, como meta coletiva. Não é que se adaptam a esse modelo, mas representam em seu temperamento as qualidades idealizadas desse inconsciente (e, às vezes, consciente) coletivo. **Este símbolo pode representar uma pessoa** com essa qualidade, alguém que, independentemente do lugar onde esteja, se destaca por ter um perfil pessoal perfeitamente encaixado no que se espera e os potenciais necessários para desempenhar os papéis desejados, cujo cumprimento é o que lhe traz grande satisfação pessoal. **No seu lado negativo:** É alguém que procura ser o que não é, ou seja, que pretende definir-se tomando como referência um modelo cultural existente e tentando, como Procusto, tirar de si o que não se encaixa ao molde e acrescentar o que está faltando. Definitivamente, ele só consegue ser uma máscara congelada de papéis estereotipados.

Mensagem do Oráculo: A imagem fala de exemplos ideais e de homens que podem ajustar-se a eles. Reflita sobre se a situação atual está pedindo que você se mire em algum arquétipo e caminhe na sua direção ou, ao contrário, tentando dizer que sua atitude não é natural e só corresponde a modelos convencionais que você impôs a si mesmo e que o impedem de se expressar livremente.

Idéia-chave: PARADIGMA

Libra 3

O amanhecer de um novo dia, tudo está mudado.

Para os egípcios, o deus Sol tomava sua barca de prata para percorrer o mundo dos mortos durante a noite e voltava à sua barca de ouro ao amanhecer. Ele trazia consigo as almas que voltavam à vida com o despertar de cada manhã, entendendo com isso que, ao dormirem, nossas almas também viajavam com ele pelo mundo subterrâneo. Podemos relacionar o amanhecer com tudo que significa início, quer se trate de uma Lua nova, do começo de um novo ano ou de um novo ciclo de vida. Esta origem lembra que, de uma ou outra maneira, o período imediatamente anterior foi caracterizado por realidades subterrâneas ou finais, depois do qual tudo deve recomeçar. Junto com esse recomeço, também se inaugura uma nova perspectiva de vida, da mesma forma que à luz do amanhecer o nosso olhar renasce depois de ter atravessado as trevas da noite. **Este símbolo pode representar uma pessoa** capaz de manter uma atitude de pureza inabalável diante da vida, como se pudesse manter-se sempre num estado de inocência. **Em seu lado negativo:** Ela pode ter uma atitude compulsiva de estar sempre em busca de novas experiências, sem dar-se o tempo necessário para se fixar em alguma. Medo de crescer.

Mensagem do Oráculo: Um novo ciclo começa depois de haver superado uma crise; permita-se vivê-lo de um modo verdadeiramente diferente.

Idéia-chave: PUREZA

Áries 4

Dois amantes passeando por um caminho deserto.

O verdadeiro estado de harmonia só se realiza interiormente. Se nosso aspecto masculino (que nos permite realizar uma atividade criativa e tomar decisões rápidas e firmes quando necessário) está em harmonia com o nosso aspecto feminino (a necessidade de afeto e ternura, de reciprocidade afetiva) estamos em paz com nós mesmos. Para alcançar esse estado de plenitude são necessários momentos de introspecção que nos ensinam a ouvir o nosso mundo interior. Dar atenção às vozes da nossa polaridade íntima e aprender a dar o espaço de que cada uma delas precisa para satisfazer suas necessidades. **Este símbolo pode representar uma pessoa** que evidencia em suas relações uma harmonia exterior que é fruto de seus momentos de solidão, que lhe proporcionaram um profundo autoconhecimento. **Em seu lado negativo:** Pode tratar-se de uma pessoa que se isola das outras porque acha que assim pode se tranqüilizar; alguém que cria vínculos simbióticos porque sente que a presença de terceiros pode prejudicar seus relacionamentos.

Mensagem do Oráculo: Trata-se de um tempo em que é necessário compartilhar com o parceiro (interior e/ou exterior) momentos de plena intimidade, seja para aprofundar certas questões essenciais ou simplesmente para desfrutar aquilo que eles podem proporcionar.

Idéia-chave: HARMONIA

Libra 4

Um grupo ao redor de uma fogueira de acampamento.

A imagem mostra uma fogueira no centro e um grupo de pessoas ao seu redor, possivelmente formando um círculo, o que nos leva a pensar numa mandala. A fogueira atrai a atenção e atua como um centro de força espiritual, que permite unificar a consciência do grupo. Essa tarefa de unificação pode ser realizada por um grupo de pessoas (liderança), mas em princípio é um trabalho que deve ser realizado no interior de cada um. Do ponto de vista junguiano, a ênfase recai sobre o aspecto múltiplo da psique e a tensão criativa que surge da dinâmica existente entre suas partes constitutivas. O *self* surge, então, como aquele núcleo interno que pode conter e transformar essas energias dentro de uma unidade interna central. **Este símbolo**

pode representar uma pessoa que empreendeu um rico processo de desenvolvimento pessoal, trabalhando interiormente o Arquétipo da Unidade ou Totalidade. Possível talento para liderança. **Em seu lado negativo:** É alguém que precisa ser o centro dos grupos dos quais participa ou que vive na dependência de grupos ou de líderes.

Mensagem do Oráculo: A imagem pede uma concentração de energias. Lembre-se de que a transformação deve começar no seu interior e que só depois poderá efetuá-la no mundo ao seu redor.

Idéia-chave: UNIFICAÇÃO

Áries 5

Um triângulo com asas.

Os triângulos têm significados diferentes, de acordo com sua direção e forma. Quando o vértice está apontado para cima, ele representa o fogo e o ativo, enquanto que o vértice voltado para baixo corresponde ao feminino e passivo. Acredita-se que o triângulo perfeito seja o eqüilátero (devido à igualdade de seus lados), que representa a Santíssima Trindade. No nível humano, representa a perfeita integração de três dimensões: pensamento, palavra e ação; passado, presente e futuro, etc. Qualquer que seja o seu sentido concreto, sempre expressa um estado de integração e plenitude. Se o consideramos com o vértice voltado para cima, indica a possibilidade de elevação e, nesse caso, assemelha-se às asas, que expressam a possibilidade de perder o peso de atração exercido pela gravidade da Terra, significando um nível de evolução mental e espiritual muito elevado. **Este símbolo pode representar uma pessoa** com alto nível de inteligência espiritual, alguém capaz de encontrar um sentido transcendente em suas atividades cotidianas. **Em seu lado negativo:** É alguém que sabe utilizar as forças espirituais que possui em processos de involução e não de evolução.

Mensagem do Oráculo: A imagem fala da necessidade de harmonizar três níveis para que possam ser elevados a um estágio superior. Ainda que pareça ser algo quimérico, talvez tenha chegado o momento de fazê-lo. Aceite o desafio; a imagem é promissora.

Idéia-chave: ASCENDER

Libra 5

Um homem ensinando a verdadeira sabedoria interior.

O conhecimento se aprende, mas o contato com a verdadeira sabedoria é produto de uma experiência interior das verdades universais. Quem tem relação com essa fonte de inteligência sabe que suas intuições não lhe pertencem (são da humanidade) e, por essa razão, deve compartilhá-las com seus semelhantes. Essa imagem representa tanto o Velho Sábio como o Mestre; de alguma maneira, representa alguém que já percorreu um longo caminho de busca, e agora, de volta, está compartilhando com os outros os frutos de sua experiência. Sua responsabilidade atual consiste em ajudar as pessoas que estão próximas em seu processo de compreensão. **Este símbolo pode representar uma pessoa** com contato especial com as fontes da sabedoria universal e com um talento singular para o magistério. **Em seu lado negativo:** Pode tratar-se de um "mestre sabichão", que acha que sabe tudo e é incapaz de enxergar a pessoa que está à sua frente.

Mensagem do Oráculo: Talvez este seja o momento apropriado para a pessoa descobrir que o Mestre Interior reside dentro dela. A intuição interna não tem que ser algo retumbante; compartilhar nossos mais puros sentimentos e pensamentos com os outros é algo muito simples e enriquecedor.

Idéia-chave: IRRADIAÇÃO

Áries 6

Um quadrado com um de seus lados intensamente iluminado.

O quadrado é uma figura firmemente ancorada na terra. Evidencia com simplicidade aquilo que está consolidado, que é físico e material e que se costuma usar como correlato da Terra. Seus quatro lados não servem apenas para delimitá-lo, mas podem também ser tomados como pontos de referência e orientação no mundo do espaço. Significa não apenas o que está assegurado, mas indica também o que pode estar estancado por um excesso de estabilidade. O fato de aqui um de seus lados se encontrar "intensamente iluminado" confere um aspecto de luz a esse perigo de inatividade, dando-lhe um aspecto de dinamismo e de inspiração. A imagem sugere a idéia de que essa luz (intuição) que penetra por um de seus lados pode tomar forma. **Este símbolo pode representar uma pessoa** com grande talento para concretizar, em todas as áreas, as idéias recebidas por meio de sua intuição. **Em seu lado negativo:** Um quadrado pode expressar uma tendência para a inépcia, um aprisionamento ao passado ou as rotinas das quais não consegue se livrar.

Mensagem do Oráculo: Trata-se de um período de realizações. É chegada a hora de consumar (quadrado) o que você intui como possível (luz). Não duvide.

Idéia-chave: REALIZAÇÃO

Libra 6

Os ideais de um homem são abundantemente cristalizados.

Um ideal parece ser algo que pertence a outra dimensão, pelo fato de, em geral, ser algo inatingível. Por sua vez, cristalizar significa poder dar forma, sugere ter conseguido concretizar algo. Muitas vezes quando conseguimos o que desejamos, costumamos dizer "não era o que eu imaginava", querendo com isso dizer que no momento em que a coisa tomou forma, perdeu sua qualidade sublime. Ser fiel ao ideal significa manter sua natureza essencial, inclusive quando se materializa. O cristal é constituído de uma matéria transparente, de modo que podemos ver através dele; da mesma maneira, quando observamos a obra de uma pessoa (seja ela um artista ou um exímio cozinheiro) nos surpreende distinguir de que forma seu espírito e inteligência pessoal estão presentes no seu trabalho criativo. Isso é o mesmo que dizer que conseguiu manter translúcida a sua idéia original. **Este símbolo pode representar uma pessoa** muito criativa, qualquer que seja a sua área de expressão. **Em seu lado negativo:** Ela pode ter uma obsessão pela concretização. Recordemos o mito do rei Midas que, irrefreavelmente, transformava em ouro tudo o que tocava e, por isso, chegou a transformar seu próprio filho numa estátua desse metal.

Mensagem do Oráculo: Pode-se dizer que o símbolo indica que o momento é propício para colocar em prática um propósito sonhado.

Idéia-chave: CRIAÇÃO

Áries 7

Um homem que se expressa com êxito em dois reinos ao mesmo tempo.

Por se tratar de um homem que está se "expressando", a imagem nos remete a um aspecto masculino e muito ativo da personalidade. Fica claro que esse lado atua paralelamente em dois níveis. Que âmbitos diferentes podem ser esses? Alguém que sabe relacionar-se bem, tanto com adultos quanto com crianças? Alguém que sabe ouvir, mas também dizer a palavra certa na hora certa? Que pode ser colaborador ou líder, de acordo com as circunstâncias? A imagem diz que essa pessoa realiza essas duas ações "ao mesmo tempo". Quando no mundo simbólico se fala de dois planos, em geral está se aludindo ao humano e ao divino; a Era de Aquário entende que esses dois níveis não estão separados e que não existe divergência de espaços e tempos (como se considerava na Era de Peixes). **Este símbolo pode representar uma pessoa** que tem essa experiência bem integrada e que pode realizar suas práticas cotidianas, considerando-as ao mesmo tempo como expressões de sentimentos espirituais. **Em seu lado negativo:** O número dois envolve um possível conflito, por querer unir dois planos, porém vivê-los como opostos e conflitantes.

Mensagem do Oráculo: Neste momento, trata-se de levar em conta dois planos que são importantes para você; a decisão a ser tomada só levará ao êxito se compreender ambos esses lados.

Idéia-chave: INTEGRAÇÃO

Libra 7

Uma mulher alimentando pintos e protegendo-os dos falcões.

Mesmo sendo o falcão uma ave solar e promissora quanto a esperanças no futuro, neste símbolo ele está representado em sua face sombria, como quando espreita as aves menores que ele. A mulher significa o amor materno em sua essência mais pura (galinha), que consiste de uma ação extremamente receptiva e nutritiva de um lado e vigorosa e protetora de outro (o novo sempre deve ser preservado de maneira ativa em sua fase inicial). Se considerarmos que as aves são representações de pensamentos, **este símbolo pode representar uma pessoa** que desenvolve um trabalho mental cuidadoso, alimentando e cuidando de suas novas idéias e, ao mesmo tempo, defendendo-as das forças obscuras. Alguém que possui ternura, receptividade e capacidade para colocar limites, com o propósito de defender o que é seu. **Em seu lado negativo:** Pode ser uma pessoa superprotetora, cujo temperamento infantil teme o desenvolvimento das forças solares (o lado luminoso do falcão) tanto em si mesma quanto nos outros.

Mensagem do Oráculo: A orientação dada pela imagem é clara: sua missão neste momento consiste em discriminar que aspecto deve ser alimentado e do que ele deve ser defendido.

Idéia-chave: CUIDAR

Áries 8

Um chapéu enorme com serpentinas que se agitam na direção leste.

O chapéu pode servir como proteção e/ou antena para captar as energias cósmicas de maneira mais fidedigna. Neste caso, a idéia de tratar-se de um prolongamento tem fundamento, porque ele vem acompanhado de serpentinas esvoaçantes. O Leste é o ponto de orientação que aponta para a origem da vida e da iluminação, de acordo com a maioria das tradições místicas, tanto para erigir seus templos quanto para situar-se nos momentos de oração. **Este símbolo pode representar uma pessoa** que possui uma aguçada sensibilidade intuitiva que lhe serve de guia nas suas decisões práticas. Alguém que tem uma atitude de verdadeira entrega ao divino e que afirma deixar-se sempre guiar por essa fonte espiritual divina. **Em seu lado negativo:** É uma pessoa que não decide nada por si mesma, que está sempre aguardando sinais ou mensagens misteriosas para suas ações. Alguém que oculta seus pensamentos e que se deixa levar pelo que as correntes do momento indicam como mais favoráveis.

Mensagem do Oráculo: O oriente é o ponto do nascimento e da origem; a imagem anuncia uma nova etapa com respeito à questão consultada. Esteja atento para receber o novo ciclo que se anuncia.

Idéia-chave: PRESTAR ATENÇÃO

Libra 8

Um fogo esplêndido numa casa deserta.

A imagem sugere a idéia de refúgio, uma lareira aconchegante dentro de uma casa que, por alguma razão, está vazia. A morada é aquilo que nos envolve e que, por isso, costuma ser associada ao corpo (que habitamos nesta vida); por outro lado, quando aparece em sonhos, costuma ser uma expressão do estado do nosso mundo interior ou psique. O fogo, por sua vez, sugere a idéia de vitalidade, de força e um possível processo de purificação: supõe-se que a chaminé esteja situada no centro energético da casa. Por isso, esta imagem nos faz pensar no "centro do centro", que lembra os templos da antiguidade, nos quais as vestais velavam o fogo sagrado numa atitude de total entrega, que indicava que a alma estava preparada para encontrar Deus. **Este símbolo pode representar uma pessoa** que se esvaziou (do efêmero) e procura manter viva a chama espiritual em sua vida. Alguém que é capaz de receber os outros e dar-lhes acolhimento (casa) e vigor (fogo); que pode estar vazio de si para ocupar-se com os outros. **Em seu lado negativo:** Pode ser alguém que se isola do mundo ou que se autosacrifica sem uma causa definida.

Mensagem do Oráculo: A imagem pede que a consciência seja enfocada. A resposta que você procura encontra-se no seu interior; basta saber ouvi-la. Meditar sobre o fogo vai ajudá-lo: pode ser de uma lareira ou da chama de uma vela.

Idéia-chave: CENTRAR-SE.

Áries 9

Um observador da bola de cristal.

O cristal é a única matéria física que tem o poder de ser transparente. Seus adoradores acreditavam que contemplá-lo dava a eles o poder da clarividência, assim como pensamentos lúcidos e transcendentes. A bola é um todo perfeito que representa as esferas como partes constitutivas do cosmos e, por isso, é seu reflexo; dessa maneira, o universo pode ser espelhado no mundo aparentemente pequeno de uma esfera. Entretanto, dizem que seu poder é, inclusive, maior, porque nela pode-se observar não apenas o mundo manifesto, mas também o que ainda se encontra como potencial, e as circunstâncias ou fatos que já cumpriram seu ciclo de existência. Em síntese, ela contém não apenas o presente, mas também o passado e o futuro. **Este símbolo pode representar uma pessoa** que observa a vida com uma visão de totalidade, nunca de pontos de vista parciais. Pode ser não apenas uma pessoa com grande capacidade de observação, mas também com grande poder de intuição com respeito ao passado e/ou futuro. Pode ter uma personalidade integrada (bola — totalidade). **Em seu lado negativo:** É alguém que só se sente seguro quando se apóia no mágico ou no supersticioso.

Mensagem do Oráculo: A esfera fala de completude. Provavelmente esteja indicando o término de um ciclo com referência à questão da consulta. É oportuno prestar atenção no que a sua intuição está lhe dizendo.

Idéia-chave: CONTEMPLAÇÃO

Libra 9

Três "velhos mestres da pintura" pendurados numa parede de uma galeria de arte.

Por que motivo alguém se transforma em mestre? Talvez por ter-se aproximado das fontes do inconsciente coletivo e ter conseguido colocar numa tela (neste caso) uma imagem que expressa os dilemas universais do homem. Aquele que é capaz de tocar a alma do ser humano está próximo de todos e nos representa a todos; expressa sentimentos e pensamentos comuns e, por isso, diz-se que suas pinturas não lhe pertencem, mas que constituem patrimônio da humanidade. Os artistas são os que dão continuidade ao processo criativo do Criador e expressam vivências universais. Deixar-se impregnar pelas obras desses grandes espíritos é aproximar-se da fonte, já que eles são porta-vozes das forças arquetípicas representadas nas imagens simbólicas. **Este símbolo pode representar uma pessoa** que tem um talento natural para saber nutrir-se da sabedoria de nossos ancestrais portadores do eterno. **Em seu lado negativo:** Pode representar uma pessoa que está muito apegada às formas do passado ou às figuras que se tornam seus mestres e que bloqueiam o encontro com a sua própria criatividade.

Mensagem do Oráculo: Parece que é um momento oportuno para aprender com os modelos tradicionais. Lembre-se de que, em tais ocasiões, o fundamental é compreender a sua essência e não repetir as formas.

Idéia-chave: APRENDIZAGEM

Áries 10

Um homem ensinando símbolos antigos com novas formas.

Todo símbolo sugere idéias, pensamentos, sentimentos, etc., embora, em sua essência, ele continue inapreensível. Por meio de seu estudo, chega-se a uma expansão da consciência porque, para realizá-lo, é preciso proceder a uma análise conscienciosa daquilo que a tradição nos legou e, paralelamente, empreender um processo de desenvolvimento da intuição pessoal. Um mesmo símbolo pode ser expresso de diferentes formas, mas quem os conhece os reconhece imediatamente, do mesmo modo que reconhece uma pessoa em seus diferentes disfarces. Se o seu núcleo essencial se mantém, mesmo quando suas formas variam, seu significado primordial também se mantém inalterado. **Este símbolo pode representar uma pessoa** que é verdadeiramente inovadora na área de seu interesse; é alguém que observa e analisa cuidadosamente aquilo que a interessa e, em seguida, é capaz de expressá-lo de maneira inovadora. **Em seu lado negativo:** É alguém que ama o que é atual porque está "na moda", e que é incapaz de distinguir entre o circunstancial e o que tem um significado transcendente.

Mensagem do Oráculo: É hora de mudanças, mas não se trata de descartar totalmente o passado, e sim de adequá-lo ao momento atual.

Idéia-chave: TRANSFORMAÇÃO

Libra 10

Uma canoa atravessando com segurança águas perigosas.

Águas com fortes correntezas expressam movimentos emocionais agitados. Se permaneceram estancadas, estão turvas e densas (emoções do passado que a pessoa não conseguiu elaborar); podem, então, ocorrer movimentos intensos de depuração (transbordamentos agitados e descontrolados); em seu pólo oposto, as águas podem fluir serenas, ser transparentes e refrescantes (sentimentos sublimes). O herói deve atravessar com sua canoa (que é aquilo que o contém e que ele próprio construiu) os perigos que a vida colocou no seu caminho. Neste caso, trata-se de uma barca suficientemente forte para suportar as investidas das correntes rápidas que o envolvem. **Este símbolo pode representar uma pessoa** que deverá enfrentar grandes desafios na vida, advindos de diferentes tipos de situações emocionais intensas (geradas por ela mesma ou pelo ambiente ao redor), mas que é dotada de habilidade ou perícia suficiente para se sair bem. É uma espécie de desportista no que diz respeito aos sentimentos. **Em seu lado negativo:** É alguém que se expõe desnecessariamente a situações afetivas arriscadas.

Mensagem do Oráculo: É uma situação arriscada, mas a imagem indica que você está preparado para atravessá-la com segurança.

Idéia-chave: PRECISÃO

Áries 11

O presidente de um país.

Presidente não é rei. Numa sociedade democraticamente constituída, o poder supremo da nação está no cargo do presidente, que é eleito periodicamente pelo voto popular. Esse lugar de honra lhe é conferido porque supõe-se que ele esteja capacitado para usar o poder que lhe é outorgado para governar o país da melhor maneira possível, com uma perspectiva que pressupõe como objetivo o bem comum. Os que chegam a ocupar esse cargo costumam ser pessoas com um carisma muito especial, talento natural para liderança e uma honra presumivelmente irrefutável. **Este símbolo pode representar uma pessoa** que, em princípio, é líder de si mesma, quer dizer: sabe do que precisa para realizar o seu próprio processo de evolução pessoal e investe todas as suas energias para consegui-lo. Pode ter uma capacidade inata para ser líder e uma profunda atitude de serviço, que pode voltar para o grupo que o rodeia e/ou a comunidade em que reside. **Em seu lado negativo:** É alguém que deseja avidamente o poder (pelo poder em si mesmo) e que o usa em benefício próprio.

__Mensagem do Oráculo:__ É um momento de tomada de decisões e de ações precisas. Está implícita a idéia de que é a você que cabe liderar a situação.

Idéia-chave: EXECUÇÃO

Libra 11

Um professor olhando com curiosidade por cima dos óculos.

Com o passar dos anos, o professor desta imagem foi perdendo sua acuidade visual, mas possivelmente aumentando sua capacidade de observação e de análise. Os óculos expressam a visão que adquiriu, fruto de suas experiências e estudos. Quando olha "por cima" dos óculos, ele negligencia essa capacidade desenvolvida, talvez para recuperar a pureza de seu olhar natural e não enclausurar-se na rigidez de uma perspectiva exageradamente científica. Além disso, os óculos separam, colocam uma barreira para o contato direto com a realidade: tirá-los é despojar-se de defesas que afastam aquilo que se quer conhecer. **Este símbolo pode representar uma pessoa** que possui duas diferentes visões da realidade: uma adquirida por meio de estudo e pesquisa sobre uma determinada matéria e outra que mantém a pureza do olhar virginal. **Em seu lado negativo:** "Olhar por cima" pode implicar uma visão soberba de si mesmo, alguém que acha que sabe mais até mesmo do que aqueles com os quais aprendeu.

Mensagem do Oráculo: As lentes ajudam a enfocar quando os olhos não conseguem fazer isso naturalmente. Talvez você tenha olhado de muito perto o problema em questão; neste momento, confie mais na sua visão interior do que na mente racional.

Idéia-chave: FRESCOR (VIÇO).

Áries 12

Um bando de gansos selvagens.

Os gansos selvagens têm um modo de voar muito típico, motivo pelo qual os xamãs os utilizam como meio de transporte para empreender suas viagens a outros planos de consciência. Como todas as aves, eles servem de mensageiros ou mediadores entre os planos humano e divino; seu grasnido ruidoso indica um estado de consciência alerta e vigilante, que simboliza a possibilidade de não permanecer adormecido diante das atrações da vida cotidiana. Em outro sentido, a cor de sua plumagem lembra o hábito dos monges enclausurados. **Este símbolo pode representar uma pessoa** que tem uma forte ligação — alcançada por suas práticas de meditação — com os planos espirituais da consciência. Alguém que gosta da solidão e que tem um estilo de vida em concordância com seu trabalho profundo, muito alerta a seus próprios processos internos. **Em seu lado negativo:** O grasnido dessas aves lembra o matraquear da conversa fiada, ou seja, de alguém que gosta de fazer fofoca.

Mensagem do Oráculo: Os gansos anunciam a chegada do novo. Algo importante está para acontecer com respeito à questão consultada. Permaneça alerta aos sinais que logo surgirão à sua frente.

Idéia-chave: MENSAGEM

Libra 12

Mineiros emergindo de uma mina.

Uma mina não é uma rachadura natural na terra, mas o resultado de um trabalho árduo realizado por homens com a intenção de resgatar os bens guardados pela Mãe Terra em seu ventre. Esses bens podem constituir riquezas que estiveram ocultas durante centenas ou até milhares de anos. O trabalho dos mineiros é tenaz, muitas vezes em condições insalubres e num ambiente que não é natural para a nossa anatomia, que é nos movermos sobre a superfície da terra e não debaixo dela. Quando saem dos túneis que eles próprios construíram, trazem o produto de seu trabalho, que mais tarde será compartilhado por todos os membros da comunidade. **Este símbolo pode representar uma pessoa** com uma grande capacidade de trabalho, com a força necessária para mergulhar nas profundezas e extrair delas tesouros que compartilha com seus irmãos. Essas profundezas podem dizer respeito a um trabalho físico (como o de mineração), intelectual (busca de conhecimento) ou espiritual (a partir de suas buscas interiores). **Em seu lado negativo:** É alguém que faz uso desse tesouro natural, porém para canalizar uma curiosidade insana e destruidora.

Mensagem do Oráculo: O símbolo fala de "emergir". Talvez seja o momento oportuno para trazer à luz algo que você tem mantido oculto, ou sair de um estado de espírito que o tem mantido nas profundezas.

Idéia-chave: RIQUEZAS

Áries 13

Plano fracassado de explodir uma bomba.

Quando por motivos diversos as necessidades do corpo são postergadas e, além disso, a vida "explosiva" dos sentimentos é reprimida, essas forças negligenciadas podem adquirir proporções explosivas, o que pode fazer com que a pessoa tenha a sensação de estar sentada sobre uma bomba-relógio. A bomba é um símbolo típico do lado feminino reprimido, que contém dentro de si todos os medos do contato com a própria natureza e que representa a violação da vida instintiva natural, transformando-se então em algo perigoso e tóxico. **Este símbolo pode representar uma pessoa** que, possivelmente, passou um período de sua vida inibindo suas necessidades afetivas e instintivas, acumulando assim no seu interior uma enorme carga de tensão energética. Mais tarde, ela pôde canalizar esse potencial e retomar o contato com sua energia vital e com seu poder de regeneração pessoal. **Em seu lado negativo:** Pode evidenciar uma pessoa que realizou um corte em sua relação mente-corpo; alguém que procura em vão estar em contato com suas necessidades mais profundas, há muito tempo esquecidas.

Mensagem do Oráculo: A pergunta é óbvia: O que você está reprimindo neste momento? Se puder dar vazão às suas necessidades e sentimentos atuais, a expressão que eles tomarão poderá enriquecê-los e revitalizá-los.

Idéia-chave: FORÇA.

Libra 13

Crianças fazendo bolhas de sabão.

As crianças adoram brincar de fazer bolhas de sabão, mas em geral nós não conseguimos compreender a importância dessa brincadeira. As bolhas representam esferas de totalidade, inteireza; referem-se a algo perfeito em si mesmo, a alguém que não necessita de mais nada para sentir-se realizado. Elas expressam um estado paradisíaco (talvez intra-uterino) ou todas as maravilhas de mundos possíveis que possam algum dia ser criados; e não apenas isso: as bolhas também refletem todas as cores do arco-íris, manifestando os mais variados e ricos estados de espírito. No seu estado de inocência, as crianças desfrutam o prazer de criar mundos possíveis, efêmeros, porém sugestivos e viáveis. **Este símbolo pode representar uma pessoa** que tem uma grande capacidade inventiva, alguém que pode viver experiências de realização plena em sua vida cotidiana e que o faz com a pureza e inocência das crianças. **Em seu lado negativo:** As bolhas de sabão são evanescentes; pode haver dificuldade para realizar os sonhos de diferentes cores que surgem diante da consciência.

Mensagem do Oráculo: A idéia sugerida é a do jogo, e ressalta que o momento é de dedicar-se ao lúdico, de entrar em contato com a Criança Interior para que ela decida quais os mundos que deseja criar em seu futuro imediato.

Idéia-chave: CRIATIVIDADE

Áries 14

Uma serpente enroscando-se perto de um homem e uma mulher.

Esta imagem nos lembra a serpente Kundalini, que está assentada na base da coluna vertebral e representa o lugar em que reside a energia cósmica em nosso corpo vital. Em si mesma, ela inclui os aspectos feminino e masculino, simbolizando a energia vital e a libido e abarcando dentro de si tanto a capacidade construtiva e benéfica de curar quanto a destrutiva e devoradora de natureza mais arcaica. **Este símbolo pode representar uma pessoa** que exerce um enorme poder de magnetismo sobre as outras, alguém cuja forte personalidade lhe permite processar dentro de si aspectos pessoais e/ou grupais para transformá-los numa poderosa força de revitalização e regeneração. Alguém cujo encontro e união com seu par cósmico (externo e/ou interno) lhe proporciona a possibilidade de regenerar-se e alcançar plenos estados de consciência mística. **Em seu lado negativo:** Pode tratar-se de uma pessoa que utiliza seu temperamento enérgico para dominar os outros; alguém em quem as forças mais arcaicas da natureza atuam de maneira inconsciente e o superam, sendo ele apenas um canal apropriado para que elas se manifestem. Alguém para quem a sexualidade pode chegar a se tornar uma obsessão pessoal.

Mensagem do Oráculo: A imagem fala de um encontro e possível plenitude dentro de uma determinada polaridade. Aparentemente, a energia que esse encontro irá produzir é muito poderosa; saiba como canalizá-la de maneira positiva.

Idéia-chave: REALIZAÇÃO

Libra 14

Uma sesta na hora do meio-dia.

O meio-dia é a hora do apogeu do Sol; a partir desse instante, começa o seu declínio. Por isso, quando se pensa no Sol como arquétipo do Herói, acredita-se que o meio-dia represente o apogeu daquilo que dá expressão a seus poderes pessoais (quaisquer que sejam eles). O instante do zênite é de glória, vitória e abundância. Nessa hora, os raios do Sol têm uma inclinação tal que o impedem de projetar sombras no solo. Isso fez com que essa hora fosse considerada um momento propício para o mundo misterioso (ou mágico), motivo pelo qual essa hora do dia passou a ser temida por muitas tribos primitivas. A imagem dada expressa a idéia de que o momento é adequado para o descanso. **Este símbolo pode representar uma pessoa** que é "um Sol do meio-dia", alguém que tem capacidade de liderança e que pode levar à plena realização os talentos naturais com os quais nasceu. Mas que, além do mais, pode retornar ao seu mundo interior, alternando uma vida ativa com momentos de reflexão. **Em seu lado negativo:** Pode personificar alguém que teme o sucesso e que, portanto, quando é hora de intervir energicamente para alcançar seus propósitos, interrompe a sua ação.

Mensagem do Oráculo: Mesmo que o momento pareça exigir uma forte ação de sua parte, o conselho é deter-se. Talvez seja necessário fazê-lo para poder meditar a respeito de algo que ainda não foi levado em consideração, ou simplesmente para não se esgotar, podendo adotar uma atitude de alternância salutar entre atuação e descanso.

Idéia-chave: RECOLHIMENTO

Áries 15

Um índio tecendo uma manta.

Tecer é uma atividade ritual importante, considerada sagrada em muitas culturas. Simboliza a possibilidade de tecer o próprio destino, já que a trama dos fios representa a relação íntima que existe entre o plano da realidade física e material e o da realidade divina. Além do mais, ir compreendendo o tecido da vida significa aprender a ver como os fatos vão se concatenando e, assim, criando seu desenho (que, do ponto de vista da nossa consciência limitada, é o que chamamos de destino). A manta sugere pensar em algo que serve para proteger; pode ser no cotidiano, para resguardar das inclemências do tempo, ou em sua função ritual como defesa das influências negativas (de qualquer natureza). **Este símbolo pode representar uma pessoa** muito reflexiva, com um talento especial para esquadrinhar o futuro, resultado de sua análise de ocorrências do passado e de suas possíveis repercussões no futuro. Alguém que, graças à sua profunda fé, sente que recebe uma ajuda espiritual especial. **Em seu lado negativo:** Pode ser uma pessoa que tenta "trançar" os fios da vida de outras pessoas ou que tem uma atitude extremamente defensiva.

Mensagem do Oráculo: Momento de recolhimento. Se for capaz de parar para refletir sobre a forma com que os fatos se desencadearam até o momento atual, poderá ver com clareza os passos que deve dar a partir de agora.

Idéia-chave: RESGUARDO

Libra 15

Caminhos circulares.

Os caminhos representam modos de vida. Simbolizam aqueles lugares ou situações pelos quais temos de passar tentando, ao fazê-lo, superar os obstáculos que parecem bloquear nosso caminho. O caminho reto sugere a idéia de que se vai diretamente ao ponto que se quer alcançar, enquanto os caminhos circulares se aproximam do centro, circundando-o. De certa maneira, isso nos leva a pensar num labirinto e, portanto, num processo de iniciação. Quando existem curvas e/ou labirintos, é importante não se perder e, se isso ocorrer, voltar a encontrar o caminho. Talvez isso nos ensine a considerar "as voltas que a vida dá" de uma perspectiva diferente e nos ajude a não perder a direção: ou, quem sabe, podemos contar com aquela bússola interior que nos guia para que não tomemos o caminho errado. **Este símbolo pode representar uma pessoa** cujos ciclos de vida podem parecer repetitivos ou circulares, mas cuja consciência centrada lhe permite compreender seu sentido oculto e, dessa maneira, sentir-se cada vez mais perto de seu centro interior. **Em seu lado negativo:** Pode ser alguém que repete os mesmos erros e parece ter permanecido numa determinada etapa, mesmo quando age de maneira incessante e compulsiva.

Mensagem do Oráculo: É hora de agir, não de ficar imóvel. A conduta apropriada a ser assumida deve ser cuidadosamente investigada, porque a imagem nos remete a possíveis encruzilhadas. Embora ela sugira crescimento, também assinala a possibilidade de riscos (sobretudo o de perder o sentido).

Idéia-chave: DILEMA

Áries 16

Duendes dançando ao entardecer.

O entardecer é uma hora mágica do dia. Os videntes costumam dizer que é a hora em que se pode ver os espíritos da natureza. Na polaridade Sol–Lua, é a Lua que passa por fases; o Sol, por sua vez, mantém estável sua forma durante todo o ano, mesmo quando se põe todos os dias no ocaso. Nessas ocasiões, sua descida ao mundo subterrâneo não deve ser vista como uma morte, mas como um tempo em que o soberano visita outros mundos; por isso, o entardecer é considerado um período favorável, já que a viagem do Sol (o herói interior) não significa morte. Mais que a idéia de término, a hora do crepúsculo pressagia regeneração e preparação de novos ciclos. Por outro lado, com respeito aos duendes, dizem que eles se apresentam como homens de estilo e elegância, que são divertidos e amantes da música; sua expressão habitual é de alegria. **Este símbolo pode representar uma pessoa** com capacidade de viver a vida de uma perspectiva criativa e prazerosa, como se estivesse sempre renascendo. **Em seu lado negativo:** Isso pode implicar alguma dificuldade para amadurecer e uma tendência para querer permanecer sendo criança eternamente; tem dificuldade com o Sol do meio-dia, ou seja, com o agir de maneira determinada na vida cotidiana.

Mensagem do Oráculo: Momento propício para ligar-se com o futuro. Uma nova fase está começando; acolha-a com humor e alegria.

Idéia-chave: GESTAÇÃO.

Libra 16

Uma ponte foi destruída.

Nosso mundo cotidiano está firmemente assentado sobre a terra, que representa o lado palpável e seguro de nosso mundo consciente. No entanto, estamos permanentemente em contato com o mundo das águas, que é o meio de transmissão de nossas emoções, sensações e intuições do plano inconsciente. Determinadas experiências, devido a seu grau de intensidade, podem destruir transitoriamente essa conexão; só quando conseguimos nos tranqüilizar, poderemos restabelecer a relação existente entre ambos os mundos. **Este símbolo pode representar uma pessoa** que, devido à intensidade das experiências vividas, perdeu, em determinadas ocasiões, essa relação de intimidade. Mais tarde, aprendeu a aceitá-las como parte do seu processo interior e soube reconstruir muitas vezes a sua ponte. **Em seu lado negativo:** É uma pessoa que, depois de ter passado por uma experiência afetiva dolorosa, decidiu confiar apenas no que é palpável e verificável, não dando importância a seus sentimentos e, inclusive, ao que seus sonhos tentam lhe comunicar.

Mensagem do Oráculo: Passamos por momentos de comunhão e de separação; mas esse estado de alienação não implica que o inconsciente deixe de processar e atuar, mas apenas que não somos informados do que está acontecendo nesse nível. Talvez fosse oportuno começar a reconstruir a sua ponte, dando atenção a seus sonhos e atos falhos. Confie no seu mundo interior.

Idéia-chave: UNIÃO

Áries 17

Duas solteironas imponentes.

A palavra inglesa "*spinster*" pode ser traduzida como solteirona ou fiandeira; pessoalmente, eu acho que esta imagem abarca ambas as acepções.

Fiar pode significar criar e manter a vida, estar preparado para ligar o mundo cotidiano com o mais distante. Pode implicar que se esteja intimamente preparado para compreender o sentido do tecido das linhas do destino ou até tornar-se alguém que pretenda ser o criador de sua trama. Essa imagem pode nos evocar a idéia de uma "solteirona", como a da mulher que permanecia em casa e tinha tempo para se dedicar ao trabalho espiritual (quase de convento) ou para tentar intrometer-se na vida das pessoas a seu redor. **Este símbolo pode representar uma pessoa** que encara os processos pessoais e os dos outros com muita seriedade, tentando discernir qual o rumo que os acontecimentos irão tomar e tratando de compreender seus significados essenciais. Alguém que dá sentido aos lugares em que se encontra, já que nada lhe é sem sentido, e isso ela percebe onde quer que esteja. **Em seu lado negativo:** É alguém que gosta de se imiscuir na vida dos outros e que tenta impor os seus pontos de vista.

Mensagem do Oráculo: O momento pede uma profunda reflexão. Reflita sobre como o presente pode estar intimamente ligado a seu passado e futuro.

Idéia-chave: LIGAR

Libra 17

Um capitão de barco, aposentado.

As águas estão em constante movimento; por isso, Heráclito dizia que nunca entramos duas vezes no mesmo rio. Também suas características são variáveis: podem ser transparentes ou turvas, frias ou mornas. Significam o movimento incessante do inconsciente, tanto de sua face criativa e luminosa como do seu aspecto abismal relacionado com as tempestades emocionais internas. Os barcos constituem um emblema de segurança, porque permitem atravessar as águas sem correr riscos; o capitão do barco, aposentado, representa aquele que conseguiu vencer as tempestades de seu mundo emocional, não se deixando prender em suas garras. Não se trata de alguém que evitou as tempestades, mas de alguém que as atravessou triunfantemente. **Este símbolo pode representar uma pessoa** com profunda sabedoria interior, capaz de contemplar com um distanciamento objetivo qualquer tipo de situação afetiva mais forte. **Em seu lado negativo:** Pode estar representando alguém que tem medo de envolver-se com seus afetos e adota uma atitude distante, porque se sente "afastado" (separado) deles.

Mensagem do Oráculo: Este é um momento para refletir, levando em consideração as experiências do passado e adotando uma atitude de imparcialidade para com as circunstâncias que o rodeiam.

Idéia-chave: CONTEMPLAÇÃO

Áries 18

Uma rede vazia.

O que caracteriza a rede ou o balanço é o seu movimento rítmico, razão pela qual, no Oriente, ela é associada à corrente alternada (em evolução constante) das energias yin e yang. Por isso, pode ser associada também ao transcurso das estações, com o movimento diário do Sol (da ótica da Terra) ou com a alternância entre a vida e a morte. Por outro lado, o impulso de elevação pode dar a idéia de realizar um gesto na direção do céu, tentando assim fazer descer a harmonia cósmica para a Terra. Por conseguinte, no núcleo simbólico da rede existe basicamente a idéia de um movimento rítmico de um estado a outro. Esse movimento também pode ser entendido como o elo que permite ligar diferentes planos de consciência. **Este símbolo pode representar uma pessoa** que é capaz de compreender naturalmente os ritmos básicos da vida, sabendo quando é o momento oportuno de semear e colher, de agir e não agir, etc. **Em seu lado negativo:** O fato de estar vazia, pode nos dar a idéia de que não ocorre o processo necessário para uma reconciliação dos opostos, e que a atualidade estática tem origem no medo de agir.

Mensagem do Oráculo: É hora de começar a mudar, mas nada indica que deva ser de maneira repentina, mas como uma transformação harmoniosa em direção ao novo.

Idéia-chave: ALTERNÂNCIA

Libra 18

Dois homens detidos.

O número dois implica conflito, luta, tensão gerada por uma polaridade que surgiu na consciência. As polaridades podem ser matéria–espírito, feminino–masculino, etc., mas a tensão é gerada pelo fato de cada pólo querer atrair toda a energia para si, tendo como resultado o conflito. Nesse caso, fica explícito que a pressão existente é cuidadosamente guardada; talvez seja temida, pelo potencial de perigo que envolve. A polaridade pode ocorrer entre o que o indivíduo como tal quer e o que a sociedade (os outros) espera dele; seja qual for o modo, trata-se de algo que é detido e diligentemente custodiado. **Este símbolo pode representar uma pessoa** com muita tensão interna, cuidadosamente guardada, da qual provém a energia necessária para ela ter uma ação cotidiana decidida e uma paz conquistada em seus vínculos intensos com os que a rodeiam. **Em seu lado negativo:** É alguém que oculta coisas de si mesmo. Ou uma pessoa que tem conflitos com os demais e/ou com a sociedade em que vive.

Mensagem do Oráculo: Sem dúvida, existe uma situação desafiadora. Aparentemente, este não é o momento oportuno para trazê-la à luz, mas para mantê-la dentro de si e esperar que se chegue a um outro estágio e que os fatos se encaminhem para uma nova fase. Pode ser uma excelente oportunidade para conhecer aspectos de si mesmo.

Idéia-chave: GUARDAR

Áries 19

O tapete mágico.

No Oriente, os tapetes possuem um simbolismo muito singular; em cada caso, esse se manifesta por meio de suas cores e desenhos. Em conseqüência disso, o ato de dá-los de presente pode ser entendido de maneira imprecisa por aqueles que conhecem os costumes de cada cultura. No entanto, o grande poder do tapete mágico reside no fato de ter sido criado especialmente para ser usado durante a oração e a meditação. Quando alguém senta-se sobre "seu tapete", está querendo elevar-se do plano corriqueiro e penetrar no mundo sagrado. Por isso ele é mágico, porque permite transportar o seu dono para outras dimensões. **Este símbolo pode representar uma pessoa** que tem a capacidade de "elevar-se" a outros planos de consciência, seja por meio da oração ou por qualquer outro que a leve a estabelecer contato com o mundo interior. **Em seu lado negativo:** O tapete pode estar nos indicando que se trata de alguém com medo do contato com o cotidiano e, por esse motivo, prefere isolar-se no mundo ilusório de suas fantasias.

Mensagem do Oráculo: Qualquer que seja a questão consultada, este é um momento propício para o trabalho interior. É preciso considerar a questão com distanciamento, sobrevoando-a.

Idéia-chave: ELEVAÇÃO

Libra 19

Um bando de ladrões escondendo-se.

A imagem reflete uma situação na qual um grupo de pessoas apodera-se do que não lhe pertence e tem de esconder-se para que a sociedade não o castigue por seus atos. Implica transgressão e ocultação. Prometeu também roubou o fogo sagrado dos deuses para dá-lo aos homens, e Adão e Eva se esconderam de Deus depois de terem roubado a maçã que lhes deu o poder de conhecer o bem e o mal. Por isso, a idéia de tomar o proibido também pode ser considerada como transcender um limite estabelecido até o presente momento como tabu, mas que pode ser superado por aqueles que já estão preparados para isso. **Este símbolo pode representar uma pessoa** que é por natureza rebelde; alguém que necessita preservar uma parte de sua personalidade da vista dos outros, porque ela não condiz com o que as normas socioculturais estabelecem. É uma pessoa que está à frente de sua época. **Em seu lado negativo:** É alguém que não acredita em seus próprios talentos e considera que, somente pelo desvio (despojando os outros), poderá obter o que deseja ou necessita. É uma pessoa que esconde sua verdadeira identidade.

Mensagem do Oráculo: É um momento de crescimento. Talvez precise transgredir algum limite proibido (até hoje) para poder evoluir. Recomenda-se reserva com respeito ao que vai fazer.

Idéia-chave: CONTRAVENÇÃO

Áries 20

Uma jovem dando comida aos pássaros no inverno.

Durante o inverno, as forças vitais estão ocultas dentro da terra, e é quando ela parece estar adormecida, sem contar com o adorno natural das folhas, flores e frutos que surgirão na próxima estação. A simbologia do inverno refere-se a etapas da vida de extrema austeridade (na área em questão) e solidão, quando a energia está voltada para o mundo interior e a confiança no que está gerando. Aqui, a imagem nos mostra uma jovem que, nesses momentos difíceis, dedica-se a dar de comer aos pássaros. Ela confia, aceita as circunstâncias que se apresentam e se adapta a elas. E como se isso não bastasse, ela é generosa com os mais fracos em momentos de necessidade. **Este símbolo pode representar uma pessoa** com grande capacidade de contenção e nutrição de outras, que se adapta à realidade e tem uma postura ativa de serviço à comunidade. **Em seu lado negativo:** É alguém que precisa sentir-se necessário, razão pela qual cria vínculos de dependência.

Mensagem do Oráculo: Este é um período de restrição na área a que a pergunta se refere; no entanto, a atitude indicada não é a de esperar passivamente que a situação mude. Algo deve ser alimentado nesse "meio tempo". Considere a possibilidade de os pássaros significarem pessoas próximas de você ou cuidados que você deveria ter consigo mesmo.

Idéia-chave: NUTRIÇÃO

Libra 20

Um rabino judeu.

O rabino é a autoridade espiritual máxima no âmbito de sua comunidade. Atua como mestre e guia tutelar em todos os sentidos, quer seja para interpretar a Bíblia como para responder às perguntas pessoais e interpessoais feitas por membros da sua comunidade. Na antiguidade, ele também desempenhava a função de juiz; atualmente, pode-se dizer que esse papel ele exerce mais de um ponto de vista simbólico do que concreto, mesmo quando sua intervenção possa ter uma grande repercussão naqueles que pertencem a seu meio. Definitivamente, ele atua sempre como um intérprete fiel das normas e leis que a tradição exige que sejam respeitadas. **Este símbolo pode representar uma pessoa** que é reconhecida por uma ou outra razão em seu meio, alguém cuja palavra é respeitada, porque sabe-se que seus critérios são justos e seus fundamentos são lógicos, possivelmente calcados no acervo cultural a que pertence. **Em seu lado negativo:** Pode tratar-se de uma pessoa excessivamente ortodoxa em suas crenças, cuja rigidez interna e de conduta a impede de ter uma boa relação com o mundo que a cerca; alguém que vive no passado.

Mensagem do Oráculo: A chave para a sua pergunta pode vir a você por meio da palavra de um conselheiro ou da leitura de um livro de orientação. O momento não é de renovação mas, talvez, de reinterpretação do já conhecido e estabelecido.

Idéia-chave: RESPEITABILIDADE

Áries 21

Um pugilista entrando no ringue.

Entre os povos da antiguidade, os combates (individuais e coletivos) eram sagrados. Os boxeadores de nossos dias não passam de um vestígio dessas veneráveis cerimônias. Naqueles tempos, os heróis eram representantes das forças do bem que, dessa maneira, desafiavam as do mal, tentando restabelecer a ordem em situações que, por alguma razão, haviam se tornado caóticas. Os combatentes se preparavam especialmente para esses embates, além de executarem gestos ritualísticos antes de iniciarem a luta, com o objetivo de atrair para si o "poder mágico" necessário para se tornarem vencedores. A idéia é que o vencedor saísse fortalecido do desafio, "ganhasse poder" para si e para o grupo ao qual pertencia. **Este símbolo pode representar uma pessoa** que vive como se cada fato fosse um desafio permanente, podendo ser defensora das forças da vida onde quer que se encontre. **Em seu lado negativo:** Pode ser um eterno querelante pelo puro desejo de ser o vencedor.

Mensagem do Oráculo: Momento em que é preciso defender o que é seu. Anime-se a subir no ringue.

Idéia-chave: DESAFIO

Libra 21

Uma multidão na praia.

A praia é um lugar intermediário, situado entre o estado sólido do continente e o estado líquido do mar, razão pela qual simboliza ponte e limiar. É, portanto, o ambiente apropriado para nos ligarmos à nossa origem essencial. É um lugar muito especial, porque se encontra entre o conhecido (o mundo das formas, o consciente) e o desconhecido (o possível, inconsciente, abismal). Por isso, estar na praia é tão relaxante, nos permite descansar e, ao mesmo tempo, estabelecer uma ponte com o mundo do imaginário. Por outro lado, desaparecer no meio da multidão é como incorporar-se ao mar, onde o eu individual se desfaz para entregar-se a uma experiência coletiva e se toma consciência dos desejos e pensamentos de um todo maior que o resultante da soma das individualidades pessoais. Isso pode sensibilizar ou debilitar a autoconsciência (por isso, é aterrador em determinadas circunstâncias). **Este símbolo pode representar uma pessoa** com grande talento para se tornar porta-voz de necessidades coletivas, alguém que está em contato com o inconsciente (e com o consciente) coletivo. **Em seu lado negativo:** Pode ter certa dificuldade para se relacionar com o individual; pode sentir-se a tal ponto ameaçado de perder a própria identidade que faz seu o axioma: "Aonde quer que vás, faze o que tiver de ser feito."

Mensagem do Oráculo: Momento propício para um descanso. Esse lhe possibilitará entrar em contato com as poderosas forças do inconsciente que neste momento estão precisando se expressar.

Idéia-chave: IMERSÃO

Áries 22

A porta para o jardim dos desejos.

O jardim é um lugar fértil, bem cuidado, cultivado e minuciosamente planejado de acordo com a disposição do terreno, as características do solo e do clima. Implica uma colaboração consciente entre a mão do homem e as forças da natureza. Simbolicamente, ele nos leva a pensar no paraíso terrestre, onde tudo nascia com perfeita beleza e ordem, pronto para satisfazer cada um dos desejos do ser humano. Hoje em dia, para se conseguir ter esse jardim, é preciso investir muito trabalho e dedicação; por isso, considera-se também necessário protegê-lo com um muro ou cerca para que o acesso a ele, através de um portão, só seja permitido a alguns poucos eleitos. Ele representa o santuário interior sagrado com uma estreita porta de entrada. **Este símbolo pode representar uma pessoa** que soube desenvolver dentro de si esse maravilhoso vergel, alguém que representa um conforto para todos os que o conhecem. **Em seu lado negativo:** Pode haver um excesso de otimismo diante dos desafios da vida ou tratar-se de alguém que se concebe como um jardim de maravilhas.

Mensagem do Oráculo: Pode ser que você esteja diante de uma grande oportunidade, mas lembre-se de que toda porta tem um umbral que tem de ser atravessado (o que implica riscos) para se poder alcançar o que se deseja.

Idéia-chave: REALIZAÇÃO

Libra 22

Um menino dando de beber aos pássaros a água de uma fonte.

A imagem de um menino nos remete a um estado interior de pureza ou de inocência que, conforme supomos, é próprio da infância. Nessa fase da vida, tudo é sentido de maneira mais espontânea e, portanto, alimentar nossos irmãos pássaros pode ser uma experiência perfeitamente natural. As aves têm uma simbologia riquíssima, mas talvez a sua característica mais importante seja a capacidade de voar; em conseqüência disso, costumam representar nossos anseios espirituais. Dar-lhes de beber "água da fonte" significa dar-lhes vigor, refrescá-los e rejuvenescê-los. A água pode não ser uma água comum, talvez se trate da "água da vida", que dará a esses pássaros vida eterna. **Este símbolo pode representar uma pessoa** que possui uma relação íntima com a pureza de sua Criança Interior, graças à qual "dá de beber aos pássaros" (simbolicamente falando), atitude que, antes de tudo, tem consigo mesma, mas que também lhe permite ser um agente ativo de motivação para as pessoas que a rodeiam. **Em seu lado negativo:** Pode indicar uma atitude infantil diante da vida ou uma postura de aparente caridade com os demais.

Mensagem do Oráculo: Entre em contato com a sua energia espiritual e com ela nutra as novas potencialidades que se agitam em seu interior. Observe ao seu redor, talvez a sua força também seja necessária para aqueles que o rodeiam. Compartilhe-a.

Idéia-chave: ABUNDÂNCIA

Áries 23

Uma mulher grávida com um vestido de cores suaves.

A imagem está impregnada de vitalidade e fertilidade, plenitude e alegria pela nova vida que em breve vai chegar. Toda mulher, durante a gestação de um bebê, volta a atenção para seu mundo interior, estabelecendo uma relação absolutamente íntima e pessoal com o filho que espera. As cores suaves de seu vestido nos sugerem também a alegria que esse estado lhe proporciona. **Este símbolo pode representar uma pessoa** plena de vigor e energia, alguém que tem permanentemente novos projetos ou está elaborando questões internas que sabe que lhe trarão um grande desenvolvimento pessoal. **Em seu lado negativo:** É alguém que, com freqüência, se encontra tão mergulhado no que está acontecendo na sua vida que não tem energia nem vocação para perceber o que está acontecendo ao seu redor.

Mensagem do Oráculo: Momento de plenitude. Você está projetando uma nova fase em alguma área da sua vida e essa lhe trará consigo uma incrível transformação. A alegoria não poderia ser mais auspiciosa.

Idéia-chave: PREPARAR-SE

Libra 23

Um galo.

É o galo que espreita o raiar do Sol e o anuncia com seu canto, motivo pelo qual, na maioria das culturas, é considerado um animal solar. Sua atitude no momento do alvorecer é de vigilância atenta, esperando a chegada da luz da manhã e logo, como ato de vaidade, canta como sendo o porta-voz do porvir. Ele é o mensageiro da boa-nova. Entretanto, como se faz de ponte entre a escuridão da noite e a chegada do dia, é também ele que está no umbral, que se acha situado no lugar preciso entre as trevas e a luz. Por isso, ele é considerado um psicopompo, ou seja, aquele que acompanha as almas no caminho para o outro mundo. **Este símbolo pode representar uma pessoa** com sensibilidade para intuir as situações que estão por vir e ser o porta-voz delas. **Em seu lado negativo:** Pode ser alguém orgulhoso e jactancioso, considerando-se dono da verdade sobre o que vai acontecer e, por essa razão, a alardeia.

Mensagem do Oráculo: Período de mudança. Permaneça atento, para poder ver aquilo que está por acontecer. É possível que, nas atuais circunstâncias, você seja o primeiro a saber e, portanto, toca a você transmitir a notícia às outras pessoas.

Idéia-chave: ANUNCIAÇÃO

Áries 24

Uma janela aberta e uma cortina que assume a forma de uma cornucópia.

Uma janela aberta expressa abertura, significa que o exterior pode penetrar, que se está disposto a receber a luz, o ar, as fragrâncias, etc. De uma perspectiva de interpretação mais ampla, significa permitir que as energias espirituais impregnem a consciência, graças a uma atitude de pura receptividade. Essa condição de receptividade permite que a cortina (nesse caso, ela não encobre nem obscurece) seja maleável para assumir a forma do Vaso da Abundância, mais conhecido como Cornucópia. Essa famosa forma cifrada representa a Deusa Fortuna, aquela que concede dons e dádivas por "graça" pessoal (aparentemente de maneira caprichosa); dizem que não é necessário nenhuma atuação ou intervenção humana para que ela conceda com prodigalidade suas dádivas. **Este símbolo pode representar uma pessoa** que tem uma atitude aberta para com as energias da vida (e suas intuições), o que, por acréscimo, lhe permite receber graciosamente as dádivas que lhe são oferecidas. **Em seu lado negativo:** Pode indicar uma pessoa que espera que a vida lhe dê tudo de graça, sem ter de fazer nenhum esforço para obtê-lo.

Mensagem do Oráculo: Esteja aberto para receber o que a Deusa está querendo lhe dar neste momento. A cornucópia simboliza sorte e prosperidade.

Idéia-chave: OPULÊNCIA

Libra 24

Uma terceira asa no lado esquerdo de uma borboleta.

A borboleta é, em sua origem, uma lagarta bem feia; logo, através de um misterioso processo de desenvolvimento, manifesta-se em toda a sua beleza e esplendor. Por esse processo de evolução que se apresenta de maneira surpreendente diante de nossos olhos, ela simboliza a metamorfose e/ou imortalidade. Além disso, como em seu vôo ela busca a luz (tanto que pode imolar-se no ardor de uma chama), ela representa um desejo irreprimível de ascensão ao mundo espiritual. As asas permitem vencer o peso da gravidade e, como Deus deve pairar em algum lugar nas alturas, achamos que aqueles que conseguem elevar-se por seus próprios meios devem estar mais próximos Dele. O número Dois significa dualidade e conflito, enquanto o Três simboliza completude. Aqui, as três asas estão associadas ao lado esquerdo, quer dizer, o lado feminino e contemplativo da personalidade. **Este símbolo pode representar uma pessoa** que tem suas faculdades intuitivas superdesenvolvidas, talvez alguém muito criativo e cheio de ideais, com uma enorme capacidade de autotransformação. **Em seu lado negativo:** Pode ser alguém com um nível exagerado de aperfeiçoamento de certas faculdades pessoais, que acaba provocando um desequilíbrio em sua personalidade como um todo.

Mensagem do Oráculo: Momento de transformação. Se você está há muito tempo sendo aguilhoado por uma dualidade, trate de abrir-se para aquilo que o seu lado esquerdo está querendo lhe comunicar.

Idéia-chave: METAMORFOSE

Áries 25

Uma promessa ambígua.

Toda promessa é um pacto que se faz com outra pessoa, mas é sobretudo um compromisso consigo mesmo e diante de Deus como testemunha. No entanto, como no mundo em que vivemos a ambigüidade é lei, nunca podemos saber o que o futuro pode nos reservar por esse simples ato. Por outro lado, desenvolver as habilidades naturais é um compromisso interno que poderíamos chamar de "alianças da alma". Nesse sentido, costuma-se dizer que uma pessoa é "toda uma promessa". Cumprir uma promessa (as da alma ou as concretas do cotidiano) pode ser, às vezes de maneira inesperada, uma tarefa árdua. Talvez por isso seja sempre interessante refletir cuidadosamente sobre qual é o lado oculto do que pensamos prometer. **Este símbolo pode representar uma pessoa** que, no processo de desenvolver um talento pessoal, recebe como benefício secundário habilidades (ou dons) que nunca poderia ter imaginado possuir. **Em seu lado negativo:** É alguém que usa o equívoco ou o impreciso — tanto no dito quanto no feito — em seu benefício pessoal, sem levar em consideração os outros.

Mensagem do Oráculo: Pode ser que você não esteja contemplando com clareza um lado ainda não manifesto da situação que o levou a fazer esta consulta. Se você tem de tomar uma decisão a respeito de algo, tome-a levando em conta o aspecto espiritual e também o material.

Idéia-chave: DUALIDADE

Libra 25

Informação no símbolo de uma folha de outono.

A natureza é a nossa grande mestra, através de seus ciclos e estações do ano. Vemos como sua energia vital se manifesta no mundo das formas, na primavera, através de folhas, flores e frutos; e como, durante o outono, seu movimento de retorno ao mundo interior permite que perca todos esses atributos, dos quais não precisa para sua sobrevivência até o próximo período. Ela nos ensina o desapego necessário para que seja possível crescer em meio a uma vida repleta de finais e renascimentos. Ela mostra em seu eterno movimento a passagem de um pólo a outro, como um pulsar incessante de vida. Assim, compreendemos que os finais definitivos só existem ali onde não há mudança. A eterna primavera não acontece nunca no plano da nossa consciência. Por isso, entender o simbolismo implícito numa folha pressupõe a sabedoria do tempo. **Este símbolo pode representar uma pessoa** que intuitivamente sabe ser oportuna com respeito aos "tempos" das coisas (e pessoas) em todas as ocasiões, percebendo com clareza quando é o momento de agir e quando é hora de esperar. **Em seu lado negativo:** Pode significar ver a chegada do outono pela manifestação de uma única folha e, portanto, continuar sendo tempo de crescimento. Colocar pontos finais antes do tempo.

Mensagem do Oráculo: Momento de introspecção. A energia deve fluir para dentro, tratando de investir a força na compreensão do ciclo que está atravessando, e não na expansão.

Idéia-chave: CICLO

Áries 26

Um homem que possui mais dons do que consegue sustentar.

Dizem que, antes do nosso nascimento, um Anjo nos concede os "talentos" que trazemos para aperfeiçoar no decorrer de nossa vida. Recebê-los não é apenas uma alegria, pois em geral eles também impõem implicitamente a responsabilidade de desenvolvê-los. Para fazer isso, precisamos ter um núcleo de consciência interior que nos dê a força de vontade necessária. Isso nos faz lembrar da parábola dos talentos, segundo a qual um homem rico deixa diferentes quantias de dinheiro em poder de seus criados. A lição que ela nos ensina é que devemos aprender a não guardar nem esbanjar, senão trabalhar para fazer crescer aquilo que já trazemos conosco. Pode acontecer de alguém com muitas qualidades naturais sentir essas qualidades como uma pesada cruz que tem de carregar. **Este símbolo pode representar uma pessoa** muito talentosa que teve de sacrificar algum talento pessoal para dedicar-se inteiramente ao progresso de outras. **Em seu lado negativo:** Pode ser alguém que todos vêem como muito talentoso, mas que não se dá o tempo necessário para desenvolver suas potencialidades.

Mensagem do Oráculo: Muitas possibilidades podem estar emergindo neste momento; no entanto, a imagem pede que se faça uma seleção cuidadosa para que aquilo que surgir como potencialidade possa ser realizado.

Idéia-chave: LATÊNCIA

Libra 26

Uma águia e uma grande pomba branca se transformam reciprocamente uma na outra.

Quando se fala em "rainha das aves", a referência é à águia, pelo fato de ela poder voar mais alto do que todas as outras e, também, por ser a única que, segundo dizem, se atreve a olhar diretamente para o Sol. Por essa razão, ela simboliza virtudes incomparáveis: representa um pensamento espiritualmente elevado, luz e iluminação interior e um enorme vigor outorgado por uma fé inquebrantável. A pomba, por sua vez, é a ave que representa a deusa Afrodite (a Deusa do Amor). Ela é o paradigma da paz, da temperança, da moderação e (por ter comunicado a Noé que as águas haviam baixado) da reconciliação do homem com Deus. Aqui vemos representada a passagem de uma fase da Lua à outra, sugerindo que **este símbolo pode estar representando uma pessoa** que tem potência e audácia, de um lado, e humildade e ternura, de outro. Alguém que pode ser o "herói conquistador" ou o "inocente de coração puro". **Em seu lado negativo:** Pode ser uma pessoa de temperamento instável, que passa de um estado de soberba a outro de pseudomártir.

Mensagem do Oráculo: Momento em que é necessário ter uma atitude dupla. Saiba discriminar quando ser águia e quando ser pomba.

Idéia-chave: MUTAÇÃO

Áries 27

Uma oportunidade perdida é recuperada graças à imaginação.

Os gregos acreditavam que Tique (a Deusa da Fortuna) era cega, porque concedia oportunidades e benefícios de maneira caprichosa. As ocasiões fortuitas aparecem inesperadamente no nosso caminho, e da nossa atenção e resposta depende aceitá-las ou deixá-las passar. A imaginação é um poderoso instrumento que permite ver através da percepção interna o que é possível criar e, a partir dessa visão, começar a dar-lhe forma por diferentes vias (internas e/ou externas). Perder oportunidades é humano; nem sempre estamos preparados para percebê-las quando surgem, mas por outro lado, é possível adquirir a capacidade para aprender a construir o "futuro" por meio da nossa imaginação; sem dúvida alguma, a civilização toda progride graças a ela. **Este símbolo pode representar uma pessoa** que, em determinado momento da vida, pode ter perdido alguma oportunidade que considerou ser especialmente significativa, mas que, graças a sua criatividade e esforço pessoal, conseguiu recuperá-la pela imaginação. **Em seu lado negativo:** Pode representar alguém que está sempre lamentando os fatos "possíveis" do seu passado e que se protege vivendo dentro de um mundo de fantasias.

Mensagem do Oráculo: Algo do seu passado está irremediavelmente perdido e, portanto, deixe que se vá. Este momento é para você colocar suas energias na construção de um novo projeto que certamente terá uma forma mais apropriada ao seu momento atual.

Idéia-chave: RECONSTRUÇÃO

Libra 27

Um avião voando em grande altitude.

O avião nos possibilita voar e nos proporciona a enorme proteção de sua cápsula. A idéia de poder subir com facilidade fascina a nossa imaginação, porque significa conseguir nos despregar da terra e poder olhar para ela lá do alto. Na astrologia, o elemento ar representa o pensamento que contempla os fatos da nossa vida com desapego e objetividade. Nesse sentido, o avião pode representar uma boa proteção ou a possibilidade de tornar-se uma couraça isolante. Aquele que possui uma visão panorâmica tem capacidade para resolver conflitos com mais rapidez, já que os problemas podem ser vistos de diferentes perspectivas ao mesmo tempo e sem "enroscos" afetivos inibitórios. Esse é o sentido de perder a gravidade da Terra; não devemos confundi-lo com intuição (ainda que às vezes se pareçam), pois trata-se de pura objetividade e claro entendimento. **Este símbolo pode representar uma pessoa** que se destaca porque tem equanimidade e moderação em suas apreciações. **Em seu lado negativo:** A altura (viver no ar) pode implicar o risco de uma queda estrepitosa, se não existe uma ligação forte com a terra.

Mensagem do Oráculo: Qualquer que seja o assunto da sua consulta, é necessário distanciar-se, buscar novos pontos de vista. Peça a opinião de outras pessoas ou procure mais informações a respeito.

Idéia-chave: ALTURA; ARROUBO.

Áries 28

Um público imenso decepcionado.

Ter talento para convocar uma "grande audiência" é algo ponderável, manifesta um carisma pessoal bastante raro. Mas isso não basta; as pessoas que foram convocadas só devem sentir a sua presença justificada se ganham algo significativo em troca. Se isso não acontece, a experiência pode ser sentida como um esforço inútil. Por outro lado, pode-se pensar que um auditório espera receber aquilo que está acostumado e não aceita facilmente as formas inovadoras que a pessoa está propondo. Nesse caso, ela deve decidir entre sua liberdade de criação ou as formas que sabe ser do agrado da maioria. **Este símbolo pode representar uma pessoa** que possui a autonomia necessária para criar novas formas (de qualquer natureza) e não se deixa influenciar pelos gostos estereotipados de sua época. **Em seu lado negativo:** É alguém que confia tanto no seu talento pessoal que não se dá o tempo necessário para amadurecer suas obras antes de expô-las ao público.

Mensagem do Oráculo: A imagem sugere que você, talvez, ache oportuno apresentar aos outros o que vem preparando. Entretanto, por enquanto, isso que você vem trabalhando não está de acordo com as necessidades e expectativas do mundo ao seu redor. É aconselhável aguardar uma nova oportunidade, que seja mais propensa a satisfazer as necessidades de ambas as partes.

Idéia-chave: CONFRONTAR

Libra 28

Um homem cercado de influências luminosas.

Vivemos num universo que está sempre nos transmitindo mensagens luminosas. Essas podem se apresentar de diferentes formas: seja por meio de uma palavra que nos dê alento no momento oportuno, ou de um livro que, inesperadamente, vem parar em nossas mãos ou, simplesmente, pela observação de algum fato corriqueiro que nos surpreende. Se estamos preparados para escutá-lo, às vezes o universo inteiro atua como um verdadeiro guia espiritual atento às nossas necessidades imediatas. **Este símbolo pode representar uma pessoa** que tem o dom de estar receptiva às possibilidades de aprender o que a vida lhe apresenta e que está ansiosa para compartilhá-las com as pessoas ao seu redor. **Em seu lado negativo:** É alguém que se sente superior a seus semelhantes, considera que suas palavras e ações estão sendo guiadas e que está, portanto, isento de cometer erros.

Mensagem do Oráculo: Acredite que você está sendo guiado com respeito à pergunta da sua consulta. Essa ajuda pode chegar a você por meio de uma pessoa próxima ou por meio de uma intuição oportuna que guiará os seus passos.

Idéia-chave: RECEPTIVIDADE

Áries 29

Um coro celestial cantando.

A palavra celestial sugere que quem está cantando não pertence ao nosso plano de realidade. Provavelmente, trata-se de um coro de anjos elevando seus louvores ao Senhor por meio da música. A melodia (em qualquer de suas formas de expressão) permite que nos harmonizemos espiritualmente; o canto, em particular, é a melhor forma de elevar nossos corações numa atitude de adoração e júbilo diante das dádivas divinas. Considera-se que cada nota pode representar um planeta ou signo zodiacal, a chamada "música das esferas", pela qual podemos nos sintonizar com a gloriosa ordem cósmica. **Este símbolo pode representar uma pessoa** que tem o dom de se abrir para as influências de uma ordem espiritual superior. Alguém capaz de ver a expressão do divino nas coisas corriqueiras, com um profundo sentimento de devoção e agradecimento para com as bem-aventuranças da vida. **Em seu lado negativo:** Pode ser uma pessoa com fantasias doentias (possivelmente místicas) que a afastam de sua realidade concreta.

Mensagem do Oráculo: Momento de grande inspiração. Você pode usar a oração, mantras ou música para alcançar estados elevados de consciência.

Idéia-chave: LOUVOR

Libra 29

A humanidade buscando alcançar o conhecimento transmitido de geração para geração.

Existem conhecimentos que se mantêm intactos desde a mais remota antiguidade. No entanto, cada época terá seus próprios conhecimentos e expressará, por sua vez, com estilo diferenciado, os pensamentos eternos, de acordo com a sua própria cosmovisão. Aqueles que são capazes de compreender o que o passado pode ter de útil para adaptá-lo ao presente, ou ver no presente o que será necessário no futuro, têm poder para estabelecer pontes ou conexões entre os diferentes mundos (em termos temporais), percebendo suas coincidências. **Este símbolo pode representar uma pessoa** com uma visão muito ampla da vida, capaz de diferenciar o que é essencial do que é acessório na área do conhecimento em questão. **Em seu lado negativo:** As personalidades que têm uma visão ampla da realidade podem ter uma visão estreita do seu aqui e agora, motivo pelo qual tentam, talvez, aplicar princípios corretos (gerais) a situações particulares indevidas.

Mensagem do Oráculo: A imagem sugere a idéia de que você se encontra diante de uma situação nova, embora o que aprendeu no passado possa ajudá-lo, desde que seja adequado ao presente.

Idéia-chave: TRANSMISSÃO

Áries 30

Uma lagoa de patos com sua progênie.

No Extremo Oriente diz-se que o pato é o animal mais fiel que existe, talvez pelo fato de poder ser visto freqüentemente nadando com sua fêmea. Por isso, quando se deseja enviar votos de felicidade e prosperidade conjugal aos noivos, usa-se a representação desse animal ou de um casal deles. Numa outra representação, um lago significa o "olho aberto" da nossa Grande Mãe Terra, quer dizer, um espaço onde ela pode observar com seu olhar amoroso todos os que habitam a sua superfície. Por tudo isso, o lago é invariavelmente um lugar cheio de magia, tanto que se costuma dizer que é habitado por ninfas e duendes, os quais, por mais fascinantes que sejam, tornam-se perigosamente ardilosos para aqueles que caem sob o seu magnetismo. **Este símbolo pode representar uma pessoa** de grande imaginação criativa e que, ao mesmo tempo, tem a capacidade de transformar em realidade seu mundo imaginário (a progênie). Alguém capaz de ser fiel aos outros e a si mesmo. **Em seu lado negativo:** Pode tratar-se de uma pessoa muito carismática, e que parece ser mais criativa e pacífica do que é na realidade.

Mensagem do Oráculo: Momento de grande criatividade. Você poderá colocar em prática o que deseja, mantendo ao mesmo tempo um estado de paz e harmonia.

Idéia-chave: PRODUTIVIDADE

Libra 30

Três montes de conhecimento sobre a cabeça de um filósofo.

O número Três significa completude, solução de conflitos e, portanto, esta imagem sugere pensar em alguém que conseguiu realizar, por meio de seu crescimento intelectual, algum tipo de aperfeiçoamento pessoal. Mas, por outro lado, esse número também pode trazer consigo o pensamento de algo que, por considerar-se perfeito e completo em si mesmo, esteja fechado e totalmente voltado para dentro. **Este símbolo pode representar uma pessoa** que alcançou um nível notável de crescimento evolutivo, alguém que se caracteriza não apenas por seus conhecimentos, mas também pela perspectiva (filósofo) absolutamente pessoal (número três) que pode dar a seus pensamentos. **Em seu lado negativo:** É alguém que tem muita dificuldade para ouvir os outros e que interpreta tudo unicamente a partir de sua própria visão subjetiva das coisas.

Mensagem do Oráculo: O número Três pode indicar que se trata de um momento que exige a solução de enigmas muito especiais. Nesse caso, a escolha que você fizer deve incluir ao mesmo tempo os dois pólos envolvidos. A hora não é para "isto ou aquilo", mas de saber encontrar um ponto intermediário, de modo a incluir "isto E aquilo".

Idéia-chave: INTEGRAR

CÂNCER—CAPRICÓRNIO

Câncer 1

Em um barco, uma bandeira é arriada e outra hasteada.

A bandeira é um símbolo carregado de poder. De um lado, implica proteção e, de outro, estabelece uma identificação clara com um determinado grupo ou nação. Se o consideramos de uma perspectiva mais pessoal, hastear uma bandeira representa um importante processo de auto-afirmação. Para os barcos, existe um código muito específico com respeito a que bandeira se deve usar quando se atravessa determinadas águas e/ou condições climáticas. A idéia essencial implícita nesse símbolo é a de que é necessário ter a atenção muito alerta para as circunstâncias atuais e uma ação rápida para efetuar as mudanças necessárias do momento oportuno. **O símbolo pode representar uma pessoa** que teve de "trocar de bandeira" muitas vezes, quer dizer, que teve de definir reiteradamente sua identidade, de acordo com os fatos que lhe coube enfrentar. Definitivamente, é alguém que consegue assimilar rapidamente as mudanças quando essas se apresentam e que, aparentemente, são muitas. **Em seu lado negativo:** Pode significar uma personalidade pouco confiável, alguém que assume a cara que convém a seus interesses pessoais.

Mensagem do Oráculo: É uma oportunidade para efetuar uma mudança importante em sua vida, não a postergue.

Idéia-chave: TRANSFORMAÇÃO

Capricórnio 1

Um cacique indígena exigindo reconhecimento.

A pergunta que surge diante desta imagem é por que motivo se trata de um cacique indígena e não simplesmente de um chefe exigindo reconhecimento? O que tem de especial e característico um cacique indígena? Os índios americanos usam uma coroa de penas (um cocar) que, de um lado, simboliza poder solar (conferido pela divindade) e, de outro, cada uma de suas plumas representa uma façanha bélica. Ou seja, simbolizam poder terreno (bravamente conquistado) e/ou espiritual. Neste caso, o "cacique índio" está exigindo ser reconhecido de alguma forma, seja por sua origem ou por ações que não foram devidamente valorizadas até o momento. A cena está carregada de tensão e, ainda que a situação não chegue a um desfecho, destaca-se seu forte movimento de auto-afirmação. **Este símbolo pode representar uma pessoa** com grande capacidade de luta pela vida, que lhe permite percorrer um notável caminho de crescimento pessoal. Alguém que coloca muito empenho para que seu trabalho e o dos demais seja reconhecido pelo meio circundante. **Em seu lado negativo:** Pode tratar-se de uma pessoa que exige o reconhecimento externo, mas que é incapaz de realizar o trabalho interno (e externo) para conquistá-lo,

Mensagem do Oráculo: A imagem é clara: você saberá por quem ou por quais pessoas quer ser reconhecido pelo que é e pelo que faz. Exija esse reconhecimento.

Palavra-chave: AUTO-AFIRMAÇÃO

Câncer 2

Um homem sobrevoa uma grande extensão de terra.

A imagem mostra um homem que, sem qualquer ajuda, é capaz de manter-se no ar; talvez seja uma pessoa que tenha absoluto domínio desse elemento e que se mova dentro dele com total segurança e tranqüilidade. O ar é o elemento intermediário entre o Céu e a Terra: tem o poder de estender-se entre ambos, interpenetrando-os e ligando-os. No mundo da matéria, ele atua como o grande transmissor de luz, cor, som e fragrância, sendo a intensa mobilidade uma de suas principais características. De uma perspectiva mais sutil, é o elemento que permite transmitir pensamentos, emoções, intuições espirituais por meio de palavras claras e objetivas. **Este símbolo pode representar uma pessoa** de mente lúcida, clara, transparente, isenta das subjetividades que a distorcem, alguém que tem uma visão clara de certos aspectos da vida que outros só conseguem ver parcialmente, já que possui uma perspectiva ampla sobre qualquer assunto de seu interesse pessoal. **Em seu lado negativo:** O homem não tem os pés no chão. Isso pode significar que tenha dificuldade para lidar com os aspectos práticos da vida cotidiana.

Mensagem do Oráculo: É um momento favorável para você distanciar-se do problema que o preocupa. Tente vê-lo de diferentes ângulos e, na medida do possível, isento das emoções que no momento possam estar turvando a sua visão.

Palavra-chave: OLHAR

Capricórnio 2

Três vitrais, um danificado por um bombardeio.

O número Três expressa consumação, completude em algum nível de consciência. Indica algo que é completo e perfeito em si mesmo. Os vitrais, por sua vez, sugerem a possibilidade de refletir a luz, de tornar evidente algo que é essencialmente espiritual. A imagem revela que o possível potencial de plenitude foi danificado em algum sentido. Isso pode ter sido provocado por causas desencadeadas pela própria pessoa ou por circunstâncias sociais que não foi possível evitar. Em certas cidades, partes dos prédios destruídos por uma guerra são guardadas como relíquias para lembrar o que aconteceu. Conservar a memória ajuda a não repetir os erros e ensina muito a respeito da natureza humana. **Este símbolo pode representar uma pessoa** que soube assimilar suas próprias experiências (ou as de seus antepassados), alguém que potencialmente possui pureza interior e que, em algum aspecto de sua vida, pode alcançar a plenitude do Três. **Em seu lado negativo:** Pode significar alguém aprisionado a seu passado, incapaz de reparar as partes internas que, por algum razão, foram feridas.

Mensagem do Oráculo: Sua pergunta está muito relacionada com uma situação que lhe causou algum dano. Tome todo o tempo que precisar para elaborá-la; o conselho não é para esquecer, mas para assimilar as experiências marcadas por tais fatos.

Idéia-chave: MEMÓRIA

Câncer 3

Um homem coberto de peles conduz um cervo peludo.

Quando o homem primitivo cobria seu corpo com peles, ele não o fazia unicamente com a intenção de se proteger do frio, mas muitas vezes também para tentar adquirir por esse meio (mágico) as virtudes próprias do animal com cuja pele estava se cobrindo. Nos rituais de iniciação, o fato de

69

cobrir-se com a pele de um determinado animal significa que a pessoa está à procura de um novo corpo; expressa a idéia de renascimento com uma nova identidade enriquecida com as virtudes do animal que o protege. O cervo, por sua vez, tem uma simbologia similar à descrita, já que seus cornos crescem e se desenvolvem ao longo de diferentes períodos de tempo, mostrando que é possível passar periodicamente por ciclos de renovação. **Este símbolo pode representar uma pessoa** que terá de atravessar ciclos de vida aparentemente difíceis, mas que se encontra totalmente protegida, graças à sua fortaleza interior e ao talento especial que possui para a autotransformação. **Em seu lado negativo:** Este animal parece representar a melancolia, alguém que se isola e tem uma atitude defensiva diante dos outros.

Mensagem do Oráculo: A imagem é propícia, promete fecundidade depois de efetuada a transformação do momento atual.

Idéia-chave: MUTAÇÃO

Capricórnio 3

A alma humana receptiva ao crescimento e entendimento.

Para os gregos, a alma humana era Psique, o "sopro" de vida original. O que costumamos chamar de espírito humano foi sempre relacionado a um ato divino de criação. Recordemos, por exemplo, de que maneira Jeová insuflou vida no corpo inanimado de Adão através de seu sopro divino. A alma representa, em quase todas as culturas conhecidas, aquela parte incorruptível de nossa natureza que permanecerá imortal para sempre, já que é nosso espírito vital. Por isso, nossa centelha divina está sempre aberta a novas possibilidades de desenvolvimento. Como é de origem divina, sua essência a conduz infalivelmente para formas originais de expansão no seu caminho em direção à luz (sua origem bem-aventurada).

Este símbolo pode representar uma pessoa receptiva ao que é diferente, que está sempre em busca do crescimento interior. Alguém que vê nas adversidades, oportunidades desafiantes de aprender. **Em seu lado negativo:** Pode tratar-se de uma pessoa ávida de novas sensações, alguém que ama mudar por mudar.

Mensagem do Oráculo: É um momento de abertura para áreas da vida ainda inexploradas. Viva-o plenamente.

Idéia-chave: EXPANSÃO

Câncer 4

Um gato discutindo com um rato.

A imagem é extremamente interessante, porque alude a uma discussão e não a uma briga entre gato e rato. Parece sugerir a idéia de uma polêmica que não acaba nunca, tentando de alguma maneira representar uma situação circular e labiríntica na qual nada se define. Talvez o gato seja, em algum sentido, o mais poderoso; quem sabe, o que pode dar melhor forma a suas idéias ou o que possui mais conhecimentos. Mas o rato não ficará sem respostas e, com certeza, usará a astúcia que o caracteriza para sair de qualquer situação que se apresente. **Este símbolo pode representar uma pessoa** que tem muitos questionamentos internos. Talvez aparente uma tranqüilidade externa, mas se esse for o caso, será fruto de um minucioso diálogo interno. **Em seu lado negativo:** Pode indicar tortura interna, um eterno questionador que não consegue ter paz interior. Ou ainda uma pessoa que gosta excessivamente de criar polêmica, para a qual qualquer situação é um bom motivo para discutir.

Mensagem do Oráculo: Não importa se nesta situação você se identifica com o gato ou com o rato, mas de ver, de uma ótica diferente, o problema que o preocupa. O difícil da situação, ainda que você não se dê conta, é que hoje faz o papel de gato, e amanhã, de rato. Tente ser o dono da casa e não um de seus mascotes.

Idéia-chave: CONTROVÉRSIA

Capricórnio 4

Um grupo festivo de pessoas subindo numa canoa.

As festividades celebradas em canoas têm uma longa tradição em diferentes culturas. Talvez a mais próxima de nós seja a do Carnaval, cujo nome original, "carrus navalis", denota claramente que era realizada em canoas ou barcos. Elas evidenciam a necessidade humana de simular a experiência do que foi, no início dos tempos, o caos primordial, entendendo que passar por esse tipo de experiência é uma espécie de purificação que se faz necessária periodicamente. A angústia provocada por nossa vida cotidiana costuma ser determinada por uma rigidez excessiva dos papéis (máscaras) que cada um de nós desempenha na sociedade. Essas festividades permitem que usemos vestimentas diferentes e máscaras que ocultam nossas caras. Dessa maneira, é possível relaxar as tensões, sentir-se diferente e ver os outros de uma nova maneira, quer dizer, efetuar uma catarse a partir do elemento lúdico. **Este símbolo pode representar uma pessoa** com um talento especial tanto para desestruturar-se quanto para criar situações que possibilitam aos que a rodeiam que façam uma purificação emocional. **Em seu lado negativo:** Pode ser alguém irônico, que vê a vida como uma festa e que não gosta de assumir responsabilidades.

Mensagem do Oráculo: A imagem indica que a hora é propícia para efetuar uma depuração por meio da alegria e do humor e, quem sabe, de organizar uma festa.

Idéia-chave: LIBERAÇÃO

Câncer 5

Um automóvel destroçado por um trem.

A imagem nos mostra dois diferentes meios de transporte, um individual e outro coletivo. Costumamos dizer "O carro é meu, vou com ele para onde e quando quiser", enquanto o trem tem seus horários estabelecidos e sua rota claramente definida. Trata-se de dois âmbitos que podem se opor ou que podem interferir um no outro: um deles depende exclusivamente de nossa livre vontade e o outro está determinado por necessidades coletivas e/ou socialmente estabelecidas, as quais temos de respeitar. Nesse caso, fica claro que o individual entra em choque ou é deposto pelo coletivo. **Este símbolo pode representar uma pessoa** que tem vocação para abrir totalmente mão de sua individualidade em benefício dos outros; alguém para quem colocar-se em segundo plano não é sacrifício, porque sua identidade está colocada a serviço da comunidade à qual pertence. **Em seu lado negativo:** Pode se tratar de uma pessoa que sente que sempre teve de suspender ou abolir seus projetos pessoais, porque circunstâncias alheias sempre impuseram isso; ou de alguém que não tem vontade própria e que só faz o que os outros esperam ou que acha que eles esperam.

Mensagem do Oráculo: O símbolo, neste caso, marca um período de extrema polarização. Aqui, o indivíduo encontra-se claramente em oposição ao coletivo (ou grupal). Não é um período propício para o pessoal; se essa é a sua necessidade ou seu desejo, aguarde uma ocasião mais propícia.

Idéia-chave: COLISÃO DE INTERESSES

Capricórnio 5

Índios remando numa canoa e efetuando uma dança guerreira.

Neste símbolo, vemos um grupo de índios com a atenção totalmente voltada para o que estão fazendo e preparando-se para uma disputa. Não estão combatendo, mas dirigindo-se para um objetivo definido preparados para o caso de ser necessário enfrentar seus adversários. A imagem irradia vitalidade, força, a ambição de alcançar uma meta e de estar disposto a combater por ela, se for necessário. **Este símbolo pode representar uma pessoa** que luta por suas aspirações com um cuidadoso interesse, capaz de estar preparada para enfrentar qualquer tipo de desafio. Pode ser que atue como líder, estando capacitada para canalizar as vontades de seus seguidores em direção a uma mesma meta e dar-lhes ânimo e estímulo quando precisarem. **Em seu lado negativo:** Pode tratar-se de uma pessoa que não tem nenhum tipo de escrúpulo quando procura alcançar uma aspiração pessoal e que tem uma atitude desafiante e combativa, inclusive em situações em que tais qualidades são absolutamente dispensáveis.

Mensagem do Oráculo: Momento que requer uma ação concentrada: pode haver obstáculos em seu caminho. Esteja atento.

Idéia-chave: ALERTA

Câncer 6

Aves de rapina colocando penas em seus ninhos.

As aves que colocam penas em seus ninhos nos remetem a questões femininas de cuidado e preparação para a maternidade. São tarefas amorosas e que, ao mesmo tempo, exigem muita atenção. No entanto, esclarece-se que essas aves são de rapina. Consideramos como arquétipo desse pássaro o falcão, que possui uma excelente capacidade de visão: seu olho pode ver não apenas a grandes distâncias, mas também, dizem, pode imobilizar sua presa. A caçada em si faz referência a uma forte ligação com a vida instintiva. Pode-se dizer que a imagem, de todos os pontos de vista, aponta primordialmente para questões de sobrevivência. Pode estar indicando ou uma dependência excessiva da satisfação dos instintos básicos ou a uma sabedoria e utilização positiva deles (como é a referência à construção de ninhos). **Este símbolo pode representar uma pessoa** tremendamente criativa (aves) que possui como característica muito especial a relação de intimidade com sua vida instintiva e grande tenacidade no que se propõe. Talvez possua o talento (conhecedor da natureza humana) de ajudar os outros em seus próprios processos de vida. **Em seu lado negativo:** A força de vontade pode se transformar numa obsessão que perturba a pessoa. Alguém excessivamente protetor.

Mensagem do Oráculo: Momento de preparar-se com carinho para a nova etapa que a imagem augura.

Idéia-chave: PREPARAÇÃO

Capricórnio 6

Uma arcada escura com dez cepos de madeira em sua base.

Uma arcada evidencia que estamos diante de um umbral, o que significa o fim de um espaço (ou tempo) e o começo de outro. Trata-se, portanto, de um lugar de passagem, que separa e une ao mesmo tempo e que indica um possível perigo, já que é necessário fazer uma mudança essencial (tanto em atitude interior quanto em conduta) para adaptar-se a ela. Em tais ocasiões, em geral, são realizados rituais, porque simbolizados, os períodos de transição costumam representar possíveis iniciações. O número Dez, por sua vez, indica completude; sua presença na imagem indica que algo foi concluído com perfeição e o término de todo um ciclo. Por outro lado, a escuridão da arcada sugere mistério diante do que se aproxima, indicando que é algo totalmente desconhecido. **Este símbolo pode representar uma pessoa** que está preparada para as mudanças que, por outro lado, surgem freqüentemente em sua vida. Está pronta para entregar (a fogueira) o fruto de seu passado quando for necessário. **Em seu lado negativo:** Pode ser alguém que fica no umbral; uma pessoa que não se permite viver com plenitude as experiências que sua vida lhe apresenta, porque se assusta com o que está por vir (as trevas).

Mensagem do Oráculo: Período de transição. Ressalta-se a idéia de que é necessário viver com intensidade o presente, antes de precipitar-se a entrar no novo espaço. Os lugares de passagem são por si só transformadores.

Idéia-chave: PASSAGEM

Câncer 7

Duas fadas à luz da Lua.

As fadas pertencem ao reino da Grande Mãe Terra e, por isso, vivem dentro de seu ventre. Uma de suas principais características é sua capacidade de metamorfosear-se, adotando diferentes formas, as quais passam a distingui-las como fadas protetoras das águas, das florestas, etc. Quando se encontram em seu hábitat natural (dentro da terra), normalmente elas não têm qualquer forma e se locomovem com grande facilidade. Entretanto, dizem que o momento mais propício para que elas apareçam e a gente possa vê-las é quando a Lua brilha, com a qual se sentem intimamente ligadas. A afinidade entre elas está no fato de ambas viverem em permanente processo de mudança e transformação e possuírem poderes paranormais que as unem ao mundo da magia e da imaginação. Além do mais, todas são colaboradoras dos ricos processos da natureza. **Este símbolo pode representar uma pessoa** com grande capacidade de imaginação e criação, capaz de compreender as forças do mundo espiritual que atuam na Terra. **Em seu lado negativo:** É alguém que só consegue sentir paz e satisfação quando se encontra submerso no mundo dos sonhos.

Mensagem do Oráculo: Tanto a presença das fadas quanto da Lua sugere que é um momento importante de mudanças. Essas não aparecem de forma repentina, mas de maneira orgânica e natural, assim como a Lua vai mudando de uma fase para outra.

Idéia-chave: MAGIA

Capricórnio 7

Um profeta de grande poder encoberto por um véu.

Do ponto de vista das verdades espirituais, a Verdade não pode ser revelada em sua totalidade, porque nós seres humanos não estamos preparados (em nosso nível de consciência atual) para enfrentar tamanha iluminação. É por isso que as Verdades só são reveladas parcialmente. O véu significa que se deve desvelar uma parte da Verdade e, ao mesmo tempo, manter a outra oculta. O que está escondido expressa sua qualidade de mistério insondável e, como tal, deve permanecer oculto. O profeta é aquele que difunde a Vontade Divina e que, como Moisés, por estar demasiadamente próximo de Deus, pode ter de manter o rosto encoberto.

Este símbolo pode representar uma pessoa de grande sabedoria interior, resultado de uma profunda conexão com seu mundo interior. Parece que expõe só parcialmente suas intuições aos outros e que, por isso, talvez o faça por meio de metáforas, pinturas ou símbolos. Ela pode sugerir ou insinuar, mas não explicar abertamente o que sabe. **Em seu lado negativo:** Pode ser alguém que se acha superior aos demais porque supõe ser o dono da Verdade. Talvez seja soberbo e minta ou oculte informações, para ganhar poder sobre os outros.

Mensagem do Oráculo: Ouça sua voz interior ou as palavras dos que estão próximos de você. Pode ser um momento de grande inspiração. De uma perspectiva mais cotidiana, o símbolo pode estar indicando que há algo que continua invisível a seus olhos e cujo desvendamento lhe será muito importante.

Idéia-chave: REVELAÇÃO

Câncer 8

Coelhos desfilando com vestimentas humanas.

A imagem tem toda a graça de um desenho animado. Podemos visualizar o encanto que os coelhos podem ter ao se moverem no desfile com esse tipo de indumentária. É a técnica de aprendizagem comumente chamada de "imitação", pela qual se supõe que uma boa cópia da forma (roupa) de algo acabará parecendo em essência ao original. De fato, essa prática pode mostrar-se de grande utilidade em algumas áreas específicas e/ou determinadas etapas da aprendizagem. A pergunta que surge é: Por que são os coelhos que aprendem dessa maneira? Esse animal tem características lunares muito fortes e se destaca por sua imensa capacidade de procriação (simbolizando uma fertilidade criativa). **Este símbolo pode representar uma pessoa** extremamente criativa, cuja forma de aprendizagem é, freqüentemente, tomar determinadas figuras ideais como exemplos a serem seguidos. Logo abandona esse estilo e o adapta à sua personalidade. **Em seu lado negativo:** É uma pessoa afetivamente imatura que mostra ao mundo uma faceta de experiência que não tem.

Mensagem do Oráculo: O desfile é uma exposição. O momento é propício para você expor o que tem em mente. Ressalta-se também que é importante a forma (vestimenta) pela qual essa apresentação deve ser feita.

Idéia-chave: PRÁTICA

Capricórnio 8

Pássaros cantando alegremente dentro de casa.

Se a casa simboliza o mundo interior de nossa psique, a possibilidade de ter pássaros cantando dentro dela sugere uma imagem extremamente rica. De uma perspectiva simbólica, poder entender a linguagem dos pássaros implica entender o idioma universal, ou seja, ser capaz de traduzir todos os tipos de sentimento e/ou pensamento humanos, qualquer que seja a sua forma de expressão. Além disso, todo canto é um meio maravilhoso de manifestar um estado de harmonia cósmica capaz de provocar uma enlevação do espírito. **Este símbolo pode representar uma pessoa** que possui um espírito risonho, fruto de sentimentos puros e pensamentos elevados, alguém cuja presença transmite compreensão e um estado de espiritualidade exultante. **Em seu lado negativo:** Alguém que tenha "passarinhos na cabeça" pode ser um sonhador fora da realidade, que só ouve o canto que vem de seu interior e não a voz da vida e das pessoas que o rodeiam.

Mensagem do Oráculo: Pássaros cantando sugerem um momento de grande inspiração. Escute-os.

Idéia-chave: ALEGRIA

Câncer 9

Uma menininha nua aproximando-se da água em busca de um peixe.

A imagem nos transmite uma idéia de viço e candura. A menina é casta e, por isso, pode aproximar-se com inocência das águas do inconsciente profundo em busca de sabedoria, que aqui é simbolizada pelo peixe. Esse é um símbolo muito usado em diferentes tradições espirituais, especialmente no cristianismo, e representa a possibilidade de renascer por meio do batismo purificador. Para que isso aconteça, é necessário estar em contato com as insondáveis energias do inconsciente profundo e renovar-se por meio de um mergulho em suas águas abismais. **Este símbolo pode representar uma pessoa** com tal pureza de alma que consegue sem medo entrar em contato com suas emoções, intuições e sentimentos mais profundos, o que lhe facilita uma conexão íntima com seu próprio centro de sabedoria. Esse processo, por sua vez, permite que ela periodicamente se renove interiormente. **Em seu lado negativo:** O peixe pode significar a atração pelos abismos do inconsciente e a possibilidade de permanecer aprisionado a essas trevas oceânicas.

Mensagem do Oráculo: O peixe é de bom augúrio, significa fecundidade. As circunstâncias favoráveis estão próximas e depende de você apoderar-se delas.

Idéia-chave: PURIFICAÇÃO

Capricórnio 9

Um anjo portando uma harpa.

Os anjos são seres espirituais que não pertencem ao nosso mundo corriqueiro. Diz-se que servem de mediadores entre nosso nível de consciência comum e o plano divino, intervindo como conselheiros, conciliadores e guias tanto para nossos destinos individuais quanto para o de grandes grupos sociais. A harpa, por sua vez, também simboliza uma força mediadora, uma vez que pela harmonia interna que produz, escutar seu som pode transportar-nos para estados paradisíacos. **Este símbolo pode representar uma pessoa** cuja alma lhe permite estabelecer um vínculo profundo com diferentes forças arquetípicas, o que serve de inspiração e orientação tanto para si mesma como para os outros. **Em seu lado negativo:** Pode tratar-se de alguém que sente que "não pertence a este mundo". Sonha em viver (unicamente) em dimensões transcendentes e se esquece de atender às próprias necessidades imediatas e às relações com seus entes queridos.

Mensagem do Oráculo: Um anjo é invariavelmente portador de boas-novas. Harmonize-se para escutar a mensagem que ele está tentando lhe transmitir.

Idéia-chave: HARMONIZAÇÃO

Câncer 10

Um grande diamante cuja lapidação não foi concluída.

O diamante é uma pedra preciosa de grande valor por seu enorme potencial de brilho, resplendor e dureza. Simbolicamente, significa o centro de algum poder de irradiação. No entanto, todo seu esplendor só é revelado se for realizado um procedimento complicado, que implica uma tarefa delicada, já que é preciso usar muita força para lapidar a dureza da pedra e uma precisão muito minuciosa para fazer os cortes necessários. A imagem deste símbolo é muito clara: de um lado, destaca os enormes potenciais que jazem ocultos no diamante e, de outro, indica que esse processo ainda não está concluído. **Este símbolo pode representar uma pessoa** com muito carisma pessoal e/ou irradiação espiritual, mas que, não obstante, tem em sua personalidade facetas que deveriam ser esmeradamente trabalhadas para que ela possa expressar todo o seu potencial intrínseco. **Em seu lado negativo:** Pode implicar soberba, alguém que deseja ser o centro, onde quer que se encontre, e que não é capaz de refletir sobre suas deficiências pessoais.

Mensagem do Oráculo: O tema de sua consulta contém indiscutivelmente uma grande possibilidade de sorte, mas você deve dar-se o tempo necessário para terminar de "poli-lo".

Idéia-chave: METICULOSIDADE

Capricórnio 10

Um albatroz sendo alimentado pela mão de uma pessoa.

A imagem sugere pensar em alguém que possui a ingenuidade e/ou a destreza necessária para alimentar uma ave (não doméstica e até possivelmente perigosa) com a própria mão. Refere-se, portanto, à capacidade de nutrir o "outro", mesmo quando para fazê-lo, precisa correr algum tipo de risco pessoal. Por sua vez, o albatroz que aprendeu a comer dessa maneira não ataca e se beneficia com a relação; ele conseguiu vencer sua natureza mais primitiva e se adaptou a um vínculo que o alimenta. Em sua totalidade, a imagem indica, de um lado, um processo de nutrição e, de outro, de desafio e adaptação. **Esta imagem pode representar uma pessoa** de temperamento indômito que, graças a uma profunda transformação interior, aprendeu a se relacionar com pessoas ou seres vivos muito diferentes aos de sua origem. Essa prática, ao permitir-lhe efetuar uma rica interação, lhe trouxe um enorme crescimento pessoal. **Em seu lado negativo:** Pode representar uma pessoa que espera que os outros satisfaçam todas as suas necessidades sem que ela tenha de fazer qualquer esforço pessoal para merecer isso.

Mensagem do Oráculo: Momento propício para abrir-se para relacionamentos onde exista reciprocidade. Pense no que pode dar aos outros e esteja aberto e disposto a receber.

Idéia-chave: NUTRIÇÃO

Câncer 11

Um palhaço fazendo trejeitos.

A figura do palhaço ou bobo é usada com freqüência como representação de seu pólo oposto: o rei (que detinha o poder supremo por herança), a quem sempre fazia companhia. Em certas ocasiões festivas, costumava ocupar o lugar do soberano e aproveitava a oportunidade para ridicularizá-lo, enquanto que em outras celebrações sagradas, chegava a ser assassinado quando atuava no lugar do monarca. Ele é o porta-voz do outro lado das coisas; é quem usa o humor para abordar questões que são tabus (ou graves e espinhosas de alguma maneira) e trata com seriedade questões que são consideradas não transcendentes pela comunidade. Do ponto de vista da psicologia junguiana, o bobo da corte é um arquétipo de grande sabedoria, por ser um profundo conhecedor da natureza humana em suas melhores e piores manifestações. **Este símbolo pode representar uma pessoa** que faz uso do humor ou da ironia para descontrair situações tensas e revelar características pessoais que não seriam reveladas de outra maneira. **Em seu lado negativo:** Pode ser alguém que utiliza sua agudeza mental para ridicularizar os outros, desqualificando-os ou denegrindo-os.

Mensagem do Oráculo: Nas circunstâncias atuais, o humor pode ajudá-lo. Procurando ver a questão que o preocupa dessa perspectiva, você vai perceber outros aspectos. Aprenda a rir de si mesmo.

Idéia-chave: LIBERAÇÃO

Capricórnio 11

Um enorme bando de faisões.

No Extremo Oriente, os faisões têm uma simbologia muito rica. Diz-se que a beleza expressa pela união de seu canto e dança é uma perfeita alegoria da harmonia cósmica, mas que quando batem suas asas, soltam grasnidos inquietantes que parecem trovões e, por isso, também são associados às perturbações do universo. Em seu aspecto luminoso, eles são vistos como representantes da luz do dia e, portanto, aves solares; por sua face mais misteriosa; no entanto, eles são associados à fênix, significando que têm em si o potencial para atravessar processos de morte e renascimento. Diante de tal riqueza de possibilidades, fica a impressão de que é uma imagem de grande poder e energia, que pode se manifestar por meio de formas extremadas. **Este símbolo pode estar representando uma pessoa** com uma personalidade muito forte, por meio da qual traz tranqüilidade ou desequilíbrio a seu ambiente circundante. É do tipo de pessoa que "cria" a atmosfera a seu redor, impondo sua presença e estado de espírito. **Em seu lado negativo:** Quem semeia ventos em seu rastro também é capaz de criar caos com sua simples presença.

Mensagem do Oráculo: Momento importante de transformação. Prepare-se para uma grande mudança. Lembre-se de que o faisão representa a fênix.

Idéia-chave: GRANDE PODER

Câncer 12

Uma mulher chinesa cuidando de um bebê com uma mensagem.

Podemos considerar que, ao nascer, todo bebê traz uma nova mensagem para a humanidade, porque sua consciência e perspectiva de vida é única e inimitável; por isso, se sua natureza essencial for respeitada, ele poderá colocá-la em prática. A mulher que protege o bebê pertence a uma cultura diferente e, talvez por isso mesmo, pode descobrir e compreender a originalidade e criatividade que ele tenta trazer à luz. **Este símbolo pode representar uma pessoa** capaz de enaltecer as distinções individuais e sentir-se atraída pelo diferente e inédito (também no interior de si mesma), alguém que sabe como acompanhar os outros em seus processos de crescimento e, ao mesmo tempo, preservar suas próprias características pessoais. **Em seu lado negativo:** Pode tratar-se de alguém que acredita que apenas alguns seres sejam eleitos (talvez ele seja um deles) e a esses ele idealiza e protege excessivamente. Uma pessoa que se sente alienada de seu meio e que adota uma posição de superioridade como defesa.

Mensagem do Oráculo: Em certo sentido, uma criança augura algum nascimento ou origem. Talvez você ache que o que se inaugura seja demasiadamente estranho à sua história pessoal, mas saiba acolhê-lo e cuidá-lo para que mais adiante possa integrá-lo à totalidade de seu ser.

Idéia-chave: RESGUARDAR.

Capricórnio 12

Um estudante de ciências naturais dando uma conferência.

O estudo das ciências naturais requer o desenvolvimento de muitas capacidades ao mesmo tempo. Não se trata apenas de assimilar os processos complexos da vida, mas também de possuir uma grande capacidade de observação e síntese, desenvolvida através de análises exaustivas. Compreender o fluxo de energia vital e suas leis de manifestação é tarefa complexa, uma vez que é necessário conhecer profundamente os ciclos evolutivos de nascimento, crescimento, apogeu e morte. Neste caso, o estudante está ao mesmo tempo dando uma conferência, por meio da qual está demonstrando a capacidade de mostrar seus conhecimentos e transmiti-los a outros. É um aluno que tem talento para aprender e ensinar. **Este símbolo pode representar uma pessoa** que possui as virtudes referidas em quaisquer de suas muitas possíveis manifestações. **Em seu lado negativo:** Pode ser alguém que vive unicamente no plano mental: que vive examinando, investigando e direcionando tudo, sem participar ativamente da vida.

Mensagem do Oráculo: Dar uma conferência é compartilhar algo, dar os frutos do que se obteve por esforço próprio. Talvez seja o momento oportuno para você expor o que vem preparando há muito tempo. Anime-se.

Idéia-chave: EXTERIORIZAÇÃO

Câncer 13

Uma mão levemente flexionada e com o polegar proeminente.

Com as mãos conhecemos nosso meio circundante, trabalhamos, acariciamos, atraímos ou rejeitamos, por isso, elas simbolizam nossa forma de ação no mundo. Existe toda uma linguagem das mãos que, com seus gestos e movimentos, expressam o que realmente sentimos, às vezes de forma mais clara do que com palavras. Cada dedo, por sua vez, tem um significado específico. O polegar é diferente: encontra-se à frente dos outros; estima-se que as pessoas que têm esse dedo proeminente possuam um verdadeiro autodomínio interior e uma enorme força de vontade, mas essa característica tem como contrapartida o fato de essas pessoas poderem se tornar extremamente inflexíveis (consigo mesmas e com os outros). Neste caso, entretanto, a mão está levemente flexionada, indicando a possibilidade de a pessoa não ser tão rígida. **Este símbolo pode representar uma pessoa** de grande força e que tem, mesmo assim, a capacidade de se adaptar às circunstâncias da vida. **Em seu lado negativo:** Pode estar indicando uma pessoa que quer estar "sempre" no comando, alguém para quem amoldar-se é dobrar-se.

Mensagem do Oráculo: É hora de tomar uma atitude firme e determinada. Mas saiba distinguir onde ter a determinação do polegar e onde a flexibilidade necessária para ajustar-se às circunstâncias ao seu redor.

Idéia-chave: ATITUDE DETERMINADA

Capricórnio 13

Um adorador do fogo.

O fogo é temido por sua capacidade de destruir tudo que toca, mas é também apreciado porque limpa e purifica; do ponto de vista espiritual, ele é idolatrado porque considera-se que esse elemento pode destruir a parte densa da matéria e, com isso, liberar a parte sutil. Por essa dualidade intrínseca à sua natureza, ele leva a pensar tanto no "fogo do inferno" quanto na chama do Espírito Santo. A idéia básica contida nele é sua capacidade de produzir transformações. Os "adoradores do fogo" buscam ser regenerados e purificados por meio dele, além de acreditarem que, se se concentrarem nele, poderão ver além do tempo e do espaço. Um "adorador" é uma pessoa capaz de focalizar sua atenção em um determinado objeto a ponto de fundir-se a ele e, nesse processo, perder a consciência de si própria. **Este símbolo pode representar uma pessoa** com grande capacidade de concentração e com suficiente força de caráter tanto para regenerar-se quanto para transformar os outros. **Em seu lado negativo:** Pode ser alguém que usa sua força de vontade e intensidade de seu caráter para destruir tudo o que toca, transformar tudo em cinzas.

Mensagem do Oráculo: Momento de purificação. Esteja atento, pois uma importante premonição pode chegar à sua consciência.

Idéia-chave: TRANSFORMAÇÃO

Câncer 14

Um homem muito velho diante de um espaço escuro voltado para o nordeste.

Esta imagem parece refletir o arquétipo do Velho Sábio. Ele sabe o que é verdadeiro na realidade e não se deixa enganar pelo mundo das aparências. Aqueles que têm uma visão transcendente dizem que nosso planeta é atravessado por correntes energéticas sutis e que o nordeste é precisamente o ponto de entrada de forças espirituais elevadas. O velho sabe disso e, por isso, volta-se para essa direção com o propósito de ligar-se a elas. O espaço apresenta-se escuro, porque ainda é mistério: é por esse ângulo que surgirá o que ainda não se manifestou e, portanto, continua desconhecido. O velho está atento ao que está por vir. **Este símbolo pode representar uma pessoa** de grande sabedoria, que observa os acontecimentos cotidianos, buscando neles o significado espiritual. Alguém que tem muita intuição para prever acontecimentos. **Em seu lado negativo:** Sua atitude é de expectativa, não de ação. Pode indicar uma pessoa tão imersa em seu mundo interior que se mostra excessivamente passiva em suas atitudes.

Mensagem do Oráculo: A disposição geral é de escuta e receptividade. Ainda que se encontre numa situação em que não vê com clareza, esteja alerta ao desenrolar dos acontecimentos. A direção nordeste sugere que a imagem é propícia com respeito ao futuro.

Idéia-chave: ATENÇÃO

Capricórnio 14

Um antigo baixo-relevo gravado em granito.

Não é fácil gravar no granito. O escultor tem que ter muito claro o que quer fazer e realizar sua tarefa com esforço e concentração, porque sabe que sua obra fará parte da memória da humanidade. A pedra continua além do tempo de nossa vida e, por isso, simboliza o perpétuo. Só conhecemos algumas culturas graças ao fato de terem deixado sua história e crenças gravadas em pedra; isso é tudo que perdurou delas. **Este símbolo pode representar uma pessoa** que, de forma constante, procura encontrar os valores imutáveis de seu meio, alguém que respeita muito as tradições e as normas, às quais dá valor pelo que representam em sua essência. **Em seu lado negativo:** Pode ser uma pessoa inflexível, alguém que considera que certas regras aprendidas sejam as únicas válidas; que não sabe adaptar-se às novas circunstâncias e não consegue assimilar o diferente.

Mensagem do Oráculo: O símbolo realça a importância do que é permanente e estável, daqueles valores que vão além das circunstâncias mutáveis do espaço-tempo em que vivemos. Por alguma razão, é importante que, no momento atual, você beba dessas fontes; certamente, ali você vai encontrar a resposta para seu dilema atual.

Idéia-chave: IMUTABILIDADE

Câncer 15

Um grupo de pessoas que comeu satisfação até se fartar.

A reunião de um grupo de pessoas para comer constitui um ritual primordial que expressa a idéia de uma possível eucaristia pelo compartilhamento do mesmo pão em um estado de comunhão espiritual. O que foi comido por todos pode estar significando um alimento nutritivo, seja para o corpo ou para a alma, mas a idéia expressa nesse símbolo é a de uma participação ativa na comunidade, que traz consigo a idéia de algo que foi possível repartir e desfrutar em grupo. **Este símbolo pode representar uma pessoa** que desempenha um papel ativo na sociedade à qual pertence, alguém que gosta de criar um mundo repleto de gratificações (para o corpo e/ou espírito) e que cria os meios para que essas possam ser distribuídas e aproveitadas por outros. **Em seu lado negativo:** Pode ser alguém que adora os prazeres da vida e busca satisfazê-los de maneira exagerada. Ele pode ter um apego excessivo às necessidades físicas ou emocionais.

Mensagem do Oráculo: A imagem é repleta de abundância. Considere o momento como de desfrute e afeto.

Idéia-chave: COMPLACÊNCIA

Capricórnio 15

Muitos brinquedos num pavilhão de hospital para crianças.

É importante não só curar e cuidar daqueles que, por alguma razão, se encontram em desvantagem, como também é primordial dar-lhes um espaço apropriado para que possam relaxar e desfrutar enquanto se recuperam. Para uma criança, brincar não é uma atividade gratuita, mas o meio pelo qual ela descobre o mundo e reconhece a si mesma nesse processo. **Este símbolo pode representar uma pessoa** que tem uma habilidade especial para ajudar os outros em seus momentos de dor ou de recuperação, alguém que, ao mesmo tempo, é capaz de descobrir neles habilidades que não sabiam possuir. Alguém que utiliza o humor e a alegria para aliviar as tensões ou sofrimentos dos outros. **Em seu lado negativo:** Pode tratar-se de uma pessoa incapaz de lidar com o sofrimento alheio, que adota um ar festivo ou jocoso para desviar a atenção. Quando não consegue contê-los, recorre à ironia para evitar comprometer-se com o sofrimento alheio.

Mensagem do Oráculo: Trata-se de um período de recuperação. Algo ocorreu e o momento é propício ao descanso e àquelas atividades que lhe proporcionam prazer e algum tipo de gratificação íntima. Tire todo o tempo que for necessário para revitalizar-se.

Idéia-chave: AUTOFORTALECIMENTO

Câncer 16

Um homem com um rolo de pergaminho estudando um quadrado.

O homem dessa imagem parece ser um estudioso de simbologia, circunstancialmente absorto no estudo de um quadrado, que parece ser mágico. Para decifrá-lo, conta com a ajuda de um antigo pergaminho. Os quadrados estão organizados de maneira a estabelecer relações harmônicas entre as somas finais de fileiras e colunas (quando se trata de números), e utilizam letras intercambiáveis em uma leitura horizontal e vertical. Alguns deles representam templos ou cidades ideais e são construídos com a intenção de reproduzir a ordem cósmica. Estudá-los implica submergir no mundo da unidade do micro e macrocosmos. **Este símbolo pode representar uma pessoa** com um alto nível de desenvolvimento espiritual, conquistado graças a um estudo minucioso, e com elevados ideais de vida que busca alcançar. **Em seu lado negativo:** O quadrado pode estar representando um pensamento muito esquemático que, por sua excessiva rigidez mental, impõe autolimitações.

Mensagem do Oráculo: O homem estuda, mas o quadrado em si mesmo implica realidade, algo concreto. Talvez seja hora de concretizar um ideal que você vem analisando ultimamente.

Idéia-chave: APROFUNDAMENTO

Capricórnio 16

Meninos e meninas com trajes de ginástica.

Os gregos consideravam o ser humano como uma totalidade. Por esse motivo, a prática de ginástica era tão importante quanto a educação mental. Eles buscavam a plenitude do desenvolvimento humano como ideal de vida no qual priorizava-se a harmonia entre seus aspectos. Em todas as fases da vida, o esporte é vital, mas na infância é fundamental, porque permite que as crianças tenham um bom relacionamento com seu corpo e uma saudável integração grupal , podendo desenvolver a partir da atividade lúdica um sentimento fraterno de camaradagem. **Este símbolo pode representar uma pessoa** que busca uma integração harmônica entre seus corpos físico, emocional e espiritual, alguém que sabe se conectar com sua criança interior por meio de atividades grupais com seus semelhantes. **Em seu lado negativo:** Pode ser alguém que, de uma maneira ou de outra, exagera no cuidado com o seu corpo. É incapaz de sozinho realizar qualquer tarefa, pois só se sente estimulado em companhia de outros.

Mensagem do Oráculo: É aconselhável que você compartilhe momentos de prazer com seus amigos. Recomenda-se uma ação dinâmica e, se for possível, a realização de jogos criativos que lhe permitam relaxar e entrar em contato com sua capacidade criativa.

Idéia-chave: TREINO/TREINAMENTO.

Câncer 17

Germe que cresce em conhecimento e vida.

A idéia de um germe embrionário nos faz pensar na diferença entre o que ainda se encontra latente (em potencial) e o que já se manifestou (que ganhou forma no mundo da matéria). Tomar consciência das potencialidades interiores significa entrar em contato com o que se agita no mundo interior em busca de expressão e fundar as bases necessárias para que elas ganhem substância. A imagem fala de um crescimento de "vida", podendo isso significar uma forma material concreta ou um progresso em algum tipo de conhecimento que permita alcançar uma nova visão da existência. A semente deve morrer para que a planta possa nascer. Da mesma maneira, para que ocorra o verdadeiro florescimento de nossa interioridade, devemos deixar para trás "velhas estruturas" familiares. **Este símbolo pode re-**

presentar uma pessoa com grande criatividade e talento especial para descobri-la nos outros. **Em seu lado negativo:** Pode evidenciar uma atitude compulsiva de relacionar-se apenas com o que está por vir, de modo que há uma dificuldade para amadurecer aqueles processos que começam a se estabilizar.

Mensagem do Oráculo: É hora de abrir-se para o novo, desfazer-se de atitudes do passado e estar preparado para escutar o que está tentando emergir de seu interior.

Idéia-chave: NASCIMENTO

Capricórnio 17

Uma jovem nua banhando-se às escondidas.

O banho lembra um processo de purificação ou de regeneração. Um mergulho nas águas, ainda que pela imaginação, permite recuperar nosso estado de pureza original. Como as águas representam a origem e o fim da vida, retornar a elas nos dá a oportunidade de nos religarmos ao princípio de nossa existência. A "nudez" por sua vez denota despojamento das vestimentas que usamos no cotidiano (a máscara); o fato de ser uma jovem que está se banhando nos indica que é a anima, em seu aspecto de virgem, que está servindo de mediadora dessa transformação. **Este símbolo pode representar uma pessoa** com uma simplicidade e uma autenticidade muito especiais. Embora esse pareça ser um estado de espírito natural, na realidade é produto de purificações internas realizadas periodicamente. **Em seu lado negativo:** Pode estar indicando a existência de uma dificuldade para lidar com a realidade cotidiana; a pessoa só consegue sentir-se plena em sua relação com o mundo do inconsciente. Pode também assinalar uma irresistível atração por tudo que é proibido ou perigoso (o lado abismal das águas).

Mensagem do Oráculo: Indica que você precisa relacionar-se com sua anima e que, por seu intermédio, possa esclarecer as circunstâncias externas que o envolvem.

Idéia-chave: PURIFICAÇÃO

Câncer 18

Uma galinha ciscando em busca de alimento para seus pintinhos.

Quando dizemos que alguém é "uma galinha", queremos destacar sua capacidade de proteger aqueles que considera seus preferidos, aos quais dedica cuidados como se fossem seus próprios filhos. Na imagem, destaca-se a busca de alimento para seus filhotes, que pode ser entendida de um vasto espectro de possibilidades, já que tanto pode tratar-se do sustento do corpo físico, quanto do emocional, intelectual ou espiritual. **Este símbolo pode representar uma pessoa** capaz de prover a seus entes queridos (e a si mesma) tudo o que é necessário para cada etapa evolutiva. Alguém que colocará todo seu empenho para prover suas necessidades. **Em seu lado negativo:** Alguém que pretende saber o que é bom para os outros e os empanturra de comida, não lhes dando, assim, a oportunidade de aprender a obter o que precisam por si mesmos.

Mensagem do Oráculo: Momento de exploração em busca da obtenção de algo que é indispensável para você ou seus familiares. Em outro contexto, a galinha é também símbolo de fecundidade; confie que conseguirá o que necessita.

Idéia-chave: PESQUISA.

Capricórnio 18

A Liga de Jack

Este símbolo refere-se ao tempo em que a Grã-Bretanha patrulhava os mares com o objetivo de proteger o princípio de liberdade marítima. A imagem alude a alguém que ostenta muito poder, o qual pode ser utilizado para servir de mediador e protetor na relação com o mundo ao redor. Em casos como esse, é preciso que haja um grande senso de justiça para que não se cometa imparcialidades e se compreenda que a autoridade não deve ser usada para a satisfação de interesses pessoais egoístas. **Este símbolo pode representar uma pessoa** que é capaz de atuar em seu meio, cumprindo seu papel de maneira satisfatória. Alguém que compreendeu em essência o quanto pode ser enriquecedor o uso da autoridade quando para o bem da comunidade. **Em seu lado negativo:** Pode ser uma pessoa que usa seu poder pessoal em benefício próprio, impedindo o desenvolvimento das pessoas que a rodeiam, como forma de continuar dominando-as.

Mensagem do Oráculo: *Aparentemente é um período em que você se encontra numa posição de hierarquia, seja porque sua palavra é ouvida ou porque lhe toca desempenhar um papel de intermediação e proteção no meio em que vive. Considere que isso significa uma grande oportunidade para seu próprio desenvolvimento.*

Idéia-chave: RESGUARDAR.

Câncer 19

Um sacerdote celebrando uma cerimônia nupcial.

O sacerdote representa uma comunidade de cristãos frente à sociedade e, como tal, está autorizado a representar a Igreja em suas diferentes funções. Aqui, ele está celebrando uma cerimônia de casamento, ou seja, está consagrando uma união que a partir desse momento terá uma transcendência espiritual. Embora não seja ele próprio quem case, sua atuação tem valor porque ele o faz "em nome" de Deus. Toda união é um compromisso, que envolve direitos e deveres, assumido em total liberdade e, neste caso, o acordo é firmado por toda a vida, simbolizado pelas alianças que denotam a indissolubilidade do vínculo. A imagem acentua a função do sacerdote no cumprimento de seu papel de consagrar uniões baseadas em vínculos afetivos. **Este símbolo pode representar uma pessoa** com um poder espiritual excepcional dentro de sua comunidade ou alguém capaz de estabelecer uniões significativas que adquirem transcendência com o passar do tempo. **Em seu lado negativo:** Pode ser alguém com uma personalidade soberba que se gaba de ter um poder especial que lhe foi concedido por Deus.

Mensagem do Oráculo: *Um matrimônio é um bom augúrio, pode significar um momento de final feliz de algo profundamente desejado, como também pode ser o momento propício para fazer um acordo com alguém. De outra perspectiva, trata-se da "conjunctio", que é uma integração interna dos aspectos masculino e feminino.*

Idéia-chave: UNIÃO

Capricórnio 19

Um menino de cinco anos carregando uma pesada sacola de compras.

Do ponto de vista simbólico, o Cinco é o número da totalidade e da abundância. Isso deve-se à suposição de que quando a matéria (representada pelo Quatro) alcança sua quintessência mais pura, surge o Cinco. Por isso, esse número foi consagrado ao ser humano, supondo-se que só nós podemos manifestá-lo em sua expressão mais plena. Em outros contextos, também significa uma vida pródiga em todos os sentidos, especialmente no que diz respeito à saúde e vida afetiva. A imagem mostra um menino, o que denota um nível de consciência alcançado recentemente. Por sua atitude, vê-se que ele se desenvolverá por meio de uma prática ativa de serviço. **Este símbolo pode representar uma pessoa** que desde cedo teve de assumir pesadas responsabilidades, alguém com um nível de consciência muito elevado, que é capaz de compreender o significado essencial de sua ação. **Em seu lado negativo:** É alguém que em algum sentido se considera superior às pessoas que o rodeiam e que assume as tarefas cotidianas que lhe são incumbidas como se fossem uma carga pesada cujo motivo não conhece.

Mensagem do Oráculo: Algo novo está surgindo. Por alguma razão, entretanto, para que sua riqueza se manifeste, uma tarefa preparatória que exige esforço e concentração deve ser realizada.

Idéia-chave: PRELIMINARES.

Câncer 20

Gondoleiros fazendo uma serenata.

Os gondoleiros deslizam com suas barcas pelos canais (o mundo das emoções) e, ao entoarem suas canções, atuam como emissários que expressam abertamente o que o "amante" sente pela "amada". As canções que eles entoam são transmitidas de uma geração a outra, não pertencem a eles, mas fazem parte de seu tesouro cultural, só que eles as reinterpretam, dando-lhes um estilo pessoal. **Este símbolo pode representar uma pessoa** que se sente afetivamente ligada ao meio cultural ao qual pertence; alguém que consegue expressar criativamente suas emoções mais profundas e que chega a ser um bom intérprete daquilo que os outros gostariam de expressar. **Em seu lado negativo:** Pode ser alguém que acredita estar reinterpretando o que outros disseram ou fizeram e só consegue imitá-los, alguém que supõe estar expressando suas vivências pessoais, mas que está apenas sendo eco do que sentem as pessoas ao seu redor.

Mensagem do Oráculo: Este é um momento em que o pessoal pode ser expressado por meio de uma atividade criativa em grupo; é um momento para realizar encontros agradáveis, nos quais o jogo, o canto e a música podem estar presentes.

Idéia-chave: EXPRESSIVIDADE

Capricórnio 20

Um coro cantando escondido.

O coro sugere a idéia de um grupo de pessoas que, num esforço comum, desenvolvem seus talentos individuais em prol de uma realização musical comum. O pessoal não foi abolido, mas subordinado a um todo maior. Essa noção é ressaltada pela qualidade "escondido", como se não apenas as individualidades estivessem invisíveis dentro do coro, mas também que o próprio coro como um todo desejasse o anonimato. Os participantes desse coro não estão em busca de estrelismo pessoal, mas de uma comunhão espiritual que permita a todos sentir a harmonia cósmica por meio da música. **Este símbolo pode representar uma pessoa** com grande vocação para servir a comunidade; alguém que tenha alcançado tal nível de paz interior que é capaz de transmiti-la aos outros só com sua presença. **Em seu lado negativo:** Pode haver dificuldade para aceitar a expressão pessoal; a pessoa está sempre precisando do anonimato (ou do apoio de outras) para atuar de maneira criativa.

Mensagem do Oráculo: É um momento em que é preciso aprender a "escutar" a música que se encontra escondida nas coisas corriqueiras. Se acha que pode ajudá-lo, siga literalmente o símbolo e ouça música que sirva para harmonizá-lo. Em outro sentido, é favorável qualquer atividade que possa ser compartilhada com outros.

Idéia-chave: UNIDADE.

Câncer 21

Uma prima-dona cantando.

Quando se fala de uma prima-dona, não se está apenas dizendo que se trata de uma excelente cantora, mas também de uma pessoa que encarna em si uma qualidade muito especial, que a faz ser admirada e especialmente amada, situação que também representa uma enorme exigência. Tudo lhe será concedido, mas para isso ela terá de pagar o preço de desempenhar (às vezes, o tempo todo) seu papel à perfeição. Ela sabe que seu temperamento possui uma magia muito especial, mas que para chegar aonde chegou teve de desenvolver plenamente suas qualidades pessoais e satisfazer de alguma maneira as expectativas dos outros. **Este símbolo pode representar uma pessoa** que, em um ou outro aspecto, representa um papel que a torna "especial" no meio em que se move; alguém a quem isso permite expressar-se por meio dos talentos pessoais com os quais veio ao mundo. **Em seu lado negativo:** Pode tratar-se de uma pessoa que se submete às exigências que o meio lhe impõe, que se sente cerceada em sua expressão natural e obrigada a satisfazer as expectativas dos outros.

Mensagem do Oráculo: Momento de plenitude. Em algum sentido, é oportuno que você se abra e exponha suas qualidades pessoais a seu meio.

Idéia-chave: CARÁTER

Capricórnio 21

Uma prova de revezamento.

A prova de revezamento é algo que nos remete a uma antiga crença que dizia que colocar o pé em determinado lugar implicava tomar posse dele. A imagem nos faz pensar que, de vez em quando, é necessário apoderar-se de um lugar, depois de outro, e assim sucessivamente. Por outro lado, o típico dessa modalidade esportiva é o fato de cada atleta encarregar-se de uma parte do trajeto, exigindo com isso um esforço coordenado dos participantes. Trata-se, então, de somar esforços para alcançar uma meta comum. **Este símbolo pode indicar uma pessoa** que teve de "tomar posse" (qualquer que seja o significado que a expressão tenha para ela) de diferentes lugares (ou situações) em diferentes fases de sua vida, causando-lhe a sensação de um crescimento constante. Pode também significar alguém com talento especial para coordenar atividades grupais, podendo determinar qual é o melhor lugar para cada pessoa, desde que tenha uma perspectiva que permite tanto os desenvolvimentos pessoais quanto uma conquista de benefício coletivo. **Em seu lado negativo:** É uma pessoa muito ambiciosa que faz da vida uma luta incessante atrás de novas metas, sem encontrar verdadeira satisfação em nenhuma.

Mensagem do Oráculo: Momento de avançar no que diz respeito à questão consultada. De fixar-se num projeto que possa ser alcançado gradativamente. Sugere-se como mais propício o trabalho em grupo.

Idéia-chave: AVANÇAR

Câncer 22

Uma mulher esperando um veleiro.

A imagem reflete uma atitude de anseio profundo; a mulher aguarda, supondo que o esperado chegará em breve. Mas o veleiro não é qualquer tipo de embarcação, pois seu deslocamento depende totalmente da existência de ventos. Como esses têm origem em zonas distantes e elevadas, é possível que sejam aqueles que trazem inspiração de uma ordem superior, ou seja, que sejam os portadores dos desejos mais profundos da alma. O barco, por sua vez, implica uma travessia; permite que atravessemos graciosamente as águas do mundo emocional em nosso caminho de vida. Neste caso, a mulher parece absorta (o feminino interior receptivo) enquanto a inspiração vem até ela de um lugar desconhecido. Seu gesto é de entrega. **Este símbolo pode representar uma pessoa** que essencialmente confia no sopro da fecundidade criativa, alguém que, diante de seus dilemas, sabe que mais cedo ou mais tarde a solução virá. **Em seu lado negativo:** Pode haver uma tendência exagerada para a passividade, como se os outros (ou a sorte) tivessem sempre que prover tudo ou resolver todos os seus conflitos.

Mensagem do Oráculo: Procure ouvir as vozes de seu mundo interior antes de agir. Tenha fé, algo novo está prestes a chegar em sua vida (pode vir do mundo ao seu redor ou de seu interior como inspiração).

Idéia-chave: INSPIRAÇÃO

Capricórnio 22

Um general aceitando uma derrota com elegância.

A figura do general pode ser tomada como representação do arquétipo do guerreiro. É evidente que se trata de alguém que, no devido momento, foi admitido na hierarquia militar por seus próprios talentos pessoais. Sua participação ativa em muitas batalhas (qualquer que seja seu tipo) lhe ensinou o valor circunstancial e relativo de ganhar ou perder. Dizem que aprendemos mais com as derrotas do que com as vitórias, talvez porque quando sofremos derrotas, refletimos mais a respeito do cumprimento apropriado de nossas incumbências, ou porque prestamos mais atenção ao desenrolar dos acontecimentos ocorridos. Aceitar os fracassos com elegância implica ter adquirido a nobreza de um cavaleiro e haver compreendido que o oponente não é um inimigo, mas um adversário circunstancial. **Este símbolo pode representar uma pessoa** com tal nobreza de caráter que consegue aceitar os reveses da vida como oportunidades de aprendizagem. **Em seu lado negativo:** É alguém que se dá por vencido antes do tempo. Ou uma pessoa que simula, por conveniência, o que de fato não sente.

Mensagem do Oráculo: Momento de retirada. Dizem que em determinadas circunstâncias, é preciso retroceder (perder uma batalha) para depois ser vitorioso (ganhar a guerra). Aceite os fatos com dignidade de conduta, tal como sugere a imagem.

Idéia-chave: REVÉS

Câncer 23

Reunião de uma sociedade literária.

A imagem mostra o encontro entre pares que podem ser considerados membros de uma elite cultural. Eles seguem cânones estéticos e/ou educativos semelhantes e seus critérios podem ser respeitados pelo meio em que vivem. O intercâmbio que realizam pode ser enriquecedor porque cada um tem a possibilidade de expressar suas vivências pessoais a respeito de escritos tanto próprios quanto alheios. Por sua vez, o que conversam pode servir de estímulo ou crítica tanto para suas atividades pessoais quanto para os comentários que outros esperam dessa reunião. **Este símbolo pode representar uma pessoa** que dá muita importância a seu próprio crescimento intelectual e de seu meio, um ser receptivo a sugestões de outros e que é capaz de oferecer generosamente e de boa vontade seus próprios critérios, tentando estimulá-los em suas atividades criativas. **Em seu lado negativo:** Alguém que é excessivamente mental, que julga e avalia com critérios extremamente rígidos. Alguém que se julga pertencer a uma elite e que não ouve o que os outros dizem porque acredita "não estarem à sua altura".

Mensagem do Oráculo: O momento é propício para compartilhar algo que você elaborou, ouvir conselhos e opiniões de outros. Talvez a questão consultada deva ser conversada com aqueles que contam com sua confiança íntima.

Idéia-chave: DIALOGAR

Capricórnio 23

Duas condecorações pela bravura na guerra.

A sociedade sabe reconhecer e retribuir de diferentes maneiras aqueles que cumprem suas obrigações sociais. Por sua vez, existem pessoas que costumam ter uma verdadeira vocação para o cumprimento de suas obrigações (chegando, às vezes, a arriscar a própria vida); não fazem isso esperando algum tipo de reconhecimento, mas simplesmente porque entendem que essa é a única maneira de se alcançar uma sociedade mais justa e, também, porque isso lhes traz uma verdadeira satisfação pessoal. **Este símbolo pode representar uma pessoa** que se caracteriza por sua dedicação e esforço no cumprimento de seus deveres e responsabilidades pessoais. Alguém que em muitas ocasiões obteve o elogio de seus superiores pelo empenho que colocou em suas tarefas. **Em seu lado negativo:** Pode tratar-se de uma pessoa que tudo que faz é para obter reconhecimento e recompensa dos outros. Alguém que se descuida daquilo com que deveria ocupar-se para realizar unicamente as atividades que possam chamar a atenção de outros.

Mensagem do Oráculo: É provável que você tenha feito algo digno de louvor. Entretanto, as condecorações só são recebidas quando os atos adquirem caráter cívico. Se é esse o caso, parabéns! Do contrário, qualquer que seja o caráter de seu ato, lembre-se que o maior prêmio está na satisfação íntima que a pessoa sente quando realizou algo do qual possa sentir orgulho.

Idéia-chave: SATISFAÇÃO

Câncer 24

Uma mulher e dois homens olhando para o sul numa terra iluminada pelo sol.

Qualquer tipo de referência a algum dos pontos cardeais implica pensar numa consciência voltada para um foco interior. Para os etruscos, os deuses voltavam-se para o sul quando queriam responder aos dilemas colocados pelos homens; nesse caso, o ser humano como um todo (em seus aspectos emocional, mental e espiritual) encontra-se nessa posição para integrar os aspectos profano e sagrado da vida. **Este símbolo pode representar uma pessoa** capaz de trabalhar visando sua integração interior e, ao mesmo tempo, tentando unir destino com propósito divino. **Em seu lado negativo:** Pode ser alguém que se sente alienado da realidade ao seu redor e do sentido da própria vida.

Mensagem do Oráculo: Momento propício para harmonizar seus aspectos feminino e masculino, com a finalidade de chegar a uma melhor compreensão de sua vida como um todo. É recomendável que você concentre suas energias para tentar unir sua realidade ideal com sua prática cotidiana.

Idéia-chave: CONCÓRDIA

Capricórnio 24

Uma mulher entrando num convento.

Quando alguém entra para um convento está assumindo um compromisso para toda a vida em virtude de uma vocação espiritual. Trata-se de uma iniciação que implica, além do mais, votos de desapego de natureza diferente. A partir desse instante, todos os desejos mundanos são postos de lado, com o objetivo de dedicar-se exclusivamente à busca espiritual. Por essa razão, todos os mosteiros estão em lugares afastados do contato com a vida profana, suas paredes (além de separar) oferecem a proteção necessária para a busca do centro interior. Implica uma *conjunctio* com o Deus interior. **Este símbolo pode representar uma pessoa** que entregou seu lado feminino interior, ou seja, seu lado receptivo, intuitivo e sensitivo a uma missão espiritual, em nome da qual renunciou a muitas atividades mundanas. **Em seu lado negativo:** Pode estar representando uma pessoa solitária, isolada do mundo ao seu redor ou alguém que não está disponível para encontros afetivos de qualquer natureza.

Mensagem do Oráculo: O momento é propício para a busca interior. É preciso encontrar tempo para momentos de solidão para religar-se ao seu mundo interior, talvez fazer um retiro espiritual.

Idéia-chave: VOCAÇÃO

Câncer 25

Um manto escuro jogado abruptamente sobre o ombro direito.

Nossos ombros carregam o peso das responsabilidades pessoais e sociais ou grupais, que assumimos como membros da comunidade da qual fazemos parte. O ombro direito, sobretudo, é o que representa especialmente as obrigações que requerem atos concretos para serem cumpridas. Muitas vezes, entretanto, como verdadeiros Atlas, sentimos que elas representam uma carga cujo peso supera nossas forças humanas. **Este símbolo pode representar uma pessoa** que teve de encarregar-se, de maneira inesperada, de tarefas que realiza com grande empenho pessoal. Alguém que compreende que assumi-las implica um desafio de vida cujo enfrentamento proporciona orgulho de si mesmo e uma satisfação íntima. **Em seu lado negativo:** Pode tratar-se de alguém que se sente no dever de assumir tarefas que não lhe competem, que o deprimem e nas quais não vê nenhum sentido. Uma pessoa que não encontra espaço para se expandir e sente que sua criatividade é sufocada e obscurecida por essas tarefas.

Mensagem do Oráculo: O momento exige que você satisfaça exigências de seu meio. A cor escura do manto, como a sombra, pode nos indicar que as tarefas não são de discernimento fácil e, inclusive, que em algum sentido, são misteriosas e só se tornarão plenamente visíveis mais adiante. Por outro lado, o manto augura reconhecimento e aumento do poder pessoal, a longo prazo.

Palavra-chave: COMPROMETER-SE.

Capricórnio 25

Um vendedor de tapetes orientais.

No Oriente, os tapetes são confeccionados com muito esmero. Cada um deles possui uma rica e precisa gama de significados, tanto por sua forma quanto por seu desenho e cor; nesse sentido, cultiva-se um grande respeito ao que a tradição indica em cada caso. Em geral, eles são adquiridos com a intenção de decorar a casa e torná-la mais cálida e acolhedora. Os tapetes que são vendidos no comércio, em sua maioria trazem bons augúrios e prosperidade para os habitantes da casa. Quem comercializa tapetes deve ter suficiente capacidade tanto para escolher aqueles que mantêm os desenhos originais quanto para avaliar se são apropriados para o meio socioeconômico (e até estético) atual. **Este símbolo pode representar uma pessoa** que se desenvolve fazendo uso efetivo dos valores tradicionais próprios de sua cultura de origem e que procura aplicá-los criativamente em um novo contexto. **Em seu lado negativo:** Pode ser uma personalidade que gosta de impressionar os outros com valores que, na realidade, não possui; um mentiroso: "vendedor de ilusões".

Mensagem do Oráculo: Talvez tenha chegado a hora de você mostrar ao mundo algo que vem guardando. Apesar de pertencer ao seu passado, este é o momento propício para trazê-lo à luz das novas circunstâncias.

Idéia-chave: EXPOR.

Câncer 26

Satisfação e felicidade efusivas, pessoas lendo numa biblioteca.

É possível evoluir por meio da satisfação, da felicidade e até mesmo do regozijo? A imagem destaca um grupo de pessoas desfrutando um momento de plenitude, que lhes permite encontrar prazer no que fazem e, além disso, aprender a compartilhar algo que foi guardado (livros) por alguma dessas pessoas ou por seus antepassados. A atividade é grupal, gratificante e, ao mesmo tempo, conta com uma participação criativa. **Este símbolo pode representar uma pessoa** que tem o talento para criar espaços propícios para a interação com outras pessoas, as quais permitem que a expansão pessoal e grupal se dêem conjuntamente. Alguém que é capaz de colocar entusiasmo e alegria em qualquer atividade da qual venha participar. **Em seu lado negativo:** Pode tratar-se de alguém que se distrai em atividades dispersivas, que só deseja gratificações momentâneas e não sonha alcançar nenhum propósito cuja realização possa implicar trabalho árduo.

Mensagem do Oráculo: Por mais que se ressalte o quanto o momento atual pode ser reconfortante, preste atenção ao fato de tratar-se de uma biblioteca coletiva. Reflita sobre quais são as atividades que favorecem o intercâmbio entre pessoas sobre as lembranças do passado (pessoal e coletivo).

Idéia-chave: RECIPROCIDADE.

Capricórnio 26

Uma ninfa das águas (ondina).

As ondinas se apresentam diante da nossa consciência como mulheres fascinantes usando túnicas de gaze transparente. Como pertencem ao elemento água, estão diretamente relacionadas com o mundo misterioso das emoções; por esse motivo, elas podem nos ajudar a estabelecer um vínculo verdadeiro com nossos sentimentos mais profundos. E ainda, pela capacidade de purificação do elemento água ao qual pertencem, elas podem transformar por meio da alquimia nossos estados de espírito. Mas as ondinas têm uma ligação especial com a Lua e, conseqüentemente, tanto com seus aspectos benéficos quanto com os tenebrosos. Considera-se que elas dispõem de poderes de mediunidade e fascinação, mas que podem provocar a morte de quem se entrega a seus encantos (da mesma maneira que as sereias). **Este símbolo pode representar uma pessoa** com uma sensibilidade muito especial, talvez artística ou mística. Alguém cujo calor humano oferece conforto e compreensão às pessoas que ama. **Em seu lado negativo:** Pode tratar-se de alguém que vive num mundo de fantasias e que "devora" os outros com seu magnetismo pessoal.

Mensagem do Oráculo: Momento de transmutação emocional. É propício o contato com o elemento água em todas as suas formas, para possibilitar que o processo ocorra de maneira fluida.

Idéia-chave: MAGIA

Câncer 27

Uma tempestade num cânion.

A imagem de uma tempestade nos faz pensar numa forte descarga energética. O fato de ela ocorrer num cânion acrescenta dramaticidade à idéia que a imagem quer transmitir. As tempestades eram consideradas por nossos antepassados como manifestações evidentes do poder divino, fosse para expressar sua ira ou com a intenção de produzir uma mudança numa determinada situação. O nível de intensidade da tormenta indica um possível período de confusão, o qual possibilita uma limpeza profunda das tensões acumuladas e, também, traz "novos ares", até então impossíveis. Por isso mesmo, as tempestades mostram o poder criativo em sua mais pura essência, já que podem se assemelhar à força do potencial original que procura manifestar em sua forma. **Este símbolo pode representar uma pessoa** que tem em seu temperamento a possibilidade de produzir mudanças onde quer que se encontre, limpar ou liberar situações e/ou uma criatividade esfuziante. **Em seu lado negativo:** Pode ter um temperamento tempestuoso ou uma imperiosa necessidade de criar situações de conflito em seu caminho.

Mensagem do Oráculo: A imagem reflete um momento de crise. O desafio consiste em saber acompanhar a liberação das energias e poder senti-la como o caos indispensável que prenuncia um novo ordenamento no futuro.

Idéia-chave: CATARSE.

Capricórnio 27

Peregrinação à montanha.

A montanha é uma imagem prenhe de significados, mas nos remete, sobretudo, à idéia de verticalidade e ascensão, pelo fato de em seu cume existir a possibilidade de ligar o inferior ao superior. Pela maneira com que costumamos olhar para ela, sua altura é inacessível e a subida a seu cume é cheia de perigos; por isso, diz-se que é um lugar habitado unicamente por deuses e que para alcançá-lo, é preciso vencer muitas provas. De outra perspectiva, a montanha representa o "centro do mundo", que simboliza o centro da consciência, no qual a pessoa pode estar em contato com seu Eu Superior ou Deus Interior. Chegar a esse lugar é resultado de uma longa jornada, porque é preciso empreender uma peregrinação (que envolve provas e purificação interna) que leva à união dessas alturas inacessíveis com a consciência comum. **Este símbolo pode representar uma pessoa** que alcançou um alto nível de desenvolvimento espiritual como resultado de um longo processo de busca interior. **Em seu lado negativo:** Pode implicar uma atitude de soberba, já que estaria definindo alguém que "convive com os deuses" ou que não consegue desfrutar as coisas simples, porque interiormente vive um eterno processo de expiação.

Mensagem do Oráculo: Momento de desapego, propício para assumir o comando e efetuar um processo de depuração interna. Se optarmos por uma interpretação literal da imagem, será conveniente realizar algum tipo de retiro espiritual.

Idéia-chave: CAMINHO.

101

Câncer 28

Uma jovem Pocahontas moderna.

A imagem mostra uma jovem que pertence a uma tribo indígena norte-americana apresentando a seu povo seu noivo branco. Evidentemente, trata-se de um impulso para unir duas civilizações diferentes, cada uma com sua própria riqueza de sabedoria, mas é provável que no momento em que se procura integrá-las, surjam com força as diferenças que as separam. Essa busca de integração pode dar-se num nível concreto, procurando aproximar grupos ou pessoas de diferentes origens, ou pode dar-se por meio de um processo interior que procure identificar as coincidências e disparidades entre diferentes culturas. Essa dualidade está profundamente arraigada na mesma pessoa, tanto por suas raízes ancestrais quanto por suas características pessoais, que ela tenta ligar com o propósito de que seu desenvolvimento evolutivo seja pleno. **Este símbolo pode representar uma pessoa** com talento especial para aproximar pessoas e conhecimentos pertencentes a diferentes genealogias. **Em seu lado negativo:** Pode ser alguém que tenha dificuldade para encontrar grupos com os quais sinta afinidade íntima.

Mensagem do Oráculo: É possível que se trate de um período no qual você esteja tentando unir dois mundos dos quais faz igualmente parte. Descubra como ser fiel a ambos; tente aproximá-los sem distorcê-los.

Idéia-chave: ALIANÇA

Capricórnio 28

Um grande viveiro de aves.

As aves podem tanto caminhar quanto voar. Essa dupla possibilidade é responsável pela crença de que são mediadoras entre os homens e os deuses. Algumas culturas chegaram a considerar que eram os próprios deuses que assumiam essa forma quando queriam descer à Terra sem serem reconhecidos. Os pássaros parecem ter liberdade absoluta, já que não estão sujeitos à lei da gravidade, como acontece conosco. Eles não apenas são capazes de voar, mas alguns deles também sabem cantar maravilhosamente bem; em certas tradições, acreditava-se que só alguns poucos seres humanos tinham o dom de entender seu canto, o que significava que estavam habilitados para saber qual era a vontade divina, já que era dessa maneira que o Senhor manifestava seu desejo. **Este símbolo pode representar uma pessoa** que tenha potencialmente um pensamento extremamente criativo e/ou grande talento profético. **Em seu lado negativo:** Um viveiro de aves pode significar multiplicidade de diferentes cantos, de modo que pode ocorrer uma enorme dispersão de pensamentos e uma imaginação instável.

Mensagem do Oráculo: Conecte-se com as diversas idéias que neste momento clamam por serem ouvidas em seu interior. Dê-se o tempo que for necessário para desenvolver uma de cada vez.

Idéia-chave: MELODIA.

Câncer 29

Uma musa pesando gêmeos.

Na Grécia, as Musas concediam os atributos artísticos. Não é tão rara a imagem de uma musa junto a uma balança, já que os gregos tinham como ideal a medida justa em tudo. Esta musa em especial está pesando gêmeos, o que nos leva imediatamente a pensar na idéia de uma possível polaridade e, conseqüentemente, de um possível desequilíbrio ou equilíbrio instável. Os gêmeos podem expressar polaridades como claro-escuro, bem-mal, ternura-força, etc., mas em essência, simbolizam a tensão humana original entre a vida espiritual e a material. Essa polaridade encontra-se representada em inúmeros mitos em que um dos irmãos é mortal e o outro imortal. **Este símbolo pode representar uma pessoa** que tenta equilibrar (unir, integrar) duas partes de sua natureza íntima, as quais, ainda quando consideradas separadamente, são de valor incomensurável. Juntas, elas podem ser vividas como opostas e antagônicas. **Em seu lado negativo:** Alguém que duvida e reconsidera cada situação que deve resolver e que, por isso, acaba não agindo no devido momento.

Mensagem do Oráculo: Evidentemente, trata-se de um momento de decisão. A imagem tenta dizer que, na realidade, não se trata de escolher um ou outro caminho, mas de alcançar um equilíbrio apropriado entre duas diferentes habilidades que devem ser desenvolvidas conjuntamente.

Idéia-chave: INTEGRAR

Capricórnio 29

Uma mulher lendo folhas de chá.

O microcosmo é um espelho do macrocosmo. Por essa lei, sabemos que, se soubéssemos ler claramente o que está acontecendo no momento presente, poderíamos ter uma visão panorâmica do todo maior e, também, seríamos capazes de ler o futuro. Não estamos nos referindo apenas a meros pressentimentos, mas também ao fato de que existem leis que atuam em nosso plano, mas que pertencem a uma ordem superior e nos são desconhecidas. As predições se baseiam nesse princípio aparentemente tão simples, mas colocá-lo em prática é uma arte muito complexa. Para ser capaz de fazer uma leitura de folhas de chá, a mulher deve estar bem harmonizada com seu meio e, também, sintonizada com forças maiores que sua mera individualidade. **Este símbolo pode representar uma pessoa** com poder de harmonizar-se e que, por meio de uma sintonia profunda consigo mesma (quer ela faça ou não uso de uma determinada arte divinatória), consegue prever situações que estão prestes a ocorrer. **Em seu lado negativo:** Pode tratar-se de uma pessoa que, por querer ver o futuro, esteja desarraigada do presente.

Mensagem do Oráculo: Sintonize-se com seu mundo interior; você está preparado para sentir o curso dos acontecimentos que estão por ocorrer em sua vida.

Idéia-chave: SINTONIA.

Câncer 30

Uma filha da revolução americana.

Esta imagem é sumamente interessante, porque não fala de "uma revolucionária", mas de uma "filha da revolução", o que nos faz refletir sobre de que maneira a influência de seus pais afetou sua conduta pessoal. Pode ser que toda a coragem que eles puseram em prática desperte nela respeito pela tradição e preservação do passado construído por eles. Ou, pelo contrário, que nela tenham se acentuado ainda mais suas características de líder inovadora. A atitude de rebeldia e/ou de respeito aos costumes constituem a chave para definir sua conduta. **Este símbolo pode representar uma pessoa** que se sente porta-voz de um passado (talvez no sentido dos livre-pensadores); alguém que sente de maneira imperiosa que seu modo de proceder deve ser independente e com uma visão voltada para o social. **Em seu lado negativo:** Pode ser uma pessoa que seja descontente por hábito, porque aprendeu a contrariar tudo. Pode também tratar-se de seu pólo oposto, alguém que se submete ao que a maioria ou os que detêm o poder no momento querem, porque considera que seus ancestrais pagaram um preço muito alto por suas oposições.

Mensagem do Oráculo: Tempo de auto-afirmação. Não faça suas escolhas da perspectiva do "antigo versus novo", mas de uma que signifique ser fiel a você mesmo.

Idéia-chave: TRANSFORMADOR.

Capricórnio 30

Uma reunião secreta de negócios.

Esta reunião sugere a idéia de um encontro de pessoas com poder, a ponto de tomar decisões que podem afetar toda uma comunidade e que, por isso, necessitam de certa reserva e privacidade. Talvez planejem e organizem atividades para proteger e cuidar de certas áreas necessitadas ou preparem estratégias para prevenir circunstâncias aleatórias, que possam alterar a economia do lugar ao qual pertencem. **Este símbolo pode representar uma pessoa** capaz de encarregar-se (com muita discrição) de tarefas que implicam árduas responsabilidades, alguém que não quer que outros se inteirem de suas atividades, porque sabe que essa é a melhor maneira de protegê-los. Alguém que sozinho reflete sobre como organizar da melhor maneira suas atividades e, talvez, também as daqueles que considera ser seu dever pessoal. **Em seu lado negativo:** Pode tratar-se de uma pessoa que gosta de tramar por trás dos bastidores, e em segredo, suas atividades com o objetivo de obter um maior proveito pessoal. Alguém que gosta de surpreender os outros para deixá-los em desvantagem.

Mensagem do Oráculo: O momento impõe a realização de uma ação conjunta com seus pares. Tudo deve ser preparado o mais secretamente possível para que seu projeto tenha êxito.

Idéia-chave: COMPROMISSO

Signos Fixos

TOURO—ESCORPIÃO

Touro 1

Um arroio de águas cristalinas descendo a montanha.

As águas do arroio correm a toda velocidade por seu leito e, descendo das partes mais altas da montanha, são cristalinas devido à pureza de sua fonte. Ora precipitam-se até mesmo com violência e ora fluem lenta e calmamente. Esta imagem destaca a montanha com toda a sua fortaleza e estabilidade por debaixo, e acima de si a fluidez e adaptabilidade da água, condições mais aparentes do que reais, pois todos conhecemos a sua força. **Este símbolo pode representar uma pessoa** capaz de contribuir com a palavra exata, com a presença certa ou com a ajuda necessária e oportuna, porém, com a mesma rapidez, entrega-se a outra coisa e se volta para outra direção. Como nesta imagem as águas descem de grandes altitudes, pode ser alguém que tem uma intuição extremamente aguçada, tanto para as coisas mundanas como para a realidade espiritual. **Em seu lado negativo:** Essa pressa e movimento constantes podem ser características de alguém que quer estar em todos os lugares ao mesmo tempo, mas que não consegue, devido à rapidez com que se desloca, estar presente de maneira significativa em nenhum lugar.

Mensagem do Oráculo: Algo que aconteceu num passado recente trouxe-lhe uma compreensão diferente com respeito aos acontecimentos. Isso pode ter contribuído para sua mudança de atitude, tanto interna quanto externa. Expresse livremente o que estiver sentindo no momento, onde quer que esteja.

Idéia-chave: EXPRESSAR.

Escorpião 1

Um ônibus turístico.

Quando visitamos lugares desconhecidos, a nossa visão recupera a inocência da infância e podemos voltar a sentir o frescor de "ver pela primeira vez" e recobrar a percepção mágica do mundo. É possível que prestemos atenção a detalhes que os moradores do lugar não percebem e que nos maravilhemos diante de coisas que outros vêem, por força do hábito, com indiferença. **Este símbolo pode representar uma pessoa** que mantém ao longo de toda a sua vida esse viço natural, alguém que tem a capacidade para surpreender-se com o cotidiano e que encontra coisas originais e extraordinárias onde quer que esteja. Alguém que, nesse sentido, pode funcionar como "despertador" para outros, ajudando-os a recuperar sua visão inocente da vida. **Em seu lado negativo:** Pode estar representando uma pessoa que se distrai completamente. Como tudo é absolutamente deslumbrante para ela, vê-se incapaz de determinar o que é importante e o que não é.

Mensagem do Oráculo: Você se encontra diante de situações novas, nunca antes vistas. De qualquer modo, ver as coisas de um ônibus significa estar um pouco distante delas, o que quer dizer que é hora de observar e ponderar, mas não de tomar decisões importantes.

Idéia-chave: ENCANTAMENTO.

Touro 2

Uma tempestade elétrica.

Esse tipo de tempestade atemorizava muito os homens primitivos e, por isso, atribuiu-se a ela a pecha terrível de representar a cólera de Deus. No entanto, como todo símbolo tem seu pólo complementar, esse também significa a evidência manifesta de Seu Poder, tanto em seu aspecto de criador ou demiurgo quanto de demarcador do destino que atribui a cada ser humano. **Este símbolo pode representar uma pessoa** com uma personalidade muito forte, capaz de agir muitas vezes como representante da "ira divina", com vistas a corrigir situações que de outra maneira não seriam modificadas. Alguém que é capaz de empenhar toda a sua garra e determinação para enfrentar desafios que a outros pareceriam impossíveis. **Em seu lado negativo:** Alguém que usa toda essa potência não com propósitos criativos, mas porque se crê porta-voz da verdade, mesmo quando são apenas manifestações pessoais de raiva.

Mensagem do Oráculo: As tempestades auguram mudanças de destino desejadas pela divindade; é impossível resistir a elas ou impedi-las. Esteja atento para entender a mensagem e voltar-se para a direção de seu novo rumo.

Idéia-chave: INOVAÇÃO.

Escorpião 2

Um vidro quebrado e o perfume derramado.

A imagem é extremamente interessante e sugere diferentes tipos de analogia. O frasco é "o que contém", mas neste caso teve que quebrar-se para que o mais sutil (seu conteúdo) pudesse ser liberado. Pode estar significando que foi preciso deixar as formas originárias mais densas para que as virtudes mais essenciais pudessem desenvolver-se. De outro ponto de vista, pode estar indicando que algo se quebrou por um simples descuido e que perdeu-se o mais importante por falta de cuidado. Se for esse o caso, pode surgir sentimentos de culpa que devem ser liberados para que possa ocorrer uma verdadeira purificação. Os perfumes ou essências constituem desde a antiguidade parte das oferendas que fazemos a Deus, para que aceite o nosso sacrifício; eles se elevam de maneira sutil e, assim, veiculam nosso anseio de união com o divino. **Este símbolo pode representar uma pessoa** que teve de soltar (quebraram-se formas) muitas coisas ou vínculos afetivos em sua vida, e isso serviu para ela se conhecer mais profundamente e desenvolver sua relação com o espírito através do tempo. **Em seu lado negativo:** Alguém que não consegue se desprender do passado, sente que liberá-lo é perdê-lo, lamenta o perdido e é incapaz de desfrutar o que tem.

Mensagem do Oráculo: Hora de romper com um padrão, de desprender-se de algo que pertence ao seu passado, para que o essencial possa se manifestar.

Idéia-chave: TRANSMUTAÇÃO.

Touro 3

Degraus que levam a uma campina coberta de trevos em flor.

O simbolismo do trevo nos remete ao número Três. Isso significa pensar em completude; indica que foi possível resolver o conflito do Dois e que nos encontramos diante de uma conclusão harmoniosa. O trevo é considerado como o indício de que foi possível alcançar o conhecimento de natureza divina por mérito próprio, quer seja por meio de estudo ou de trabalho interior devotado. Aqui, a imagem acentua essa idéia, uma vez que contém degraus: esses descrevem possíveis etapas de ascensão que vão sendo ultrapassadas para se chegar ao patamar do trevo ou de uma consciência elevada. **Este símbolo pode representar uma pessoa** que levou uma vida da forma descrita e alcançou um estado sereno de sabedoria natural passando por um processo que, embora gradual, foi vivido com plenitude e naturalidade. **Em seu lado negativo:** Os degraus podem indicar uma visão soberba ou hierárquica da vida, ou uma crença de que só se obtém algo por meio de esforço árduo.

Mensagem do Oráculo: Os trevos indicam uma energia vital potente. Portanto, trata-se de um momento de evidente crescimento na área que envolve a questão consultada.

Idéia-chave: PUJANÇA.

Escorpião 3

A construção de uma casa.

Achar o espaço pessoal e construir a casa própria significa que a pessoa encontrou o seu lugar no mundo. A casa em si pode significar tanto o corpo quanto a psique: é com referência a essa última que ela aparece em sonhos, expressando estados de espírito internos, por meio de imagens como de limpeza, sujeira, reforma ou ampliação no seu interior. Ela é todo um universo, já que pode ter tantos planos ou níveis diferentes (sótão, terraço, fachada, etc.) quanto os que existem no nosso corpo e/ou psique. **Este símbolo pode representar uma pessoa** que tem a solidez de uma casa, sabe qual é o seu lugar no mundo e tem uma grande capacidade de contenção. Como a imagem refere-se a uma construção, pode tratar-se de alguém com grande capacidade de crescimento pessoal, podendo transformar-se sempre que as circunstâncias exigem. **Em seu lado negativo:** Pode tratar-se de alguém que está sempre precisando pôr alguma ordem no seu mundo interior, porque se sente incompleto, como se não estivesse suficientemente seguro de si ou estivesse pouco arraigado, qualquer que seja o lugar em que se encontre.

Mensagem do Oráculo: Confie no que está envolvido no momento. Trata-se, evidentemente, de um novo espaço muito sólido.

Idéia-chave: CRIAR RAÍZES.

Touro 4

O pote de ouro do arco-íris.

A tradição popular européia crê que nos extremos de cada arco-íris existe um cofre cheio de ouro. Os raios de luz solar atravessando nossa atmosfera formam o arco-íris; assim, os alquimistas acreditavam que quando esses raios penetravam na terra, conseguiam produzir fios de ouro no seu interior. Foi assim que surgiu o paralelismo entre esse metal nobre, que se encontra escondido no interior da terra, e o coração que está dentro de nós e, quando iluminado pela fé, se transforma na riqueza que nos leva à iluminação. **Este símbolo pode representar uma pessoa** que, em seu afã de buscar o absoluto, conseguiu abrir seu coração a um amor incondicional a tudo que a rodeia. Alguém que tem o poder de irradiar força e clareza espiritual onde quer que esteja. **Em seu lado negativo:** O anseio por transcendência pode virar desejo de poder, glória e/ou posse de bens materiais; uma pessoa caracterizada por seus apegos e sua avareza.

Mensagem do Oráculo: O arco-íris está indicando que o momento é favorável ao contato com outros planos de consciência, que podem levá-lo ao ouro do entendimento com respeito ao assunto de sua consulta. De qualquer modo, a resolução do problema em questão se apresenta de maneira extremamente promissora, especialmente num futuro ainda distante do momento atual.

Idéia-chave: OPULÊNCIA.

Escorpião 4

Um jovem segurando uma vela acesa.

Acredita-se que a juventude seja uma etapa da vida cheia de entrega e inocência, talvez pelo fato de os pesares e apegos que vêm depois ainda não terem deixado marcas na pureza original do ser. Aqui, o jovem está segurando uma vela: é possível, portanto, que esteja realizando um ritual (que acentua o vínculo com o mundo espiritual). A vela é a luz interior, implica a existência de uma fé que não se apaga e que se mantém incólume nos períodos de trevas que tem de atravessar. Ela é capaz de manter sua verticalidade, tentando ascender junto com a chama para níveis mais sutis. Da perspectiva junguiana, a vela significa a luz de uma consciência que se individualizou; simboliza uma mandala, o ato de focalizar a consciência num pólo de luz. **Este símbolo pode representar uma pessoa** com uma experiência em trabalho de concentração interior, que lhe permite manter sua consciência iluminada e num estado de inocência próprio da eterna juventude. **Em seu lado negativo:** Pode tratar-se de alguém que não está preparado para crescer; que tem uma atitude infantil que o impede de se aproximar (por temor) das profundezas abismais da vida (ou do seu mundo interior), por medo de que elas maculem sua candura natural.

Mensagem do Oráculo: A imagem é positiva e indica um momento em que é necessário realizar um trabalho de concentração interior. Destaca a necessidade de se manter firme na própria fé e de recuperar a pureza.

Idéia-chave: LUZ.

Touro 5

Uma viúva junto a uma sepultura aberta.

Os túmulos representam os lugares do nosso interior em que guardamos nosso passado: tanto as nossas dores e frustrações quanto as nossas alegrias. O que foi enterrado no inconsciente pode permanecer oculto por muito tempo e até reprimido para sempre. Por outro lado, o túmulo também representa um espaço de transformação, porque é o umbral que nos permite passar do mundo material para o espiritual. Se o vemos dessa perspectiva, ele simboliza a possibilidade de tudo o que o inconsciente acumulou ser elaborado, processado e integrado. Isso é demonstrado de maneira extremamente clara pelo mito da Grande Deusa Ísis que, como viúva, procurou desesperadamente os restos do corpo de Osíris para poder juntá-los e integrá-los. Quando, finalmente, conseguiu reconstituí-lo, foi fecundada por ele e deu à luz a Criança Divina. **Este símbolo pode representar uma pessoa** que tem uma capacidade muito especial para metabolizar o seu passado e transformá-lo em parte importante do seu presente (pode servir de conselheira a outros em semelhantes processos de busca). Alguém capaz de iluminar as partes ocultas de si mesmo e dos outros. **Em seu lado negativo:** Pode representar alguém que olha para o seu passado, não para redimi-lo, mas para justificar o seu presente cheio de ressentimentos e amarguras.

Mensagem do Oráculo: Obviamente você se encontra num período de elaboração interna. Considere que toda sepultura é também um útero: é sedimentando o passado que você vai poder gestar o seu futuro.

Idéia-chave: INTEGRAÇÃO.

Escorpião 5

Uma sólida costa rochosa.

Esse tipo de costa é o terror de todo navegante pelo provável perigo que pode acarretar às suas viagens; as rochas, por sua vez, possuem a solidez necessária para resistir à força temível do mar no movimento incessante de suas águas. Podemos considerar, de um outro ponto de vista, que esses rochedos indicam um temperamento suficientemente estável para que a pessoa possa atravessar as turbulências emocionais caracterizadas pelo movimento do mar. **Este símbolo pode representar uma pessoa** com uma grande força interior, alguém que vive num ambiente cheio de experiências interiores intensas e onde funciona como suporte ou esteio. **Em seu lado negativo:** Alguém que permaneceu estancado e empedrado no seu passado, e que continua imperturbável diante das inúmeras oportunidades emocionais que a vida lhe apresenta reiteradamente, para enriquecê-lo e colocá-lo em contato com seus sentimentos mais profundos.

Mensagem do Oráculo: É um período em que você se encontra pessoalmente mergulhado em intensos problemas afetivos que o confundem ou se acha rodeado de pessoas que estão atravessando essa situação. O oráculo sugere que você faça o possível para manter o seu temperamento sob controle. É importante que neste momento você não confunda fortaleza com inflexibilidade.

Idéia-chave: ESTABILIDADE.

Touro 6

Uma ponte que está sendo construída sobre um desfiladeiro.

Toda ponte serve para ligar: funciona como ponto de união entre dois lugares originalmente separados. Nesse sentido, a simbologia da ponte tem semelhanças com a do arco-íris ou da Via Láctea. A ponte é também um lugar de passagem, um limiar que precisa ser atravessado para se chegar a outro e, nesse sentido, implica possíveis perigos. Conta-se que os mestres tibetanos são instrutores exímios na arte de superar os medos da personalidade e que, para fazer com que seus discípulos superem seus medos mais profundos, os conduzem a temíveis desfiladeiros. **Este símbolo pode representar uma pessoa** que atua como mediadora entre outras; alguém que teve de atravessar inúmeros limiares de iniciação em sua vida (superar crises que foram vividas como aterrorizantes) e que, com base nessas experiências, alcançou um alto nível de crescimento pessoal. **Em seu lado negativo:** Alguém que busca compulsivamente estar em situações de perigo; uma pessoa que não consegue se fixar em lugar algum.

Mensagem do Oráculo: Travessia de um lugar. Entenda que depende unicamente de você que essa travessia não seja uma mera mudança de lugar, mas de nível. Aceite o desafio com o mesmo espírito de confiança dos discípulos tibetanos ao seguirem seus mestres.

Idéia-chave: LIGAR.

Escorpião 6

A febre do ouro.

Por sua qualidade imutável, o ouro é considerado o metal mais perfeito que existe. Além disso, a beleza de seu brilho dourado lembra a cor dos raios do sol, e foi com base nisso que surgiu a crença de que ele é capaz de absorver o seu poder e incorporá-lo à terra. Os alquimistas diziam que estavam em busca do "ouro alquímico", tentando descrever dessa maneira um processo de transformação daquilo que chamavam de "matéria bruta" e que se transformava na "pedra filosofal". Esse trabalho esmerado de purificação implicava um intenso processo de autoconhecimento e um desenvolvimento meticuloso das virtudes internas. **Este símbolo pode representar uma pessoa** que se dedica apaixonadamente (pela referência à febre) à busca do processo alquímico de transformação interior, alguém que coloca todas as suas energias numa vigorosa e comovente busca do desenvolvimento de seus valores internos. **Em seu lado negativo:** Pode tratar-se de alguém que deseja com igual paixão obter prestígio, o reconhecimento dos outros ou a posse de bens materiais. Pode também tratar-se de um avaro.

Mensagem do Oráculo: Momento de grande mudança no seu mundo interior e, por conseguinte, no mundo ao redor. Deixe-se guiar pela intuição. Trata-se de um processo tão intenso que nada poderá detê-lo e que o conduzirá a lugares desconhecidos, de onde não poderá retornar aos níveis anteriores.

Idéia-chave: PUREZA.

Touro 7

A mulher de Samaria.

A mulher de Samaria foi aquela a quem Jesus pediu um pouco d'água para beber e a quem prometeu, em troca, dar-lhe a Água da Vida. Apesar de desvalorizada pelo seu meio, Ele escolheu-a entre todos para ser abençoada com a água que lhe daria a Vida Eterna. Essa parábola nos faz lembrar de Madalena: embora não tenha dado essa Água a todas as mulheres da mesma condição, Jesus escolheu-a porque pôde ver a essência de seu coração por trás de toda a sua aparência social. **Este símbolo pode representar uma pessoa** que, talvez, tenha sido obrigada a separar-se do meio ao qual pertencia originalmente para manter-se fiel a si mesma; alguém que pode ter tido que suportar muitas injustiças, mas que, apesar de tudo, conseguiu conservar puro o coração. **Em seu lado negativo:** Pode tratar-se de uma pessoa que acredita ser capaz de fazer qualquer coisa porque se sente protegida interiormente e acha que nada que faça ou diga pode manchar sua essência e que só teve de suportar muitas infâmias ao longo da vida.

Mensagem do Oráculo: A imagem aponta para um momento de iniciação. Indica que é um período no qual é possível transmutar a água comum em Água da Vida. Quer dizer, desprender-se das coisas da vida mundana e preparar-se para encontrar o sentido de transcendência que vivificará o seu espírito.

Idéia-chave: ESSÊNCIA.

Escorpião 7

Mergulhadores de águas profundas.

Os mergulhadores são especialmente treinados para suportar a pressão que existe nas profundezas do mar; eles se dirigem para essas áreas com o propósito de estudar a vida submarina e trazer suas maravilhas para a superfície, ou simplesmente por puro prazer e satisfação pessoal. As águas representam o inconsciente que, tanto pode ser o pessoal — com o passado dos conteúdos reprimidos e temidos — como também o transpessoal, com o conhecimento dos arquétipos submersos e seus potenciais ocultos e ainda não manifestos. **Este símbolo pode representar uma pessoa** que é um verdadeiro "mergulhador" na mente humana, de acordo com a descrição acima. Alguém que não tem medo de enfrentar os abismos das profundezas interiores. **Em seu lado negativo:** Pode ser uma pessoa que adora enfrentar desafios ameaçadores, que vive penetrando incisivamente na intimidade dos outros por puro prazer.

Mensagem do Oráculo: O momento é apropriado para o trabalho de introspecção. Entretanto, ele não deve ser feito apenas por mero prazer. A imagem indica que o que deve ser buscado ou observado é algo que não pode ser alcançado por meio da consciência comum.

Idéia-chave: IMERSÃO.

Touro 8

Um trenó num lugar sem neve.

A imagem sugere a idéia de possuir em determinado momento um objeto que não tem utilidade imediata. Como ter um guarda-chuva num dia de sol. No entanto, resta a idéia de que haverá outros invernos e que devemos estar preparados para aquilo que inevitavelmente deverá acontecer. Se nos desfazemos daquilo que em cada circunstância se torna prescindível, sem prever o que poderá acontecer num futuro próximo, teremos que a cada vez voltar a obter o que se faz necessário. **Este símbolo pode representar uma pessoa** com grande capacidade de prever acontecimentos futuros. Também pode ser alguém que consegue prever com grande lucidez seus próprios processos de desenvolvimento e que se prepara conscientemente para eles. A idéia fundamental é que o futuro é parte importante do presente. **Em seu lado negativo:** Uma pessoa que guarda objetos, sentimentos ou idéias que pertencem a seu passado e que hoje lhe são absolutamente desnecessários; um avarento.

Mensagem do Oráculo: O símbolo fala do futuro, como se o presente fosse uma fase de treinamento na qual é preciso começar a se preparar para a mudança.

Idéia-chave: PREVISÃO.

Escorpião 8

A Lua brilhando sobre um lago.

A Lua reflete a luz do Sol do mesmo modo que o lago reflete a Lua. A imagem nos fala, portanto, de uma energia essencialmente feminina, passiva e capaz de refletir a luz emitida por outra fonte. A capacidade de espelhar (sem irradiar a própria luz) pode estar se referindo a uma personalidade suficientemente forte para esvaziar-se no encontro com o outro e vê-lo sem os preconceitos pessoais que bloqueiam e distorcem a imagem recebida. Por outro lado, essa mesma capacidade pode ser um obstáculo para o crescimento próprio, já que pode indicar alguém que virou uma espécie de ninfa Eco, que perdeu sua identidade por "amar demais" a Narciso (que só enxergava a si mesmo). **Este símbolo pode representar uma pessoa** com uma aptidão muito especial; alguém que é capaz de aceitar o outro exatamente como ele é, sem acrescentar-lhe nada, e espelhar sua imagem para ajudá-lo a evoluir. **Em seu lado negativo:** Pode estar representando alguém tão fascinado pelo encontro com outras personalidades, que se torna incapaz de "irradiar a sua própria luz", ou seja, de percorrer o seu próprio caminho.

Mensagem do Oráculo: A imagem transmite paz, tranqüilidade e receptividade. É recomendável que a pessoa desenvolva sua própria imaginação e romantismo, já que este é o momento propício para estar aberta ao que a intuição possa lhe dizer numa noite tão serena e de tanta beleza. Entregue-se ao momento e viva-o plenamente.

Idéia-chave: REVERBERAR.

Touro 9

Uma árvore de Natal decorada.

Em sua origem, o ritual de adornar uma árvore pertence à tradição pagã que, posteriormente, foi adotado pelo cristianismo. Embora o simbolismo da árvore seja riquíssimo, quando diz respeito à árvore de Natal ele ressalta o significado de sua regeneração cíclica. Em si mesmo, é uma imagem clara do que significavam os ciclos para a nossa visão corriqueira, pois seu tronco permanece estável durante o inverno, enquanto sua folhagem muda. Sua presença denota a confiança nas forças da natureza, uma vez que, mesmo quando parece que não há mais vida nela, ao iniciar-se o novo ciclo, ela volta a se cobrir de folhas e inicia um novo ciclo. Se estamos abertos para compreender o seu simbolismo, sua imagem nos servirá de consolo seguro, porque nos dá a esperança numa vida futura rica e cheia de espiritualidade. As velas colocadas nela lembram a fé e a luz que se elevam em direção à sua fonte divina. **Este símbolo pode representar uma pessoa** com um otimismo contagioso, próprio de alguém que está em contato com sua força espiritual e com uma profunda compreensão da necessidade da vida de estar em constante renovação. **Em seu lado negativo:** Alguém que exibe uma confiança superficial na vida, vaidade e ostentação.

Mensagem do Oráculo: Confie nas forças evolutivas dos processos cíclicos. A árvore de Natal augura um novo nascimento na área relativa à pergunta que você fez.

Idéia-chave: RENASCIMENTO.

Escorpião 9

Um tratamento dentário.

Com os dentes podemos morder ou dilacerar e, por isso, o homem primitivo já considerava que eles significavam algo com os quais se pode agredir ou ferir. Vale lembrar que quando um animal fica zangado, ele mostra os dentes. E o mesmo faz o homem. De um ponto de vista complementar, podemos dizer que os dentes constituem uma barreira que nos protege e resguarda, que serve para preservar nossas defesas. Por tudo isso, os dentes estão diretamente relacionados com a vitalidade e a força pessoais. Outro ponto importante é que com os dentes realizamos a primeira etapa da digestão no interior do corpo e, por isso, eles agem como colaboradores de uma boa assimilação. Aqui, a imagem nos mostra uma pessoa realizando um tratamento dentário, alguém que ajuda outro a melhorar as condições de seus dentes. **Este símbolo pode representar uma pessoa** que é extremamente perfeccionista e detalhista no seu trabalho; pode ser que seja alguém que conhece muito bem a natureza humana, especialmente no que se refere a ataque e defesa e que ajuda os outros a se fortalecerem e se defenderem. **Em seu lado negativo:** Alguém que sabe como prejudicar as defesas dos outros, ou uma pessoa que pode chegar a ser verdadeiramente obsessiva em seu trabalho.

Mensagem do Oráculo: O símbolo indica claramente que é um momento propício (não de defesa) para o restabelecimento e a aprendizagem com respeito aos aspectos em que você se encontra desprotegido e debilitado.

Idéia-chave: METICULOSIDADE.

Touro 10

Uma enfermeira da Cruz Vermelha.

Certas pessoas nascem dotadas com uma vocação natural para servir; para elas, as necessidades e sofrimentos dos outros são sentidos como próprios e muitas delas consagram a vida a essa causa. O pessoal não conta, o que conta é investir suas energias na ajuda aos outros. Além disso, elas costumam fazer isso em total anonimato; não esperam nenhum tipo de recompensa ou reconhecimento; sua gratificação consiste simplesmente em ajudar. **Este símbolo pode representar uma pessoa** com uma atitude como a descrita acima; ela pode ser dirigida para um serviço, como o realizado pela Cruz Vermelha ou para qualquer atividade no lugar em que se encontra. **Em seu lado negativo:** Pode tratar-se de alguém que se descuida excessivamente da própria vida para dedicar-se aos outros; alguém que oculta seus problemas pessoais atrás da aparência de "bom samaritano", ou alguém que especula com sua atitude de servir, buscando reconhecimento por sua extrema sensibilidade.

Mensagem do Oráculo: O importante da imagem é tratar-se de um rosto anônimo que oferece ajuda aos que se encontram feridos; de uma pessoa totalmente dedicada a dar e que não espera nada em troca, nem sequer gratidão. Reflita sobre por que e em que situação seria importante você adotar essa postura no momento atual.

Idéia-chave: ASSISTÊNCIA.

Escorpião 10

Um jantar de confraternização entre colegas.

A cena mostra um encontro de colegas numa hora de lazer, participando de uma ceia. As experiências de trabalho que têm em comum oferecem-lhes a oportunidade de aproximar pessoas muito dessemelhantes, de algo que as una para além das diferenças de idade, nível social e cultural, etc. Trocar experiências enriquece tanto cada uma individualmente quanto o grupo, e esse encontro pode significar uma oportunidade para reviver (e contar) as experiências comuns, para as quais cada uma atribui um significado diferente e que sozinho não conseguiria ver; é uma oportunidade de diálogo que as atribulações do trabalho diário nos impedem de ter. **Este símbolo pode representar uma pessoa** com capacidade para criar, em qualquer contexto em que se encontre, espaços dedicados ao lazer e para estabelecer vínculos com pessoas que tenham algum interesse comum, além de qualquer diferença individual. Alguém que é capaz de encontrar rapidamente aquilo que o une aos demais e que não estabelece diferenças hierárquicas com ninguém. **Em seu lado negativo:** Pode tratar-se de uma pessoa que faz emperrar o trabalho, uma vez que sua atenção está mais voltada para conversa fiada do que para o desenvolvimento do trabalho. Alguém que não sabe respeitar as hierarquias de conhecimento ou as diferenças de caráter, porque para ele todos são cupinchas e não colegas.

Mensagem do Oráculo: Tempo de descanso, mas trata-se sobretudo de momento propício para trocar experiências. A sugestão do oráculo é para que você converse com pessoas que tenham passado por experiência semelhante à sua sobre a questão consultada. As experiências dos outros podem ser-lhe muito úteis na situação atual.

Idéia-chave: SOLIDARIEDADE.

Touro 11

Uma mulher regando flores.

As flores simbolizam a alegria de viver. Elas são a manifestação evidente de uma atitude que visa obter satisfação de tudo o que se faz. O ato de regá-las indica que a pessoa está predisposta a cultivar essa atitude saudável; significa ter a experiência de sentir a abundância na simplicidade das pequenas coisas do cotidiano. Por outro lado, e num sentido mais profundo, elas simbolizam a possibilidade de cultivar as virtudes pessoais (pétalas), mas com o cuidado de ao mesmo tempo mantê-las integradas por meio do cerne da identidade na alma. Esse é o verdadeiro simbolismo alquímico da flor. **Este símbolo pode representar uma pessoa** que promove, tanto em si mesma como nos outros, o desenvolvimento de seus talentos próprios e um centro equilibrado de consciência. Alguém que sabe desfrutar o prazer de cada momento e que o faz de maneira a contagiar as pessoas ao seu redor. **Em seu lado negativo:** As flores podem estar indicando uma atração pelas coisas efêmeras e passageiras. Pode tratar-se também de alguém inconstante em qualquer tipo de empreendimento que se proponha realizar.

Mensagem do Oráculo: A imagem anuncia que é um período de fertilidade e fecundidade (que deve ser entendido de modo a incluir um vasto espectro de possibilidades); aproveite-o. Paralelamente, saiba alimentar aquilo que neste momento está em expansão.

Idéia-chave: MANTER.

Escorpião 11

Um homem prestes a se afogar é resgatado.

A água contém uma longa série de significados, como o de ser o meio mais eficaz de purificação e renovação espiritual e o de representar o lugar onde sempre ocorre a origem da vida, devido a seu enorme poder de fecundidade, etc. No entanto, um desequilíbrio por excesso (como neste caso) pode estar indicando o perigo potencial de a pessoa ser arrastada por um turbilhão emocional, situação que pode envolver o contato íntimo com os conteúdos arquetípicos do inconsciente coletivo. Nesta imagem, ressalta-se o fato de que o homem "é resgatado", e não de ser ele "o que resgata", o que nos leva a pensar em perigos potenciais que são superados milagrosamente. Isso equivale a dizer que os potenciais do seu inconsciente profundo atuam como agentes salvadores sempre que existe algum risco. **Este símbolo pode representar uma pessoa** que teve de passar por experiências emocionais intensas, das quais saiu enriquecida e fortalecida. Nesses momentos difíceis de sua vida, ela contou tanto com a ajuda externa quanto com a de forças interiores que lhe serviam de guia. **Em seu lado negativo:** Alguém que vive uma crise afetiva atrás de outra, que quer que os outros resolvam os seus problemas emocionais, uma vez que ele próprio se sente incapaz de resolvê-los.

Mensagem do Oráculo: Você acaba de sair de uma experiência muito intensa; dê a si mesmo um tempo para que suas forças curativas internas concluam seu trabalho de elaboração e, mais adiante, você vai perceber o quanto essa experiência foi frutífera.

Idéia-chave: RECUPERAÇÃO.

Touro 12

Pessoas olhando vitrines.

A vitrines são lugares para se expor objetos com a intenção de vendê-los ou de promover-lhes a imagem. É uma exibição para fora do que se possui (ou se quer fazer crer que se tem) interiormente. Olhar vitrines pode indicar uma atitude de abertura diante do novo, de curiosidade por aprender; evidencia uma capacidade aguda de observação e interesse pelo que a vida pode estar oferecendo no momento. No entanto, também pode se tratar de um olhar superficial, de passar os olhos por toda uma variedade de vitrines sem ter capacidade para escolher a sua: de uma pessoa indecisa sobre o que comprar. Ela pode, inclusive, ter uma visão distraída e volúvel das coisas. **Este símbolo pode representar uma pessoa** que tem uma rapidez incrível para se informar de tudo o que existe no momento com respeito a seus interesses; alguém muito bem informado e com relacionamentos que sempre lhe trazem as novidades que lhe são úteis; alguém aberto e cheio de questionamentos com respeito a tudo. **Em seu lado negativo:** Uma pessoa com uma atitude frívola, que só presta atenção no aspecto externo das coisas, sem aprofundar-se em nada.

Mensagem do Oráculo: É um momento que requer examinar outras possibilidades. Tente ser objetivo, porque a ocasião requer isso de você.

Idéia-chave: CURIOSIDADE.

Escorpião 12

Um baile de embaixada.

As danças, em sua origem, eram consideradas sagradas; isso porque, de acordo com as diferentes tradições, o mundo havia sido criado por meio de uma "dança divina". Dançando, o homem procurava religar-se a esse poder original de criação e tratava de unir seu mundo cotidiano ao mundo divino. Em alguns povos, somente os iniciados tinham permissão para dançar, pois acreditava-se que esse poder podia ser perigoso se não fosse desempenhado corretamente. Hoje em dia, um baile de embaixada pode parecer algo muito distante dessa origem. Talvez o única coisa que tenha restado seja a aparência externa de uma dança, enquanto o essencial do poder de vida do movimento e do ritmo se tenha perdido. Pode ser que sua estrutura seja muito formal, cuja rigidez tenha distorcido o propósito original para o qual foi criada: ou seja, de descontrair e expressar um momento de júbilo e camaradagem. **Este símbolo pode representar uma pessoa** que, apesar de freqüentar ambientes muito rigorosos e disciplinados, consegue manter sua energia pura e expressar-se com naturalidade e frescor. Alguém com talento criativo em qualquer circunstância, mesmo naquelas que são aparentemente muito rígidas. **Em seu lado negativo:** Alguém que perdeu o contato com sua natureza básica e segue apenas as formas que o rodeiam.

Mensagem do Oráculo: Momento de grande criatividade; ressalta-se, porém, a necessidade de sistematizar certas formas para que o processo se realize plenamente.

Idéia-chave: HARMONIA.

Touro 13

Um homem carregando uma bagagem.

Em certo sentido, pode-se dizer que todos nós carregamos uma bagagem. Em nossas malas, colocamos tudo aquilo que "achamos" que vamos precisar durante nossa estada em algum lugar. Na vida de todos os dias, nossa bagagem é formada pelo nosso passado e pelos nossos sentimentos, experiências e desejos mais profundos. Ainda que não tenhamos consciência, carregamos no dia-a-dia tanto o peso das frustrações e dores como o das alegrias e ilusões. Se tivermos consciência disso, estaremos preparados para realizar um processo constante de purificação interna, de modo a aliviar esse peso. Se não fizermos isso, continuaremos arrastando antigos ressentimentos ou fantasias infantis que pertencem ao passado e nada têm a ver com o presente. Por outro lado, quando assumimos a responsabilidade por algo ou por alguém, isso constitui também parte do peso que carregamos no dia-a-dia. **Este símbolo pode representar uma pessoa** muito consciente do seu mundo interior, ou seja, que conhece profundamente "suas malas". Pode ser alguém que assumiu muitas responsabilidades na vida e não foge de suas obrigações. **Em seu lado negativo:** Alguém que não consegue soltar o seu passado, o qual está influindo demasiadamente em seu presente. Alguém que aceita assumir muitas obrigações como forma de obter reconhecimento ou afeto.

Mensagem do Oráculo: É hora de assumir a responsabilidade por algo; não tente escapar. Talvez você tenha de assumir novas responsabilidades ou, quem sabe, tomar consciência do quanto certas atitudes suas determinam certos acontecimentos que você acha que "vêm de fora".

Idéia-chave: CUMPRIMENTO.

Escorpião 13

Um inventor realizando experimentos.

Em certo sentido, todos nós somos inventores, já que grande parte do nosso processo de aprendizagem na vida se faz graças ao método de tentativa e erro, qualquer que seja o nível que tenhamos em mente. Permitir-se provar o novo e atrever-se a ter uma atitude inocente para ver o que acontece, se experimentamos fazer algo de maneira diferente, significa ter muita criatividade e estar aberto para experiências até então desconhecidas. **Este símbolo pode representar uma pessoa** muito inventiva, possuidora de uma pureza interior que lhe permite viver os acontecimentos cotidianos como um permanente desafio para inventar atitudes ou formas alternativas de resolver problemas. **Em seu lado negativo:** Esta atitude tão aberta pode demonstrar a postura de um eterno aprendiz, que o impede de arraigar-se a algo, já que só o anseio por novas experiências consegue entusiasmá-lo.

Mensagem do Oráculo: É hora de procurar novas maneiras de solucionar o problema em questão, quaisquer que sejam as suas idéias sobre como agir nessa situação. O símbolo ressalta a necessidade de quebrar padrões que possam estar enrijecendo o seu pensamento. Liberte-se e deixe sua criança interior brincar.

Idéia-chave: EXPLORAÇÃO.

Touro 14

Moluscos deslocando-se e crianças brincando.

Os moluscos são animais marinhos identificados com a Lua. Seus próprios corpos comprovam isso, já que carregam suas próprias casas para proteger-se do meio circundante. Costuma-se dizer que até as espirais que se vêem sobre seus caracóis lembram as fases e ciclos lunares. Por sua vez, as crianças têm uma consciência que agora está começando a emergir do mar do inconsciente coletivo, razão pela qual sua aprendizagem é feita, fundamentalmente, por meio de experimentos e jogos. A imagem alude a uma consciência pura que busca novas experiências, onde o treinamento e o autodesenvolvimento pelo método de tentativa e erro constituem o caminho pessoal de busca de conhecimento. **Este símbolo pode representar uma pessoa** portadora de um espírito inocente, que não tem medo de se alimentar das energias arquetípicas e usa o jogo como método de adestramento com uma atitude aberta e curiosa diante da vida. **Em seu lado negativo:** A referência à Lua sempre alude a um desejo de permanecer numa fase da infância. Nesse caso, podemos acrescentar que talvez se trate de uma consciência bastante dispersiva.

Mensagem do Oráculo: Tanto as crianças quanto os moluscos nos fazem pensar que este é um momento de grande fecundidade e de início de novos ciclos. Curta-o.

Idéia-chave: EXPERIMENTAÇÃO.

Escorpião 14

Empregados da companhia telefônica trabalhando.

A invenção do telefone representou um grande progresso para a humanidade. Desde então, as comunicações de longa distância se tornaram instantâneas e isso trouxe consigo a possibilidade de se saber na hora tudo o que está acontecendo em qualquer lugar do mundo e um avanço surpreendente tanto para o comércio quanto para a difusão das descobertas científicas. Uma boa comunicação entre os seres humanos é fundamental. Graças a ela, podemos estabelecer vínculos com as outras pessoas, expressando nossos mais profundos sentimentos e experiências. De outra perspectiva, pode-se dizer que alguém é bom comunicador quando entra em contato com outros planos de consciência e recebe as mensagens que vêm do seu inconsciente profundo. **Este símbolo pode representar uma pessoa** com um talento natural para estabelecer novas redes de comunicação com outras pessoas do mundo. Alguém que estabelece novas formas de vínculo ou que cria vínculos com outras pessoas ou lugares que até então não se acreditava possível. **Em seu lado negativo:** Pode se tratar de uma pessoa que só mantenha comunicações superficiais e se relacione com os outros sem nenhum tipo de compromisso afetivo.

Mensagem do Oráculo: A imagem diz tudo. É preciso estabelecer intercâmbios que podem ter sido interrompidos por alguma razão, ou tratar de abrir-se para possibilidades que você não explorou até o momento.

Idéia-chave: ABERTURA.

Touro 15

Um homem bem agasalhado usando um elegante chapéu de seda.

A imagem nos mostra um homem que está protegido das inclemências do tempo. Aparentemente, ele faz isso de uma maneira muito distinta. Destaca-se em especial o fato de ele estar usando um chapéu, o que indica que ele precisa cobrir a cabeça, proteger o lugar onde estão assentadas suas idéias. Como toda polaridade simbólica requer, o chapéu poderia, de um lado, indicar a necessidade de cuidar de seus pensamentos, enquanto que de outro lado pode estar nos revelando que o chapéu funciona como uma antena que lhe permite captar com maior nitidez pensamentos recebidos de outros planos, intuições solares luminosas. **Este símbolo pode representar uma pessoa** que tem uma mente muito desperta e intuitiva; aparentemente, ela viveu em um meio no qual de algum modo teve de resguardar-se. Entretanto, ela fez isso com graça e elegância e pôde desenvolver uma intuição pessoal muito refinada (seda). **Em seu lado negativo:** Uma pessoa que teme a comunicação livre com as pessoas que a rodeiam e que tem uma atitude defensiva, mesmo quando isso não é evidente.

Mensagem do Oráculo: O momento pede proteção e auto-afirmação do que lhe é próprio. Esteja atento às idéias que poderá receber por meio da intuição.

Idéia-chave: AMPARO.

Escorpião 15

Crianças brincando ao redor de cinco montes de areia.

A figura do pentagrama está intimamente relacionada com o arquétipo humano, já que significa o matrimônio do masculino com o feminino, manifestando um fluxo harmônico das energias yin e yang. A areia, por sua vez, representa o mar infinito capaz de servir como uma matriz repleta de possibilidades, lugar de onde tudo pode surgir e, também, espaço propício para conter e purificar (nesse sentido, semelhante ao das águas). As crianças da imagem parecem estar celebrando um potencial de riqueza ilimitada, que vem da brincadeira, mas que na realidade lhes dá a liberdade necessária para se expressarem plenamente. **Este símbolo pode representar uma pessoa** que sempre é capaz de extrair de si e do seu entorno novas possibilidades, alguém que faz isso de maneira a ter simultaneamente a possibilidade de expressar o máximo de suas capacidades humanas e criativas (cinco). **Em seu lado negativo:** O que é criado na areia pode ser efêmero, agradável e prazeroso como jogo, mas não permite que se tenha uma forma concreta definitiva. Pode tratar-se de uma pessoa que tem dificuldade para dar forma àquilo que intui como possibilidade original.

Mensagem do Oráculo: A areia augura prosperidade na área referente à sua consulta, mas seria importante que você levasse em conta o que diz a imagem, ou seja, que a prosperidade é possível dentro de um amplo espectro de alternativas, e que é necessário amadurecer o processo para que tudo não fique reduzido a um mero passatempo.

Idéia-chave: GERAÇÃO.

Touro 16

Um velho procurando em vão revelar os Mistérios.

Os Mistérios constituem a sabedoria universal válida para todos os tempos e lugares. Embora sejam eternos, esses conhecimentos devem ser transmitidos por meio de formas adaptadas a cada época, de modo a serem compreendidos e interpretados de acordo com os dilemas que a humanidade está enfrentando. No caso presente, a imagem mostra uma pessoa de idade avançada, representando portanto o "velho sábio", que pode ter muita sabedoria, mas que, de algum modo, precisa mudar sua maneira de se colocar diante dos outros. Dessa forma, ele poderá vir a ser compreendido e conseguirá retransmitir para todos os que o seguem no caminho toda riqueza que possui. Se não fizer isso, ficará isolado e sua mensagem se perderá. **Este símbolo pode representar uma pessoa** que, por ter sofrido por não conseguir ser compreendida em suas intuições e conhecimentos, conseguiu capitalizar de maneira positiva esse período de falta de comunicação. **Em seu lado negativo:** Uma pessoa com modo de pensar rígido, que acredita que o problema está nos outros, que "não estão preparados" para entendê-la.

Mensagem do Oráculo: São ressaltados o valor e a importância do que você pode trazer do seu passado (ou do seu mundo interior), mas também a necessidade de se adaptar às novas circunstâncias que o rodeiam. Mude o enfoque.

Idéia-chave: ADEQUAÇÃO.

Escorpião 16

Um sorriso se formando no rosto de uma moça.

A expressão facial é a nossa primeira forma de comunicação. Dizem que é mais autêntica, uma vez que o corpo "não mente", porque não pode ser controlado pela mente. Neste caso, a imagem fala de uma donzela (que implica sugerir a idéia de um aspecto feminino inocente e puro) que sorri. Esse símbolo indica boas-vindas, abertura e possível entrega a um vínculo. É um gesto natural e instintivo, de alegria do coração e de saúde espiritual. Pode-se fingir expressões tensas e forçadas, mas o verdadeiro sorriso não pode ser representado porque é manifestação de um estado de espírito. Ele pode surgir quando alguém se aproxima e o recebemos com alegria ou quando, de repente, nos lembramos de algo que nos alegra interiormente. O verdadeiro sorriso só pode advir dos recônditos mais profundos do nosso ser. **Este símbolo pode representar uma pessoa** de natureza afetiva ingênua e pura, alguém que é receptivo no encontro com os outros e mantém em geral uma atitude aberta e espontânea diante da vida. **Em seu lado negativo:** Alguém que quer ser querido e finge uma simpatia natural que na realidade não sente, que não sabe impor limites aos outros e não sabe distinguir os verdadeiros amigos dos falsos.

Mensagem do Oráculo: Momento de abertura. É possível que você venha a receber uma boa notícia. Esteja aberto para recebê-la.

Idéia-chave: INGENUIDADE.

Touro 17

Uma batalha entre espadas e tochas.

As espadas cortam, separam, ferem. Quem possui seu poder não tem apenas coragem, mas também uma mente clara e lúcida, embora perigosamente capaz de cortar ou de ferir. É a capacidade para discriminar (ou de querer fazê-lo) o bem do mal. As tochas, por sua vez, iluminam aquilo que está oculto pelas trevas, simbolizam a fonte de luz que pode purificar e irradiar. No entanto, na alquimia, a espada também representa o fogo purificador. A espada flamejante do anjo que guarda a porta do Paraíso resume ambas essas idéias, representando a união da justiça com o poder. **Este símbolo pode representar uma pessoa** que teve de resolver no seu íntimo a dicotomia entre o impulso de separação, que a fazia ver o mundo como sendo branco ou preto, bom ou mau, e o impulso de integração, que a levou a transformar-se em alguém capaz de levar luz às regiões mais escuras. **Em seu lado negativo:** Pode ser uma pessoa com muita violência interior, uma vez que ambos os símbolos expressam a possibilidade de ira.

Mensagem do Oráculo: Momento em que é preciso estabelecer uma clara distinção entre os temas e relacionamentos que, no seu processo pessoal, representam a evolução e os que não a representam. Decisões que precisam ser tomadas.

Idéia-chave: RIGOR.

Escorpião 17

Uma mulher, pai do seu próprio filho.

Foi Jung quem primeiro estudou a polaridade consciente–inconsciente do nosso mundo interior. Ele revelou com profunda clareza como toda mulher tem no seu íntimo um complemento masculino, que ele denominou "animus", e todo homem tem seu complemento feminino, chamado "anima". Por isso, cada um de nós convive (em harmonia ou não) com seu parceiro interior. Só quando essa polaridade é percebida e trazida à consciência é que o nosso ser verdadeiro se realiza plenamente e a criatividade que faz parte da nossa natureza pode fluir. **Este símbolo pode representar uma pessoa** que percebeu o quanto é importante desenvolver o seu pólo oposto, a partir do qual liberou sua criatividade. **Em seu lado negativo:** Pode tratar-se de alguém que emperra a troca com os outros e mantém uma atitude soberba, porque acredita que pode fazer tudo por si mesma, sem necessidade da ajuda de ninguém.

Mensagem do Oráculo: O oráculo indica com clareza que o momento é propício para desenvolver o autocontrole e especialmente benéfico para um novo projeto que está apenas começando a se materializar.

Idéia-chave: ORIGEM.

Touro 18

Uma mulher arejando uma bolsa em uma janela aberta.

Numa bolsa podemos guardar objetos que nos são caros e necessários, mas também coisas inúteis do passado. A bolsa nos permite reter e guardar a memória do que fizemos (ou recebemos) de bom e de ruim. Arejá-la e ventilá-la é um ato de purificação, que significa soltar e liberar o que ela guarda. A janela aberta nos comunica com o desenrolar dos acontecimentos e revela uma abertura para as forças superiores (a luz do céu, o ar); permite-nos receber, estar abertos para a entrega, e manifesta uma consciência permeável. **Este símbolo pode representar uma pessoa** com uma consciência como a descrita, alguém disposto a entregar os conteúdos (do passado) de sua consciência e estabelecer uma relação natural de troca com seu meio e com as forças espirituais enriquecedoras. **Em seu lado negativo:** Pode ser uma pessoa que não aprende com as experiências do passado porque é incapaz de retê-las na memória; alguém excessivamente influenciável.

Mensagem do Oráculo: Tempo de purificação. Disponha-se a soltar algo que o está oprimindo.

Idéia-chave: DEPURAÇÃO.

Escorpião 18

Um bosque adornado com as cores do outono.

O outono era representado pelo povo grego com a imagem de uma jovem portando frutos ou o chifre da abundância. Isso deve-se ao fato de essa estação representar o momento de plenitude máxima, a época propícia para colher o que foi semeado e obter os benefícios como resultado das ações praticadas no passado. Esse momento pleno de pujança se reflete num bosque, lugar onde a Grande Mãe mora e se revela em todo o seu esplendor. **Este símbolo pode representar uma pessoa** que tem uma visão baseada na experiência com respeito à abundância da vida e que costuma ser extremamente generosa para com os outros; alguém que confia profundamente na prodigalidade da vida. **Em seu lado negativo:** Pode tratar-se de uma eterna criança, de uma pessoa incapaz de dedicar o tempo necessário para semear em qualquer área de sua vida, porque acredita que seus encantos pessoais são suficientes para convencer os outros a fazerem o trabalho duro por ela.

Mensagem do Oráculo: A mensagem prenuncia, sem sombra de dúvida, boa sorte com respeito à questão consultada.

Idéia-chave: PRODIGALIDADE.

Touro 19

Um continente recém-formado.

Um continente (diferentemente de uma ilha) refere-se a um mundo cheio de significados. Mostra uma cultura, uma idiossincrasia, um sistema completo de representações e, possivelmente, até uma determinada raça. Quer dizer que, se a imagem se refere a um continente emergente, revela-se uma nova consciência com riquíssimas possibilidades e se define algo completamente diferente e desconhecido. Especificar que não tem nada a ver com o que é conhecido até o momento atual não significa dizer que seja algo em oposição ao antigo, mas que possui uma essência qualitativamente diferente. **Este símbolo pode representar uma pessoa** que tem algo de verdadeiramente pessoal, original e criativo para dar às pessoas ao seu redor. Em qualquer que seja a área, ela tem algo de significativo, que poderá expandir a consciência das pessoas do seu meio. **Em seu lado negativo:** Pode ser uma pessoa que se sente diferente, incapaz de se comunicar e alienada do seu meio.

Mensagem do Oráculo: *Você está prestes a realizar uma mudança muito importante na sua vida. Dentro de você, está surgindo uma nova consciência. Aparentemente, esta nova fase não significa uma evolução que teve origem no seu passado, mas algo que está sendo gestado muito profundamente, a partir do seu Eu Superior.*

Idéia-chave: NASCIMENTO.

Escorpião 19

Um papagaio ouve e, em seguida, fala.

A capacidade de imitar pode ser tanto uma grande virtude como um grave defeito. Usá-la para chamar a atenção para os méritos de pessoas ideais, e procurar imitá-las como parte de um processo de aprendizagem, é um ato extremamente louvável. E, por outro lado, fingir atitudes ou condutas com o objetivo único de obter determinados benefícios (quaisquer que sejam) é uma mera paródia de representação de formas vazias que não leva a nenhuma transformação pessoal. A simbologia do papagaio tem uma relação surpreendente com a da virgindade, que se deve à suposição de que suas penas não ficam molhadas na chuva, ou seja, que ele é capaz de manter sua pureza original em qualquer situação que tenha de enfrentar. **Este símbolo pode representar uma pessoa** com grande capacidade de observar e de ouvir atentamente o ponto de vista dos outros. Ela também pode ter a capacidade de se comunicar expressando suas próprias idéias e, às vezes, também as que ouviu de outros, se são válidas para seus argumentos ou estão de acordo com seus sentimentos e princípios. **Em seu lado negativo:** Alguém que, por conveniência pessoal, repete idéias de outros.

Mensagem do Oráculo: *Esteja atento para o que dizem as pessoas ao seu redor, pois elas podem provocar reflexões que talvez lhe sejam de grande utilidade.*

Idéia-chave: ATENÇÃO.

Touro 20

Vento formando nuvens e avançando.

Embora o vento em si seja invisível, seus efeitos são claramente perceptíveis. Para os antigos, ele anunciava o aparecimento de um ser espiritual que precedia a chegada da divindade, ou sua presença em forma de hálito ou sopro divino. O vento simboliza o princípio ativo e criativo do elemento ar. As nuvens, por sua vez, que são movidas pelo vento, sugerem formas e imagens que estão sempre se alterando e, por esconderem os picos das montanhas, podem significar mistério e ocultação. **Este símbolo pode representar uma pessoa** com grande inquietação e criatividade, com buscas e interesses diversos, alguém capaz de ver a intervenção divina no cotidiano e que está em contato íntimo com suas intuições. **Em seu lado negativo:** Pode representar alguém que está sempre tentando alcançar o efêmero. É instável.

Mensagem do Oráculo: O vento e as nuvens simbolizam fertilidade. Disponha-se a ter uma atitude positiva para com o novo que se aproxima.

Idéia-chave: ATIVIDADE.

Escorpião 20

Uma mulher abrindo duas cortinas escuras.

As cortinas escuras impedem que se veja o que há do outro lado. Abrindo-as, podemos descobrir o que havia permanecido oculto. Talvez sejam segredos inconfessáveis, pequenas mentiras ou verdades espirituais profundas que tiveram de permanecer ocultas até este momento, porque a consciência não estava preparada para vê-las. A cortina é aberta por uma mulher, indicando que é o lado feminino que revela. Ela nos faz pensar que esse gesto contém ternura, entrega, intuição e cuidado para com aquilo que busca conhecer. Não se trata de uma jovem inexperiente, senão de uma alma adulta que teve o tempo necessário para decidir interiormente se está apta para que a abertura se dê no momento certo. **Este símbolo pode representar uma pessoa** com um profundo desejo de conhecer; um buscador cheio de inquietações, cujos interesses muitas vezes o levaram a desvelar aquilo que para os outros continua sendo mistério insondável. **Em seu lado negativo:** Pode tratar-se de alguém que se interessa em desvelar a intimidade de outras pessoas, ou de alguém sem pudor ou que não sabe distinguir o que é íntimo do que é público.

Mensagem do Oráculo: Este é o momento oportuno para abrir uma questão que você intui, mas que por alguma razão continua mantendo em reserva. É favorável abrir as cortinas. Não tenha medo.

Idéia-chave: DESCOBRIR.

Touro 21

Um dedo apontando para um livro aberto.

O dedo com o qual costumamos apontar é o indicador, o representante do deus Júpiter na nossa mão. Com ele, indicamos aquilo que, por alguma razão determinada, nos parece relevante, seja por acreditarmos que é venerável e digno de exaltação, ou por considerarmos que é desagradável e desprezível. É o dedo que tenta indicar um princípio de justiça; ele mostra o que nos parece ser bom ou ruim. O livro, por sua vez, conserva a memória da humanidade, guarda o que as gerações anteriores consideraram válido anotar com a finalidade de passar para as que viriam. **Este símbolo pode representar uma pessoa** que tem grande respeito pelo passado; alguém que aprendeu muito com o que seus predecessores deixaram, podendo construir uma ética pessoal a partir do conhecimento das verdades reveladas pelas gerações anteriores. **Em seu lado negativo:** Pode tratar-se de uma pessoa com uma grande rigidez interior, que a impede de se adaptar bem ao presente. Pode ter um desejo exagerado de justiça, que a leva a tiranizar tanto a sua própria vida como a das pessoas que a rodeiam.

Mensagem do Oráculo: Você poderá encontrar a resposta que está buscando se refletir a respeito das experiências vividas ou por meio de um livro esclarecedor que em breve chegará às suas mãos (ou por meio da palavra de alguém por quem você tem grande consideração). Você poderá voltar a consultar este Oráculo Astrológico se reformular sua pergunta.

Idéia-chave: TRADIÇÃO.

Escorpião 21

Um soldado negligente no cumprimento do dever.

O soldado faz parte das forças armadas que têm por missão a defesa e a proteção do seu país. Por isso, sua vida está a serviço de um todo maior, no sentido do cumprimento correto dos deveres sociais. Quando, por algum motivo, ele não cumpre seus deveres, as conseqüências podem ser graves tanto para ele quanto para a sociedade da qual faz parte. A pessoa pode ser negligente quando não está emocionalmente preparada para realizar a tarefa que assumiu ou quando, por alguma causa, entende que o dever para com a consciência pessoal acha-se em evidente contradição com as obrigações assumidas. **Este símbolo pode representar uma pessoa** capaz de ser fiel consigo mesma em diferentes circunstâncias, mesmo naquelas que podem ser socialmente adversas para ela. **Em seu lado negativo:** Alguém incapaz de cumprir as responsabilidades assumidas anteriormente.

Mensagem do Oráculo: Esteja atento para os efeitos que seus atos atuais possam ter no mundo que o rodeia. Observe suas prioridades. Por outro lado, como se trata do sistema de defesa, observe quais as áreas de sua vida que você está deixando de cuidar.

Idéia-chave: OBSERVÂNCIA.

Touro 22

Uma pomba branca sobrevoando águas turbulentas.

A primeira associação que vem diante dessa imagem é com a da pomba de Noé. Ela avisa que as águas estão baixando e que se estabelece o pacto de união entre Deus e o homem. E essa associação é válida, mas não deveria ser a única, pois existe uma evidente oposição entre a pomba — que é um símbolo de temperança e moderação — e a turbulência das águas, que indica emoções intensas que podem ser descarregadas com violência, sem medir as conseqüências. A pomba tem a ver com uma fertilidade alcançada por meio de um caráter harmônico e por meio de um processo tranqüilo, enquanto que as águas também podem indicar abundância, mas obtida depois de grandes perturbações, só superadas com muita dificuldade. **Este símbolo pode representar uma pessoa** que foi capaz de vencer, primeiro nela mesma, um mundo de emoções profundas, transformando-se graças a essa conquista em uma perfeita pacifista, mensageira de conciliação mesmo em situações extremamente difíceis. **Em seu lado negativo:** Pode tratar-se de alguém que age de maneira dissociada, simulando ser mensageiro da concórdia, enquanto no seu mundo interior não consegue encontrar a paz que tenta passar para os outros.

Mensagem do Oráculo: As águas podem estar representando um passado do qual você está se distanciando. Uma nova fase, cheia de fertilidade e harmonia, está se aproximando. Confie.

Idéia-chave: CONCILIAÇÃO.

Escorpião 22

Caçadores matando patos.

O caçador é alguém que, apaixonada e incansavelmente, está absorto na busca de sua presa (qualquer que seja ela). Nada poderá desviar sua atenção daquilo que ele persegue. É óbvio que tudo dependerá de qual é a natureza do objeto de sua caça; pode significar tanto uma natureza emocional infatigável na busca da satisfação de desejos sempre novos ou pode indicar um autêntico buscador espiritual voltado para a sua realização pessoal. Os patos, por sua vez, simbolizam uma natureza insaciável de desejos eróticos ou um espírito sempre fiel a si mesmo. **Este símbolo pode representar uma pessoa** com uma consciência intensamente atenta a seu crescimento interior, alerta para ouvir os conselhos sábios que recebe do seu círculo de amizades ou para perceber suas próprias intuições. **Em seu lado negativo:** Pode ser uma pessoa que trata de satisfazer um apetite após outro, mas que, em essência, continua aprisionada às coisas corriqueiras da vida, sem nenhuma capacidade para refletir sobre si mesma.

Mensagem do Oráculo: Tempo de caçar, ou seja, de colocar todas as suas energias no propósito de alcançar aquilo que você sonha. Dessa maneira, você vai perceber o verdadeiro conteúdo de seus atuais desejos.

Idéia-chave: PESQUISA.

Touro 23

Uma joalheria.

As jóias são feitas de pedras e metais preciosos esmeradamente desenhados, talhados e dispostos. Nas lendas e mitos, elas costumam aparecer em lugares recônditos em que o herói chega depois de jornadas extremamente arriscadas; e protegidas por monstros temíveis e vigiadas atentamente por donzelas. Os desafios e adversidades que ele deve vencer para alcançá-las correspondem ao fato de que elas representam as perfeições e verdades espirituais do saber superior, que só podem ser atingidas por aquele que venceu as tendências e desejos de natureza inferior. **Este símbolo pode representar uma pessoa** de inteligência elevada, imbuída de sabedoria espiritual; alguém cuja "riqueza interior" é fruto de um longo trabalho de aperfeiçoamento. **Em seu lado negativo:** As jóias denotam um desejo claro de poder e de vaidade, que pode ser a expressão de um profundo desejo de possuir bens (materiais, culturais, etc.).

Mensagem do Oráculo: Acredita-se que as jóias sejam um prenúncio de tempestades e mudanças surpreendentes de uma situação que precisa ser transformada por algum motivo; pressagiam uma posterior chuva benéfica.

Idéia-chave: RIQUEZA.

Escorpião 23

Um coelho que se metamorfoseia num espírito da natureza.

Por diferentes razões, o coelho é um animal que se encontra muito próximo dos espíritos da natureza. Em princípio ambos são regidos e protegidos pela Grande Deusa Lua, o que nos indica que possuem um temperamento marcadamente feminino e maternal. Como características comuns, podemos dizer que ambos se ocupam do crescimento e desenvolvimento da vida (o coelho é símbolo de fecundidade), adoram brincar e se divertir e têm movimentos rápidos e ágeis. A diferença entre eles é, obviamente, que os espíritos possuem uma essência mais sutil (nem sequer têm corpo físico) e que sua consciência é mais vasta e abrangente do que a dos coelhos. **Este símbolo pode representar uma pessoa** capaz de tornar fecundo qualquer lugar em que se instale e que, com o passar dos anos, transforma essa capacidade de maneira a ser mais inclusiva para o meio que a circunda. **Em seu lado negativo:** É uma pessoa instável e lasciva.

Mensagem do Oráculo: É evidente que se trata de um período de transformação extrema. Exige que sua consciência se amplie e se eleve a um nível mais espiritual, a partir do qual é possível considerar que só pode ser bom para você aquilo que é bom também para o seu meio.

Idéia-chave: TRANSMUTAÇÃO.

Touro 24

Um índio guerreiro montando, com cabeleiras humanas.

Em diversos símbolos sabianos aparecem imagens que aludem à cabeça e aos cabelos. Aqui, trata-se de uma cabeleira. Todos eles têm em comum o significado de poder pessoal e da capacidade do livre-arbítrio. Quem possui a cabeça ou cabeleira do adversário apropria-se de seu poder pessoal ou de suas aptidões e habilidades; neste caso, trata-se de um índio selvagem, motivo pelo qual poderíamos pensar em uma apropriação violenta de tais poderes. **Este símbolo pode representar uma pessoa** que coloca seu empenho e todas as suas energias no aprendizado de capacidades que outros ostentam, o que lhe serve de estímulo para incrementar o seu próprio desenvolvimento. Essa atitude é exercida com esforço e empenho. **Em seu lado negativo:** Pode significar uma pessoa que faz uso da violência para apropriar-se da autoridade alheia; alguém que, para chegar aonde quer, não se importa com os danos que possa causar a outros.

Mensagem do Oráculo: Talvez este seja o momento oportuno de assumir posições e talentos que outros estiveram exercendo até agora; a hora exige decisão na ação. Tome cuidado para, ao fazer isso, não prejudicar outras pessoas.

Idéia-chave: OUSADIA.

Escorpião 24

Multidões descendo da montanha depois de terem ouvido um homem.

As montanhas comumente são consideradas lugares sagrados. Isso se deve ao fato de seus picos serem os lugares mais próximos do céu aos quais se consegue chegar andando. São lugares misteriosos, muitas vezes temidos porque são ocultos pelas nuvens; antigamente, supunha-se que essa ocultação permitisse que elas fossem habitadas pelos deuses. Acredita-se que as pessoas que se atrevem a escalá-las sejam espíritos intrépidos e inspirados que estejam muito próximos do Senhor (como Moisés, o "homem da montanha"). O desafio aparece quando se tem que descer; quer dizer, para que o que foi ouvido lá nas alturas tenha valor, terá que ser colocado em prática. Do contrário, se tornarão experiências sem sentido, fora do que uma emoção efêmera pode surtir. **Este símbolo pode representar uma pessoa** que alcançou um nível espiritual muito elevado em sua vida e, posteriormente, conseguiu colocar em prática o que aprendeu e intuiu de suas ricas experiências interiores. **Em seu lado negativo:** Alguém que separa o mundo da montanha do mundo da planície ou da vida e não acredita que seja possível integrá-los. Uma pessoa que os vive de maneira dissociada e que, em conseqüência de experiências culminantes, submerge em abismos emocionais.

Mensagem do Oráculo: A experiência que você acabou de viver deve ter-lhe feito entender muitas coisas. É hora de colocá-las à prova.

Idéia-chave: INTEGRAÇÃO.

Touro 25

Um grande parque muito bem cuidado.

Um parque é um lugar onde a natureza foi cuidadosamente ordenada. Graças a isso, o resultado é um equilíbrio perfeito entre a obra da natureza e a realizada pela mão do homem. Em geral, trata-se de um espaço que foi escrupulosamente cercado e que tem um portão de entrada. Do ponto de vista simbólico, costuma-se dizer que todo parque lembra os jardins sagrados, aqueles lugares como o paraíso terrestre ou o Jardim das Hespérides que guardam tesouros no seu interior e simbolizam um estado de pureza original, anterior à queda. Se o inconsciente é o primitivo e caótico, o jardim ordenado corresponde a uma consciência minuciosamente polida, o processo foi efetuado através de um longo período de tempo e de um trabalho cuidadoso. **Este símbolo pode representar uma pessoa** que realizou um exaustivo trabalho espiritual, graças ao qual mantém uma pureza paradisíaca e um intercâmbio vital e permanente com sua própria natureza. **Em seu lado negativo:** Alguém que se defende para proteger seu "mundo ideal" de qualquer tipo de alteração ou perturbação.

Mensagem do Oráculo: O jardim significa uma boa-nova. Lembre-se de que o melhor disso é que o verdadeiro segredo está dentro de você mesmo. Busque-o.

Idéia-chave: CUIDADO.

Escorpião 25

Raios X.

Certas imagens dos símbolos sabianos pertencem exclusivamente à nossa cultura contemporânea, pois se referem a novos descobrimentos ou tecnologias. O raio X representou um avanço muito importante para o mundo da ciência, uma vez que, por meio dele, pode-se ver o interior de um corpo físico, ou seja, captar o que é impossível a partir da superfície ou do tato. Os raios X não mentem, removem o que é acessório e revelam um mundo desconhecido, oculto para o mundo das aparências. **Este símbolo pode representar uma pessoa** com uma grande capacidade sensitiva, que lhe possibilita saber a profundidade dos acontecimentos ocorridos na sua significação essencial e conhecer outras pessoas sem deixar-se levar pelas aparências. **Em seu lado negativo:** Pode tratar-se de uma pessoa desconfiada; alguém que vê mais complicações do que existem na realidade e que fica obcecado por isso, sem desfrutar as coisas simples.

Mensagem do Oráculo: A visão que os raios X podem nos oferecer não costuma ser facilmente tolerável para a nossa consciência não habituada a captar tudo de maneira tão crua, mas esta é uma situação em que as coisas são desmascaradas. Enfrente-a.

Idéia-chave: CERTEZA

Touro 26

Um galã espanhol fazendo uma serenata para a sua amada.

Na cultura do povo espanhol, é comum um cavalheiro homenagear a mulher amada com uma serenata. Com isso, ele procura homenagear suas virtudes e demonstrar abertamente seu amor. A relação com "a mulher amada" explicita o seu vínculo com sua *anima* interior, ou seja, com seu próprio lado feminino interior. Uma boa harmonia com a polaridade interna significa estar permeável para processar um equilíbrio apropriado no interior da consciência. **Este símbolo pode representar uma pessoa** com capacidade para integrar em sua consciência sua *anima* ou seu *animus*. Alguém que é capaz de admirar as virtudes dos outros e que está disposto a reconhecer isso abertamente; uma pessoa que deixa aberto o seu canal de criatividade pessoal e que consegue fazê-lo dentro dos parâmetros sociais em que vive e se desenvolve. **Em seu lado negativo:** Alguém que exagera tudo desnecessariamente e para quem os outros servem de pretexto para exaltar a própria egolatria.

Mensagem do Oráculo: Momento propício para você expressar suas emoções e/ou sentimentos com respeito à questão de sua consulta. O que se destaca é a importância de fazer isso dentro de parâmetros socialmente aceitos e de acordo com a própria criatividade.

Idéia-chave: CELEBRAR.

Escorpião 26

Índios acampando.

Os índios escolhiam os lugares para acampar de acordo com os ciclos da natureza, seguindo o nível das temperaturas ou os assentamentos dos animais de sua preferência. Procuravam os espaços mais favoráveis à sobrevivência e se adaptavam com facilidade a eles. A barraca costuma ser uma representação da abóbada celeste como santuário sagrado, e os índios honravam os ditames da Grande Mãe Natureza, respeitando-a e realizando diversos rituais para entrar em contato com os espíritos dos animais e as energias cósmicas. **Este símbolo pode representar uma pessoa** que age de acordo com o que a vida lhe indica; alguém capaz de ter suficiente equilíbrio interior para se sentir em qualquer lugar como se estivesse em casa. **Em seu lado negativo:** Pode tratar-se de alguém que tem dificuldade para se fixar ou para estabelecer relações estáveis. Sente como se estivesse "de passagem" em todos os lugares e não consegue se comprometer com nada nem com ninguém.

Mensagem do Oráculo: É hora de afirmar-se na área referente à sua consulta, embora a sugestão não envolva nada de definitivo. Por outro lado, é possível que a imagem insinue a necessidade de criar um espaço interior propício para a elaboração de seus dilemas pessoais, uma vez que acampar também significa construir um lugar sagrado próprio.

Idéia-chave: ASSENTAR-SE.

Touro 27

Uma velha índia vendendo colares de contas.

Esse tipo de colar, assim como o rosário, é feito de pecinhas de cerâmica ou de pedrinhas ligadas por um fio. Pode-se dizer que o fio permite a união do que é múltiplo e que está disperso e desmembrado. Esse é o caso de situações que originalmente estiveram unidas e que é preciso voltar a ligá-las, ou de pessoas ou lugares que não têm nada em comum, mas que podem ser conectados para a sua mais plena realização. Da mesma maneira, essa anciã pode trazer a cultura que deu origem a esses colares para ser integrada a outra completamente diferente. **Este símbolo pode representar uma pessoa** que se coloca como elo de ligação entre ambientes ou fatos que outras não teriam a coragem ou visão para fazê-lo. Ligar por meio de fios e desenredá-los é, além do mais, um típico trabalho mariano (do ponto de vista simbólico), o que leva a pensar que o símbolo está aludindo a uma pessoa relacionada com o arquétipo da Grande Mãe. **Em seu lado negativo:** Pode tratar-se de alguém que relaciona coisas que não têm nada a ver umas com as outras, e é incapaz de estabelecer hierarquias ou prioridades.

Mensagem do Oráculo: É tempo de reunir elementos dispersos. Reflita se esse trabalho deve ser processado interiormente, alinhavando acontecimentos para integrá-los à sua vida, ou se é uma ação que você deve realizar em seu meio.

Idéia-chave: VINCULAR.

Escorpião 27

Uma banda militar desfilando.

As bandas militares costumam desfilar em certas ocasiões e são calorosamente aplaudidas pelo público. Normalmente, elas tocam hinos ou marchas patrióticas que enaltecem o sentimento nacionalista. Elas funcionam como agentes que despertam intensas emoções arraigadas no inconsciente coletivo e tentam criar um clima de exaltação de valores comuns entre as pessoas de um mesmo povo. **Este símbolo pode representar uma pessoa** que se sente muito orgulhosa do lugar a que pertence, que glorifica os valores de sua comunidade porque se vê totalmente identificada com eles. Alguém que, quando expressa seus sentimentos e emoções, também eleva os das pessoas ao seu redor, porque desperta nelas elementos que lhes são comuns por tradição. **Em seu lado negativo:** Pode tratar-se de alguém que vê sua emotividade pessoal necessariamente como parte de um sentimento coletivo, de modo que quer que o ouçam e aplaudam toda vez que se manifesta.

Mensagem do Oráculo: É o momento propício para proclamar abertamente algo que foi profundamente vivido por você. Aparentemente, sua expressão será bem recebida, pois trata-se de um sentimento compartilhado por outras pessoas.

Idéia-chave: EXTERIORIZAR.

Touro 28

Uma mulher arrebatada por um amor maduro.

O perigo que os anos trazem consigo é o de enrijecer e bloquear as possibilidades de descobrir o novo e, especialmente, a abertura para o amor (qualquer que seja a sua forma). Aqui, a imagem destaca que a mulher foi capaz de chegar a um verdadeiro desenvolvimento interior, o que, por sua vez, lhe possibilitou abrir seu coração já em idade madura. Quer dizer que ela pôde se preparar para um verdadeiro encontro com o afeto, mantendo uma jovialidade interior pronta para descobrir a magia da vida, sempre presente em qualquer fase da existência. **Este símbolo pode representar uma pessoa** que conseguiu alcançar essa consciência de abertura, podendo sentir-se apaixonada pela vida (e permitindo-se, talvez, viver um grande amor numa idade em que outras pessoas nem perceberiam sua presença); isso é algo que ela parece ter conquistado em sua maturidade, não uma capacidade que tem desde que era jovem. **Em seu lado negativo:** Pode ser que se trate de alguém que tem sonhos impossíveis para um futuro inatingível, enquanto leva seu presente sem nenhum interesse, sendo incapaz de enxergar a beleza que existe ao seu redor.

Mensagem do Oráculo: É evidente que seu aspecto feminino interior está precisando ter uma experiência amorosa consciente e madura; prepare-se para vivê-la intensamente.

Idéia-chave: SENSIBILIDADE.

Escorpião 28

O rei dos duendes aproximando-se de seus domínios.

Os duendes, assim como as fadas, costumam viver nas proximidades dos bosques, especialmente os de pinheiros ou de carvalhos. Isso porque sentem que esses lugares têm mais a ver com sua natureza. Eles gostam de dançar e se divertir, sobretudo nas noites de Lua cheia. Eles intuem (com grande sabedoria) que seu poder vem da alegria e do entusiasmo que lhes é inerente. Quando se reúnem para suas festas, eles geram uma espiral de energia espiritual tão forte que pode abranger muitos quilômetros ao redor. **Este símbolo pode representar uma pessoa** com uma força espiritual tão intensa que pode criar um vasto campo de irradiação a partir de sua própria energia; alguém que exerce uma grande influência em seu meio. **Em seu lado negativo:** Pode tratar-se de alguém que goza de forte ascendência sobre os seus, mas é incapaz de controlar o tipo de impulso que emite.

Mensagem do Oráculo: Os duendes auguram momentos de prazer, encontros agradáveis que podem ter repercussões posteriores, que "a priori" você não intuiria.

Idéia-chave: INFLUÊNCIA.

Touro 29

Dois sapateiros trabalhando em uma mesa.

Na antiguidade, os sapatos tinham um significado de liberdade e poder pelo fato de os escravos nunca os usarem. Seguindo essa linha de raciocínio, pisar um determinado terreno, quando se está calçado, simboliza ter domínio sobre o lugar; pelo contrário, tirar os sapatos é um ato de humildade e uma expressão indubitável de respeito pelo lugar onde se está entrando (certos templos ou casas de oração). Por outro lado, é preciso que se use dois sapatos; um só indicaria uma condição de manqueira, que revela de certa maneira, falha de caráter. Os sapateiros da imagem parecem estar trabalhando com o objetivo de construir uma personalidade de base sólida. **Este símbolo pode representar uma pessoa** que trabalha conscienciosamente em sua própria reconstrução, alguém que se esforça por ter um critério independente e que faz bom uso de seu poder pessoal. **Em seu lado negativo:** Pode ser uma pessoa obsessiva no trabalho; alguém que não levanta os olhos para olhar ao seu redor.

Mensagem do Oráculo: A imagem indica que se trata de um momento em que se faz necessário consertar, reconstruir ou refazer algo; e que exige concentração: é importante lembrar-se disso.

Idéia-chave: TÊMPERA.

Escorpião 29

Uma índia rogando ao cacique da tribo pela vida de seus filhos.

Quando alguém transgride as leis de uma determinada cultura, é punido com as devidas penalidades. No entanto, quando a pena é demasiado severa, o elemento feminino oposto procura compensar a falta com o perdão e a compaixão por meio da compreensão dos motivos da falta e da misericórdia humana. Esta imagem ressalta a luta que se pode travar no mundo interior ou na relação com os outros, entre um pólo severo e outro compassivo. **Este símbolo pode representar uma pessoa** que, em diferentes circunstâncias, teve de agir como porta-voz de seus semelhantes. Alguém cujos nobres sentimentos humanitários fazem com que considere todo ser humano como se fosse o seu próprio filho, a quem deve proteger caso seja vítima de alguma injustiça. **Em seu lado negativo:** Uma pessoa capaz de usar sua emotividade para manipular outras para que satisfaçam seus caprichos pessoais.

Mensagem do Oráculo: Talvez você se encontre numa situação em que tem de escolher entre seu lado severo ou seu lado amoroso com respeito à questão consultada. Dizem que a solução de um problema que se apresenta entre dois extremos encontra-se num ponto intermediário, a alternativa que inclui ambas as polaridades sem excluir nenhuma. Medite sobre qual seria a solução ideal se ela pudesse incluir ambos os opostos (e transcendê-los).

Idéia-chave: DILEMA.

Touro 30

Um pavão real exibindo-se num antigo castelo.

Esta ave é sagrada em inúmeras tradições, já que pela plenitude das cores de sua plumagem personifica a integração de um todo perfeito. Ela também representa a imortalidade da alma incorruptível diante das tentações, pois supõe-se que seja capaz de vencer a serpente. O castelo, por sua vez, pode estar representando uma mansão construída em um elevado plano de consciência, devidamente protegido para que intrusos não o profanem; por si só, ele evidencia força espiritual e um estado de vigilância atenta para preservar a invencibilidade da perfeição alcançada. **Este símbolo pode representar uma pessoa** que conseguiu desenvolver diversas aptidões pessoais e, com isso, pôde alcançar um estado de plenitude pessoal, que a preserva das contingências de sua vida cotidiana. **Em seu lado negativo:** Alguém cheio de soberba e que se defende e se isola dos outros atrás da própria vaidade.

Mensagem do Oráculo: A mensagem augura muito boa sorte com respeito à questão consultada. Lembre-se, no entanto, de que também ressalta a necessidade de proteção em algum sentido.

Idéia-chave: SATISFAÇÃO.

Escorpião 30

O trocista do Halloween (Dia das Bruxas).

Toda cultura tem seus tabus que sobrevivem a diversas gerações: assuntos que, por serem proibidos, não puderam ser elaborados socialmente, e qualquer forma de contato com eles torna-se, portanto, angustiante. Essa é a razão pela qual se instituíram festas e locais nos quais é permitido liberar, por meio do humor ou da representação, toda energia bloqueada com respeito a esses temas. **Este símbolo pode representar uma pessoa** que é capaz de se imiscuir em assuntos desagradáveis ou excessivamente incômodos ao seu meio; alguém que tem a sutileza e a força interior necessária para criar espaços criativos, que favoreçam a liberação de questões difíceis de serem abordadas por outros. **Em seu lado negativo:** Para ser intérprete do proibido, a pessoa precisa ter muita pureza no coração e a intenção saudável de "curar curando-se", pois, do contrário, essa ação pode se transformar em ironia maléfica ou pode ser capaz de colocar as pessoas envolvidas numa situação constrangedora, obrigando-as a abordar temas que não querem ou que não estão preparadas para elaborar.

Mensagem do Oráculo: Período propício para a liberação. É recomendável que você se atreva a mostrar o que até agora ninguém teve a ousadia de abordar. Lembre-se de que não deve fazer de ninguém objeto de escárnio ou mofa e sim fazer uma autocrítica ou avaliação sincera daquilo que todos nós fazemos de errado.

Idéia-chave: REDIMIR.

LEÃO—AQUÁRIO

Leão 1

Um caso de insolação.

O excesso (tanto quanto a falta) de sol pode ser extremamente prejudicial. Às vezes, uma egolatria desmedida pode nos levar a uma catástrofe. Como aconteceu com Faetonte, o filho do deus solar Hélio que, por julgar-se tão poderoso quanto o pai, pegou sua carruagem e tentou dirigi-la através do céu e, com isso, quase incendiou a Terra. E despertou a ira de Zeus, que o matou com seu raio antes que provocasse alguma catástrofe irremediável. Nós, igualmente inflados por um excesso dessa mesma "solaridade", podemos achar que estamos preparados para uma tarefa para a qual ainda não temos a necessária aptidão. Nessas ocasiões, uma "insolação" apropriada nos obrigará a, humildemente, tomar consciência de nossas possibilidades. **Este símbolo pode representar uma pessoa** que teve alguma experiência semelhante à descrita acima e pela qual descobriu qual era a sua verdadeira força e seus verdadeiros potenciais. Alguém que, apesar de tudo, não se sentiu abatido por esse tipo de revés e que, quando com melhor preparo, voltou a fazer a tentativa de tomar as "rédeas da carruagem". Alguém que luta para ser reconhecido pelo que realmente é. **Em seu lado negativo:** Pode tratar-se de uma pessoa que não aprende com seus erros, que está sempre assumindo responsabilidades que estão acima de suas capacidades, simplesmente por excesso de orgulho ou vaidade.

Mensagem do Oráculo: A imagem fala de um possível esgotamento mental, talvez referente ao tema da consulta. É aconselhável deixá-lo esfriar, para seu próprio bem. Com o tempo, poderá reconsiderá-lo de uma outra perspectiva.

Idéia-chave: LIÇÃO.

Aquário 1

Uma antiga missão feita de adobe.

As antigas missões foram construídas por espíritos intrépidos capazes de aventurar-se por regiões desconhecidas; cheios de confiança de que podiam levar seus conhecimentos técnicos e científicos aos povos que iam conquistar, eles desejavam também compartilhar sua fé com os membros de outras culturas. Essas pessoas não só pensaram que seria bom fazer isso, mas fizeram isso e seus pensamentos foram idéias em ação e atitudes arrojadas, considerando-se que tiveram coragem para penetrar num mundo desconhecido (além da violência que eles próprios levavam consigo). **Este símbolo pode representar uma pessoa** que é capaz de inovar onde quer que se encontre; ela não fica se perguntando se é possível, mas coloca suas idéias em prática. Coopera com o que possui, seja com seus entendimentos ou sentimentos do que observa. **Em seu lado negativo:** Pode tratar-se de uma pessoa que transforma tudo numa missão e se intromete na vida dos outros. Alguém que não respeita os ritmos e necessidades dos outros, porque acha que sabe o que é melhor para eles.

Mensagem do Oráculo: Momento de pôr em prática algo que você vem pensando que seria bom fazer. Embora o contexto seja totalmente novo, prevê-se a possibilidade de permanência no tempo. Mãos à obra!

Idéia-chave: CONSUMAR.

Leão 2

Uma parotidite epidêmica.

Toda epidemia resulta de um desequilíbrio pessoal que assume proporções coletivas. Trata-se de um processo de contágio que uma vez iniciado não é possível controlá-lo. Entretanto, essa doença é considerada natural e até benigna na infância, porém perigosa na vida adulta, porque, a partir das parótidas, ela pode afetar as glândulas sexuais. Essa imagem pode estar fazendo referência a um tipo diferente de contágio emocional criativo, que poderia ter grande repercussão e até o impacto de uma revolução no meio em que ocorre. **Este símbolo pode representar uma pessoa** com uma energia tão ativa e contagiante que a faz funcionar como propulsora no meio em que vive; alguém com capacidade para promover mudanças quase sem querer, surpreendendo-se ele próprio com as consequências que elas trazem consigo. **Em seu lado negativo:** Pode tratar-se de uma pessoa que gosta de promover o caos onde quer que se encontre, provocando situações desagradáveis e inesperadas devido às conseqüências catastróficas que acarretam.

Mensagem do Oráculo: A imagem nos remete à idéia de transbordamento, que tanto pode ser criativo e liberador quanto destrutivo. Pode tratar-se de uma advertência com respeito a alguma atitude que você pensava adotar; ou um estímulo para que você compreenda que tudo o que fizer neste momento terá transcendência e não cairá no vazio.

Idéia-chave: CONSEQÜÊNCIAS.

Aquário 2

Uma tempestade inesperada.

As águas que caem bruscamente na forma de precipitação intempestiva sugerem a possibilidade de uma limpeza profunda, como também de fertilidade que a terra poderá adquirir. Entretanto, se são excessivas ou ocorrem em momentos inoportunos podem provocar grandes danos. De qualquer maneira, as águas que caem do céu representam também a presença divina querendo enviar uma mensagem. **Este símbolo pode representar uma pessoa** que surpreende as outras ao seu redor por funcionar como fator que desencadeia ou esclarece de forma repentina situações ocultas ou não manifestas. Alguém que pode contribuir com idéias ou intuições pessoais para clarear situações assustadoras e que, por sua lucidez, atua como catalisador em seu meio. Essas atitudes costumam se manifestar de maneira tão imprevisível que até eles próprios ficam admirados com o que provocaram. **Em sua face negativa:** As precipitações repentinas podem estar indicando um perigoso transbordamento de emoções, alguém incapaz de compreender seus processos internos e que extravasa suas angústias em qualquer momento e lugar, sem refletir sobre as conseqüências de seus atos.

Mensagem do Oráculo: Considere que a tempestade lhe anuncie uma precipitação de acontecimentos que estavam no ambiente e que é preciso que ela ocorra para que a situação se aclare. A imagem contém águas, augurando fertilidade futura na área envolvendo a sua pergunta.

Idéia-chave: LAVAGEM.

149

Leão 3

Uma mulher soltando o cabelo.

O cabelo sempre foi considerado um símbolo de poder, de força e energia vital. A pessoa que o prende talvez esteja, por alguma razão, retendo sua energia, bloqueando-a. Quando se atreve a soltá-lo, realiza um movimento de abertura e entra em contato com sua própria força vital. Na antiguidade, quem usava os cabelos presos eram os escravos (clara alusão ao que foi dito acima) e só os homens livres e aristocratas podiam usá-los soltos. De um outro ponto de vista, cabelo solto pode significar luxúria e, por isso, as pessoas que o cortavam ou prendiam demonstravam uma atitude de entrega, submissão ou a realização de um processo de purificação pessoal. A energia que o cabelo representa pode significar pura energia física (ou sexual) ou libido espiritualizada e autoridade proveniente de um nível superior de consciência. **Este símbolo pode representar uma pessoa** que, por algum motivo, seja por inibição própria ou por circunstâncias alheias, teve de se conter, mas que conseguiu expressar seus poderes pessoais, depois de se encontrar consigo mesma e com sua força interior **Em seu lado negativo:** Pode tratar-se de uma pessoa que nunca reprime nada, alguém que tem uma atitude de eterna insatisfação.

Mensagem do Oráculo: O cabelo é símbolo de fertilidade. A imagem diz que o momento é propício e que você deve colocar todo seu empenho para alcançar aquilo que almeja.

Idéia-chave: INDEPENDÊNCIA.

Aquário 3

Um desertor da Marinha.

As forças navais expressam todo tipo de energia inconsciente, não só do pessoal como também do coletivo. Sua presença no nosso mundo interior desperta em nós imagens arquetípicas que expressamos por meio de preferências, desejos e pensamentos que dominam a todos nós enquanto coletividade. Só por meio de um verdadeiro trabalho de autoconhecimento é que podemos nos libertar de seu poder e começar a elaborar representações pessoais; do contrário, somos "possuídos" pelo coletivo sem nos darmos conta. **Este símbolo pode representar uma pessoa** que conseguiu realizar esse processo; alguém que tem a capacidade de entender o significado dessas correntes sociais e pode usar o seu próprio critério pessoal para se libertar (ou participar conscientemente) delas. **Em seu lado negativo:** Algumas pessoas se afastam do coletivo, não por discernimento ou elaboração pessoal, mas por capricho ou rebeldia infantil; alguém que não consegue participar de atividades ou tarefas coletivas porque é incapaz de fazer qualquer tipo de concessão pessoal.

Mensagem do Oráculo: Procure descobrir por que motivo faz-se necessário que você se afaste neste momento de algum tipo de regra geral; reflita para saber onde você não se sente pessoalmente representado e descubra quais são as suas verdadeiras motivações.

Idéia-chave: EMANCIPAÇÃO.

Leão 4

Um homem vestido formalmente e um cervo com sua galhada.

O cervo, ou veado, é um animal com grande sabedoria de vida. De um lado, sua galhada indica a possibilidade de crescimento constante, representando ciclos evolutivos ascendentes; de outro, acredita-se que, devido ao seu temperamento dócil, pelo qual chega a ser considerado exemplo de mansidão e benevolência, ele possa ter uma vida extremamente longa. O homem que aparece na imagem parece ser uma pessoa de certa idade; o fato de estar "vestido formalmente" nos leva a acreditar que tenha um certo respeito pelos costumes de seu meio (podendo até mesmo envolver um desejo de ser valorizado por isso). Ele parece estar muito orgulhoso do fato de ter trazido essa galhada de lugares distantes e, talvez, de ter participado de experiências arriscadas. **Este símbolo pode representar uma pessoa** com um profundo entendimento da vida e de seus processos, capaz de assimilar de maneira proveitosa cada uma das fases que viveu. Pode ser que em algum sentido seja muito formal, mas por outro lado, tem audácia suficiente para penetrar em zonas que outros não se atreveriam. **Em seu lado negativo:** Pode ter um grande desejo de que outros reconheçam os seus méritos, um sentimento de orgulho por suas conquistas pessoais e/ou um caráter melancólico e excessivamente solitário (característica do cervo).

Mensagem do Oráculo: O homem está exibindo um troféu que implica um orgulho pessoal; tudo parece indicar que o momento seja propício para você expor a outros algo que vem preparando há muito tempo.

Idéia-chave: SATISFAÇÃO.

Aquário 4

Um curador hindu.

A cultura indiana foi a que mais desenvolveu o processo de evolução envolvendo um trabalho psicoespiritual em relação direta com o cuidado do corpo. As posturas ou "asanas" da *hatha yoga* têm como propósito alcançar não apenas uma profunda conexão do ser humano com sua essência íntima, mas também liberar as energias (de todos os tipos) que podem ter sido bloqueadas e que podem provocar, com o passar do tempo, alguma doença. Quem as pratica com regularidade e consciência, aprende a conhecer intimamente as características e expressões de seus corpos físico e emocional e, portanto, também as dos outros. Adquire poderes de cura graças a um árduo trabalho de auto-observação e disciplina estrita. **Este símbolo pode representar uma pessoa** que é extremamente minuciosa em seu trabalho interior, característica que lhe permitiu transformar-se e enriquecer-se interiormente e que, além disso, lhe permite servir de conselheira para os demais. **Em seu lado negativo:** Alguém com muita rigidez mental; uma pessoa para quem é muito difícil quebrar os padrões comportamentais pre-estabelecidos, dentro dos quais se sente segura e apoiada.

Mensagem do Oráculo: A imagem está indicando a necessidade de realizar um processo de purificação. Isso com certeza implica uma transformação, tanto emocional e espiritual quanto física.

Idéia-chave: RENOVAÇÃO.

Leão 5

Formações rochosas à beira de um precipício.

A imagem nos mostra imensos penhascos (que significam estabilidade e permanência) solidamente encravados à beira de um barranco. Ela nos faz lembrar das palavras que aludem a São Pedro: "Sobre esta pedra edificarei a minha igreja", sugerindo que, quando se conseguiu alcançar uma resistência suficientemente forte e sólida, é possível suportar os embates de diferentes tipos de crise, podendo então construir-se algo que perdure no tempo. O precipício pode estar representando as investidas que temos de relevar na vida. **Este símbolo pode representar uma pessoa** cuja força interior foi conquistada graças aos desafios que encontrou no caminho; alguém capaz de guiar os outros na conquista dessa mesma estabilidade na sua vida ou na sua atividade, seja ela mundana ou espiritual. **Em seu lado negativo:** Uma pessoa cuja rigidez excessiva a impede de processar as provações da vida, pois acredita estar "acima delas" e é incapaz de ouvir conselhos ou de sentir compaixão pelo sofrimento alheio.

Mensagem do Oráculo: Esta é uma situação muito difícil na qual você está tendo que servir de apoio, mas tem resistência e firmeza internas para fazê-lo. Ânimo!

Idéia-chave: PERSISTÊNCIA.

Aquário 5

Um conselho de anciãos.

Do ponto de vista do nosso processo evolutivo, a vida está dividida em quatro fases claramente distintas, sendo a última a que corresponde à velhice. Essa fase é considerada como sendo de grande sabedoria, se a pessoa conseguiu compreender e assimilar cada uma das fases anteriores. Mesmo sendo o arquétipo do "velho sábio", um mestre interior que nos acompanha em todas as fases da nossa existência, ele só se desenvolve plenamente nessa idade. É possível ter-se então maior lucidez, uma vez que a energia da libido se volta para dentro (para a busca da espiritualidade) e a visão da vida torna-se completamente diferente da que se tinha quando a atenção estava totalmente voltada para a solução dos problemas da vida cotidiana. Se a pessoa não realizou seu processo de individuação, ela tende para uma cristalização dos pensamentos e um enrijecimento das atitudes, tentando permanecer no passado e demonstrando uma absoluta incapacidade para adaptar-se ao novo. **Este símbolo pode representar uma pessoa** que tem um vínculo profundo com a sabedoria ancestral e com seu mundo interior, o que lhe permite estar aberta para receber as orientações de seus guias internos. **Em seu lado negativo:** Alguém inflexível em suas argumentações e que tem a intenção explícita de repetir os modelos do passado.

Mensagem do Oráculo: O momento é propício para você entrar em contato com a sua sabedoria interior. Ouça os conselhos de quem viveu experiências semelhantes à sua.

Idéia-chave: MODELOS.

Leão 6

Uma dama antiquada e uma garota na moda.

A moda, a moral, os valores culturais e estéticos mudam através dos tempos. Cada época tem suas características próprias e, certamente, também suas qualidades e riquezas. Saber reconhecer e adotar o melhor de cada momento que lhe toca viver faz parte da sabedoria de quem consegue adaptar-se a cada nova situação. Além do mais, implica ter uma consciência clara de quais são os mitos pelos quais a humanidade está vivendo e ter um pleno entendimento de seu significado transcendente. Se essa adequação não ocorre de maneira ajustada, os conflitos de geração tornam-se inevitáveis, como também os embates internos entre os códigos do passado e do presente. **Este símbolo pode representar uma pessoa** que tem a habilidade de assimilar e aceitar mudanças de estilos de vida, mas que também sabe preservar os valores do passado que lhe são significativos. **Em seu lado negativo:** Uma pessoa para quem toda inovação causa muita tensão e que, diante dela, coloca-se ou numa extremidade, adotando uma postura de negação, ou em outra, de afirmação néscia, sem conseguir vê-la da perspectiva de integração.

Mensagem do Oráculo: O momento exige a qualidade de saber integrar os elementos ou códigos do passado aos da atualidade. Tanto a dama quanto a garota têm algo a dizer. Ouça-as.

Idéia-chave: CONCILIAÇÃO.

Aquário 6

Um intérprete de um drama de mistério.

Um drama de mistério é uma obra na qual se representa uma iniciação. A trama que se desenrola nesse processo é anedótica; o importante é que o relato represente um dilema arquetípico cuja compreensão e resolução envolvam uma transformação da consciência. Em representações desse tipo, todos se transformam; até os espectadores são, em algum sentido, "iniciados". No entanto, o símbolo destaca a figura do intérprete, seja ele ator, músico ou bailarino. Ele representa um tema universal, mas exerce também um papel de hierofante (ou sacerdote) em seu grupo. **Este símbolo pode representar uma pessoa** que deve passar, em alguma área de sua vida, por um conflito considerado arquetípico, mas que tem uma consciência suficientemente aberta para compreender que não se trata de um dilema pessoal, mas que é uma situação que a humanidade inteira tem de enfrentar. Alguém com grande talento artístico e uma profunda sensibilidade espiritual, que consegue integrar ambos os aspectos em sua prática cotidiana. **Em seu lado negativo:** Uma pessoa que dramatiza em excesso toda situação que tem de enfrentar, fazendo dela um drama universal.

Mensagem do Oráculo: A consulta que você fez envolve um paradigma geral. Seria interessante que você recorresse a mitos e lendas para compreender a essência dessa questão e perceber as possíveis vias de resolução que a humanidade encontrou até hoje para o mesmo problema.

Idéia-chave: ATUAÇÃO.

Leão 7

As constelações do firmamento.

O homem primitivo tinha uma atitude de reverência diante dos planetas, estrelas e constelações que brilhavam no céu. Não devemos esquecer que os astros serviam de orientação precisa, especialmente para o navegante e o agricultor. Entretanto, o que mais assombra é como o ser humano pôde projetar suas imagens e símbolos internos nas formas estelares, dando-lhes nomes e significados específicos. Assim, ele transformou o caos de um firmamento coalhado de estrelas numa projeção ordenada de manifestações arquetípicas próprias do que provinha, na realidade, de sua interioridade mais profunda. De uma perspectiva mais espiritual, considera-se que as estrelas são espíritos vivos e que cada constelação é um grupo de almas afins que se uniram por simpatia mútua e que, por isso, representam de modo tão maravilhoso a idéia da Era de Aquário. **Este símbolo pode representar uma pessoa** com talento para invocar o espírito de união grupal, que possa compreender o valor de cada pessoa segundo suas aptidões pessoais. Alguém que não está em busca de uma liderança egoísta, mas que sente profundamente a importância do trabalho grupal. **Em seu lado negativo:** Pode haver uma dispersão de interesses ou uma evasão da realidade, buscando orientação em diferentes métodos de adivinhação.

Mensagem do Oráculo: Pode ser que você esteja numa situação aparentemente confusa; dê-se o tempo necessário para deixar as coisas rolarem e acabará compreendendo o sentido ordenador oculto que está por trás dos acontecimentos.

Idéia-chave: IRMANDADE.

Aquário 7

Uma criança nascendo de um ovo.

Só alguns deuses e uns poucos heróis nasceram de ovos. Isso nos dá uma idéia de que quem nasce dessa maneira tem características muito especiais ou inaugura uma consciência diferente da do resto da humanidade. Por outro lado, era costume colocar ovos nas proximidades das sepulturas, como uma manifestação do desejo de renascer. Nessas ocasiões, considerava-se que o corpo físico era apenas uma casca que envolvia o Ser verdadeiro, pronto para ressuscitar em outro plano da consciência. Por isso, todo ovo, seja o Ovo Cósmico ou o Ovo do Mundo, implica invariavelmente a idéia de um possível renascimento. **Este símbolo pode representar uma pessoa** que, por alguma razão, teve que passar por algum tipo de experiência envolvendo um processo de morte e ressurreição. Alguém que teve a força interior para nascer de novo e ver a vida de uma perspectiva completamente diferente. **Em seu lado negativo:** Alguém que não cresce, que continua com uma consciência infantil, que sempre está no começo.

Mensagem do Oráculo: Um ciclo completamente novo está se abrindo no seu horizonte. Lembre-se de que deve soltar totalmente o passado (a casca) para que o novo possa dar seus frutos.

Idéia-chave: ORIGEM.

Leão 8

Um agitador comunista.

Quando esclerosado, qualquer sistema pode tornar-se opressivo e necessitar de uma desestruturação transformadora que dê lugar ao novo. São os seres humanos dotados de espírito de rebeldia que se encarregam de ser os porta-vozes ativos desses movimentos. Eles não apenas sentem antecipadamente a necessidade de inovação, mas também estão preparados para difundir suas idéias e aceitar o desafio, mesmo em circunstâncias nas quais o envolvimento pode ser arriscado. **Este símbolo pode representar uma pessoa** que sente a necessidade íntima de se abrir para novas idéias, a ponto de inclusive se sentir chamado a ser o seu porta-voz, não apenas em questões de cunho político. Alguém que está disposto a quebrar seus próprios padrões enrijecidos e fazer o mesmo na comunidade em que vive. **Em seu lado negativo:** Alguém que é rebelde por natureza, e que só provoca discórdia onde quer que vá; que está disposto a mostrar os defeitos dos outros e dos lugares em que está, mas que é incapaz de dar uma contribuição ou fazer uma crítica construtiva.

Mensagem do Oráculo: É hora de se rebelar contra algo que está incomodando. Confie: este é o momento certo. Converse com os outros sobre seus sentimentos.

Idéia-chave: DIVULGAÇÃO.

Aquário 8

Figuras de cera belamente adornadas.

Como é um material extremamente maleável, a cera pode ser utilizada, entre outras coisas, para moldar belas figuras. Esse tipo de figura em geral evoca personalidades que, por alguma razão, se destacaram na sociedade; ou também podem representar arquétipos de índios, aborígines ou membros de alguma cultura. Constituem exemplos que merecem ser seguidos, por algo que fizeram ou pelo que significam para a humanidade. Essas figuras representam a possibilidade (que todos nós temos) de realizar plenamente alguma qualidade que nos é própria. **Este símbolo pode representar uma pessoa** para a qual determinados modelos ideais (arquétipos pessoais) serviram de guia e inspiração para seu próprio desenvolvimento. Pode também tratar-se de alguém que se destacou no seu meio como modelo de algum potencial que conseguiu realizar. **Em seu lado negativo:** Pode tratar-se de alguém que imita as atitudes, comportamentos, modo de vestir, etc., de diferentes líderes, mas que não é capaz de assimilar suas verdadeiras virtudes internas. Um simulador.

Mensagem do Oráculo: Talvez este seja o momento em que você ocupa um lugar de distinção por algo em particular e que deve prestar orientação a outros; ou talvez seja uma situação na qual o conselho das pessoas que você admira possa ajudá-lo.

Idéia-chave: PARADIGMA.

Leão 9

Sopradores de vidro.

Os sopradores de vidro mantêm viva uma arte milenar que lhes possibilita dar forma a um elemento tão sutil como é o vidro, graças a movimentos hábeis e rápidos de mãos e uma única exalada de ar pela boca. Nesse caso, observamos o aspecto criativo do ar, que nos traz à lembrança aquele sopro original que deu vida a Adão. O vidro não só permite que se veja "através" dele, mas também a luz se reflete e refrata sobre sua superfície de forma tal que se pode ver nela belas imagens e cores vivas. **Este símbolo pode representar uma pessoa** com uma mente rápida, ágil e capaz de criar formas do nada; alguém que tem idéias inovadoras e que sabe expressá-las com clareza. Essas idéias podem estar baseadas (ou não) mais em intuições do que em experiências e observações da vida cotidiana. **Em seu lado negativo:** Alguém que tem uma mente extremamente fantasiosa e vive num mundo próprio, muito afastado da sua realidade. Visões.

Mensagem do Oráculo: O momento é propício para deixar sua criança interior agir. Entre em contato com as múltiplas idéias que estão vindo à sua consciência e escolha uma delas para colocar em prática. Brinque.

Idéia-chave: FANTASIA.

Aquário 9

Uma bandeira que se transforma em águia.

A imagem nos mostra um processo de transmutação, de passagem de um estado de consciência para outro, superior. A bandeira é um emblema que expressa um esforço de elevação (até o ponto mais alto do seu mastro), vitória e auto-afirmação. Posteriormente, ela pode transformar-se numa águia, consagrada como a rainha dos pássaros, justamente pela potência do seu vôo. A imagem expressa uma vontade de superação, um querer alcançar a maior altura possível. De outro ponto de vista, a águia simboliza a iluminação que se conseguiu alcançar graças ao poder da fé. **Este símbolo pode representar uma pessoa** que, graças ao seu próprio esforço, alcançou uma posição elevada de visão e de perspectiva de grande poder, que pode ter relação com um trabalho espiritual ou com o desenvolvimento de algum talento pessoal elevado à sua expressão máxima. **Em seu lado negativo:** O fato de ambos os símbolos estarem relacionados com a altura e a exaltação, pode estar sugerindo uma pessoa que quer elevar-se acima das outras, denotando arrogância e altivez.

Mensagem do Oráculo: É um período de grande transformação. Exige de você a elevação de sua consciência para se expressar num nível superior ao que conseguiu até agora. Aprenda a voar.

Idéia-chave: SUPERAÇÃO.

Leão 10

O orvalho do amanhecer.

O orvalho matutino surge instantes antes da saída do Sol e fica parecendo uma chuvinha suave de gotículas de ouro quando seus raios o atingem. Pode-se dizer que funciona como elo de ligação de duas diferentes realidades: de um lado, entre a noite e o alvorecer e, de outro, entre o céu e a terra. Por sua beleza e seu poder refrescante, ele tem sido visto como uma alegoria de momentos exaltados de iluminação espiritual. Para quem crê, essas suaves gotículas de ouro representam a bênção concedida ao espírito como uma graça que se manifesta unicamente por inspiração divina. Os gregos o relacionavam com diferentes rituais de fecundidade, do plano físico ou do espiritual. **Este símbolo pode representar uma pessoa** com uma qualidade energética muito sutil, cuja mera presença pode ser, ao mesmo tempo, calmante e estimulante para os outros; alguém que, devido à sua pureza interior, pode servir de ponte entre homens e deuses. **Em seu lado negativo:** O orvalho é um elemento extremamente tênue, pode-se dizer efêmero e, por isso, pode significar alguém que dá uma enorme importância a coisas passageiras da vida, incapaz de distingui-las das essenciais. Frivolidade.

Mensagem do Oráculo: Momento propício para começar algo. A manhã augura começo. De outro lado, o orvalho também significa fecundidade.

Idéia-chave: ILUMINAÇÃO.

Aquário 10

Uma popularidade que se mostrou efêmera.

Como alguém alcança a popularidade? Pode ser que seja por meio de talentos pessoais desenvolvidos de maneira autêntica e cuidadosa, por obra do acaso ou por uma operação bem planejada. Mas, necessariamente, a pessoa que alcança a fama é alguém que consegue preencher as expectativas referentes a uma necessidade do inconsciente coletivo. Quando é só isso que está em questão, uma vez satisfeita essa necessidade coletiva, o interesse público se volta para outra direção e a pessoa que ocupou momentaneamente a atenção popular fica perplexa e chocada. Talvez ela nem sequer tenha capacidade para entender por que foi escolhida em um momento e abandonada em outro. Entretanto, essa experiência pode ser riquíssima para quem é capaz de compreender o processo e assimilá-lo como parte do seu próprio crescimento pessoal. Como diria o mestre de um conto hinduísta: "Deves aprender a ser tão indiferente ao aplauso quanto à ofensa." **Este símbolo pode representar uma pessoa** que teve de passar por uma experiência como a descrita acima e que, graças a ela, aprendeu a conectar-se a seu ser interior e a desapegar-se das máscaras que os outros projetam nela. **Em seu lado negativo:** Alguém que deseja o sucesso pelo sucesso e que está disposto a obtê-lo mesmo sabendo que será momentâneo, pois sabe que não está preparado para alcançá-lo por recursos internos autênticos.

Mensagem do Oráculo: No momento atual, você vai conhecer o reverso de uma situação que parecia favorável. Com o tempo, você vai compreender o porquê de tudo o que teve de viver.

Idéia-chave: DESAPEGO.

Leão 11

Crianças num balanço preso a um enorme carvalho.

Esta imagem nos apresenta, à primeira vista, uma polaridade extremamente interessante. De um lado está o carvalho, árvore que, pela sua constituição, significa fortaleza (moral e/ou física), solidez, longevidade e vigor; de outro, as crianças com seu viço natural representam o novo, o ingênuo e o puro. O balanço, por sua vez, se desloca num movimento de sobe-desce, que vai da proximidade do céu à da terra, ou do dia e da noite, ou seja, simboliza o fluxo do movimento natural da vida. **Este símbolo pode representar uma pessoa** com os talentos descritos e, portanto, com uma grande energia e solidez interiores, de um lado, e um espírito puro que lhe permite adaptar-se com flexibilidade ao desenrolar dos acontecimentos, de outro. Alguém que pode estar muito arraigado às coisas corriqueiras, mas que consegue elevar-se aos planos espirituais com a inocência de uma criança; que pode estar ligado ao passado ancestral e também ter abertura para o novo. **Em seu lado negativo:** Alguém com uma atitude infantil que quer que a vida (ou os outros) seja o carvalho que sustenta seus folguedos.

Mensagem do Oráculo: A imagem é sumamente favorável, pois tanto o carvalho quanto o balanço são símbolos de fecundidade. A atitude propícia, entretanto, é a de desenvolver algo totalmente novo (representado pelas crianças) que tenha sustentação em algo que se traz do passado.

Idéia-chave- VAIVÉM.

Aquário 11

Um homem cara a cara com a sua inspiração.

Os momentos de grande inspiração não costumam ser muito freqüentes. Sabemos, no entanto, que, se fôssemos capazes de estar atentos para perceber quando eles se apresentam, seria muito importante reconhecê-los e ouvi-los. Se começamos a aceitá-los como lampejos de uma profunda sabedoria interior, abrimos para eles a possibilidade de se tornarem mais freqüentes e claros em suas mensagens. São momentos de "graça" e deveriam ser recebidos com o reconhecimento de um coração exultante diante da experiência, mas também assumindo as responsabilidades que eles podem acarretar. Isso se deve ao fato de possivelmente nos mostrarem aspectos da vida (e de nós mesmos) que nem sempre queremos ver ou que nos levam a tomar decisões difíceis se realmente confiamos neles e nos comprometemos a seguir seus conselhos sábios. **Este símbolo pode representar uma pessoa** que é capaz de dar ouvidos a seu guia interior e construir a sua vida com base no que essa "escuta atenta" lhe diz. **Em seu lado negativo:** Alguém que confunde inspiração com desejos inconscientes ou fantasias pessoais.

Mensagem do Oráculo: O fato de a imagem referir-se a um "cara a cara" pode estar indicando tratar-se de uma polaridade que existe na sua consciência. Confie no que o seu guia interior está tentando fazer você compreender.

Idéia-chave: ABERTURA.

Leão 12

Uma festa ao entardecer, sobre a relva.

Um gramado bem cuidado nos faz pensar na mão do homem tentando embelezar um espaço, como também num possível desejo de criar uma imagem positiva para os outros. A idéia da importância do social é acentuada neste símbolo, por tratar-se também de uma festa. Por outro lado, esse encontro se dá ao entardecer, hora sagrada que simboliza os eternos processos de renovação da vida. **Este símbolo pode representar uma pessoa** que tem uma relação harmoniosa com seus semelhantes; alguém que é capaz de criar espaços agradáveis para manter reuniões com outras pessoas. Pode, também, ser alguém que esteja em concordância interna com os ciclos vitais e sociais, respeitando-os e sabendo adaptar-se a eles, inclusive de maneira festiva. **Em seu lado negativo:** Pode implicar um cuidado excessivo com a aparência com que se apresenta socialmente, alguém que usa de todos os meios para agradar, com a intenção de ser aceito e querido.

Mensagem do Oráculo: Embora evidenciando que o tema de sua consulta envolva uma situação de ocaso (entardecer), também indica que o processo pode ser vivido gradualmente, compartilhado com outros e mesmo desfrutado. Viva-o com a alegria intensa que a imagem sugere.

Idéia-chave: ENCONTRO.

Aquário 12

Pessoas subindo os degraus de uma escada.

A escada oferece a imagem de diferentes níveis que, simbolicamente, representam diferentes planos de consciência ou níveis de aperfeiçoamento. Pelos degraus da escada, tanto pode-se subir quanto descer e, portanto, ascender aos píncaros da evolução ou descer às profundezas abissais do inconsciente pessoal e coletivo. No entanto, os degraus da escada funcionam essencialmente como elos de ligação: indicam a possibilidade de "unir" as diferentes dimensões. **Este símbolo pode representar uma pessoa** que empreendeu um processo paulatino, porém tenaz, de desenvolvimento pessoal até alcançar dimensões que teria sido difícil prever, levando-se em conta suas origens. **Em seu lado negativo:** Pode tratar-se de alguém que tem uma mente inflexível, estruturada com base em idéias hierárquicas, que é capaz de classificar os outros segundo categorias de estratificação social ou cultural (e até mesmo espiritual).

Mensagem do Oráculo: Este símbolo indica que se trata de um período em que irão ocorrer mudanças importantes. É um símbolo promissor, porque indica o término de uma fase e a possibilidade de ascensão.

Idéia-chave: EVOLUÇÃO.

Leão 13

Um velho capitão de barco, balançando-se.

O velho capitão conseguiu atravessar centenas de tempestades com seu barco. Agora ele descansa, enquanto reproduz com o balanço suave de sua cadeira o movimento das ondas do mar. Ele conhece os abismos tormentosos e todas as zonas de perigo; conhece a violência das paixões e das profundezas emocionais; soube acumular uma vasta experiência dos desafios que enfrentou nas "jornadas" de sua vida. Pode ser o barqueiro temido (Caronte) que transporta as almas para o outro lado do mundo, podendo constituir-se em proteção segura ou guia inesperado através de zonas tempestuosas. Seja como for, hoje ele descansa recordando com satisfação o passado. Agora, ele tem a sabedoria do velho sábio. **Este símbolo pode representar uma pessoa** que teve de enfrentar grandes desafios (especialmente na área afetiva), que pode dar conselhos sábios por experiência própria e que é especialmente capaz de olhar com distanciamento e objetividade para as situações críticas. **Em seu lado negativo:** Pode estar representando uma pessoa que se coloca numa posição de excessiva distância emocional dos acontecimentos, que é incapaz de se comprometer. Alguém que acredita que está fazendo a "viagem de volta" sem nunca ter-se atrevido a fazer a "viagem de ida".

Mensagem do Oráculo: A situação exige reflexão; tome o tempo que for preciso para meditar sobre a intensidade dos acontecimentos que acabaram de ocorrer. É hora de fazer uma síntese enriquecedora e soltar o que deve ser liberado do passado.

Idéia-chave: REFLETIR.

Aquário 13

Um barômetro.

O barômetro é um instrumento de medição da pressão atmosférica. Com base nos dados de sua medição, pode-se prever as condições climáticas. Não se trata de intuição, mas de uma acurada capacidade de observar os fatos reais que estão ocorrendo no presente e que antecipam o que está para acontecer no futuro próximo. Certas pessoas têm o dom natural para reparar em detalhes — que para outras poderiam passar despercebidos — nos quais encontram a chave para algo que irá acontecer em breve. Essa aptidão pode ser aplicada tanto a processos naturais ou técnicas específicas quanto a comportamentos humanos ou correntes socioeconômicas. **Este símbolo pode representar uma pessoa** com essa aptidão. Ela talvez possa ser confundida com intuição, mas na realidade o que faz é detectar cadeias de acontecimentos ciclicamente recorrentes; para essas pessoas, esses indícios servem de sinais evidentes de um futuro próximo; enquanto, para outras, eles passam despercebidos. **Em seu lado negativo:** Pode tratar-se de uma pessoa que se coloca demasiadamente na dependência de fatos futuros, e isso a impede de viver plenamente o presente. Alguém cheio de temores e presságios lúgubres.

Mensagem do Oráculo: Com referência à sua pergunta, é absolutamente certo que, se refletir sobre a forma pela qual os acontecimentos se desenrolaram até agora, você poderá vislumbrar o que está prestes a acontecer. Reflita.

Idéia-chave: PROGNOSTICAR.

Leão 14

Uma alma humana à espera de uma oportunidade para se expressar.

Nem todas as atividades que realizamos constituem uma expressão de nossa alma; na realidade, só algumas delas o fazem. Acontece que não se trata tanto de um determinado tipo de ação ou de trabalho específico, mas de uma atitude de compromisso e entrega com o que fazemos, que possibilita a transformação de algo corriqueiro num fato com sentido mais profundo. Quando nossas atividades ou obrigações diárias nos oprimem demais, podemos sentir que a alma se põe à espera, com uma sede insaciável de infinitude, prova de que estamos desviados do nosso caminho de individuação (ou da jornada do herói). **Este símbolo pode representar uma pessoa** que tem a capacidade de se entregar com grande fervor e paixão a tudo o que faz, pelo fato de sua alma estar intensamente envolvida no propósito de alcançar sua auto-realização. **Em seu lado negativo:** Alguém que não coloca afeto nem atenção no que lhe cabe viver, esperando uma grande façanha num futuro imediato, na qual sua alma conseguirá se expressar.

Mensagem do Oráculo: Se o momento atual da sua vida está marcado por este símbolo, é porque ele é extremamente propício para você se expressar plenamente. Não o desperdice.

Idéia-chave: MANIFESTAR-SE.

Aquário 14

Um trem entrando num túnel.

Esta imagem corresponde às novas formas criadas dentro do inconsciente coletivo. O trem denota o aspecto social, diferentemente do carro ou da bicicleta, que são meios de transporte individual, mas que tem a característica de que, para existir, foi necessária a construção de vias especiais que atravessam cidades e percorrem os campos. Nos seus cruzamentos, são colocadas barreiras e todos os outros meios de transporte são detidos. Ele atua como uma força imperiosa que nos arrebata coletivamente e que não pode ser detida. Queremos tomá-lo para chegar rapidamente ou para estar a par do que acontece. Como dizemos, "ninguém quer perder o trem", seja qual for a área à qual estamos nos referindo. Ele representa forças poderosas que nos impelem (podem ser coletivas ou individuais) e nos transportam, sem nos consultar, para regiões profundas ou misteriosas (o túnel atravessa zonas desconhecidas). **Este símbolo pode representar uma pessoa** que é o porta-voz de necessidades coletivas; alguém que não tem medo de se envolver profundamente com o que sente, mesmo que isso signifique ter de passar por experiências desconhecidas, tanto para ele mesmo quanto para as pessoas ao seu redor. **Em seu lado negativo:** Pode tratar-se de alguém muito influenciável pelo meio circundante, o que o leva a viver situações extremamente arriscadas.

Mensagem do Oráculo: Você está atravessando um período de vivências muito intensas, que não dependem da sua livre escolha. Flua com elas e entregue-se a um processo riquíssimo de autotransformação, já que nada pode deter o que foi iniciado.

Idéia-chave: INTENSIDADE.

Aquário 15

Duas rolas sentadas em cima de um muro.

A rola é uma ave columbiforme que, conforme o nome denota, simboliza a fidelidade, a monogamia e o afeto puro entre os seres humanos (em espanhol, *tórtola*, rola; *tártolo*, homem apaixonado). Neste caso, o que chama atenção é o fato de elas estarem sobre um muro, que aparentemente é um fator de separação, embora de outro ponto de vista seja um fator de ligação. Talvez se trate da energia do amor, que é capaz de unir apesar de qualquer tipo de diferença e de superar qualquer tipo de barreira. O muro também pode estar indicando que ali há algo inviolável, digno de ser preservado, por tratar-se de um Recinto Sagrado. É a proteção que necessariamente tem de haver para que o puro não se macule. Nesse sentido, o afeto muitas vezes intervém como resguardo, nunca como separação. **Este símbolo pode representar uma pessoa** com grande capacidade afetiva, alguém que é capaz de ligar pessoas ou lugares por meio da energia do amor que irradia. Alguém fiel a si mesmo e às pessoas que ama, que vive sem contradições seus sentimentos para com pessoas bem diferentes. **Em seu lado negativo:** Pode tratar-se de uma pessoa ciumenta e possessiva que erige uma barreira entre as pessoas queridas e os outros para, segundo ela, resguardá-las.

Mensagem do Oráculo: Momento que se apresenta como favorável para alcançar a união de pessoas ou ambientes que estiveram separados. Circunstância que pode ser alcançada por meio da poderosa energia do afeto.

Idéia-chave: LIGAR.

Leão 15

Um desfile de carros alegóricos.

Os carros enfeitados que vemos atualmente durante os festejos de certas datas (como o Dia da Primavera, Carnaval, etc.) são apenas ressaibos dos originais, que eram usados nas representações das antigas festas sagradas, que pretendiam imitar as carruagens nas quais deuses, deusas e demônios desciam à Terra com seus cortejos. Cada carro era decorado com os ramos e flores da árvore que correspondia à divindade evocada, e era conduzido pelos animais de sua preferência. A importância do desfile estava no fato de, ao passar, segundo a crença popular, distribuir a energia que caracterizava essa divindade, ou seja, representava um centro muito potente de irradiação de vitalidade e energia. **Este símbolo pode representar uma pessoa** com um dom muito pessoal, que irradia nos lugares em que se encontra. Alguém muito generoso com tudo o que possui e com o talento de revitalizar os outros com sua própria energia vital. **Em seu lado negativo:** Alguém que ostenta suas capacidades por puro egocentrismo e vaidade.

Mensagem do Oráculo: Os carros alegóricos são um bom presságio, indicando que o momento é favorável para manifestar algo que você deseja. Eles simbolizam vitória e progresso na área que envolve a sua pergunta.

Idéia-chave: EXTERIORIZAÇÃO.

Leão 16

Raios de sol depois de uma tempestade.

A tempestade pode ter trazido limpeza e fecundidade para a terra e agora os raios de sol prometem que os novos frutos virão mais fortes e dadivosos. Certas pessoas têm o temperamento dos trópicos: costumam alternar dias tempestuosos com outros ensolarados, em estados de humor que vão de um extremo a outro como se fosse perfeitamente natural. Outras podem ter passado por longos períodos de profunda crise emocional que moldaram seu temperamento e, portanto, tornaram-se capazes de manter-se firmes e determinadas em seus objetivos e projetos, qualquer que seja a circunstância. E como se isso não bastasse, elas estão sempre irradiando estímulo e energia a todos ao seu redor. **Este símbolo pode representar uma pessoa** que superou muitas vicissitudes no decorrer da sua vida e que, por sua profunda sensibilidade para compreender seu caráter circunstancial e o caráter da condição humana, pode tornar-se um centro de irradiação onde quer que esteja. **Em seu lado negativo:** Pode tratar-se de alguém com temperamento extremamente instável, cujas reações a qualquer tipo de situação são totalmente imprevisíveis.

Mensagem do Oráculo: A imagem é promissora. Apesar de referir-se ao fato de você ter enfrentado recentemente circunstâncias muito difíceis, ela augura um novo dia no que diz respeito à questão consultada.

Idéia-chave: RENOVAÇÃO.

Aquário 16

Um homem de negócios no seu escritório.

Para poder desempenhar suas funções de executivo moderno com total eficiência, a pessoa precisa ter desenvolvido muitas habilidades pessoais. Entre seus talentos certamente deve estar incluída a capacidade para administrar recursos humanos para que suas atividades grupais sejam eficazes; para isso, a pessoa tem de conhecer tanto as qualidades quanto os defeitos de cada um; estar a par das oscilações do mercado no qual se move, para saber quando é o momento oportuno para comprar e estar atualizada com respeito às novas técnicas de venda, etc. Tantas qualidades pessoais requerem um caráter decidido e uma vontade tenaz, assim como uma autodisciplina férrea. Tudo isso pode acarretar um distanciamento das necessidades afetivas e um desleixo para com seus relacionamentos íntimos. **Este símbolo pode representar uma pessoa** com grande talento organizacional e, talvez, também de liderança pessoal. **Em seu lado negativo:** O escritório separa e, portanto, sugere alguém que pode estar sempre observando, inclusive em suas relações afetivas.

Mensagem do Oráculo: O empresário toma decisões com certo grau de frieza e objetividade, analisando as diferentes possibilidades que cada situação apresenta. Considere a possibilidade de encontrar a resposta para a sua pergunta por meio de uma análise desapaixonada.

Idéia-chave: DECISÃO.

Leão 17

Um coro de igreja cujos membros são voluntários.

Esta imagem alude a uma atividade comunitária, da qual participam pessoas afins com o propósito de alcançar uma elevação espiritual por meio da música. São voluntários e não recebem nenhuma remuneração nem consideração especial pelo que fazem; seu único interesse é exaltar os corações por meio da música e transmitir uma mensagem de transcendência por meio do som. **Este símbolo pode representar uma pessoa** capacitada para realizar tranqüilamente qualquer tipo de atividade cooperativa, alguém que não deseja ser o líder nem que outros ocupem esse lugar, mas participa quando é necessário e se cala quando essa atitude é a melhor para o grupo. Alguém que é capaz de atuar em benefício dos outros sem buscar nenhum tipo de reconhecimento. **Em seu lado negativo:** Pode tratar-se de uma pessoa com problemas de identidade, que procura ser o centro de onde quer que se encontre ou deseja ser guiada em qualquer tarefa que executa, porque se sente incapaz de tomar qualquer tipo de decisão.

Mensagem do Oráculo: A música é um meio eficaz para elevar o espírito. Pode estar indicando que, com respeito à questão da sua consulta, é propício entregá-la à Vontade Divina e simplesmente esperar para ver; no seu caso, essa pode ser a melhor atitude a ser tomada. Por outro lado, qualquer tipo de atividade grupal é propícia neste momento.

Idéia-chave: PARTICIPAÇÃO.

Aquário 17

Um cão de guarda cumprindo sua função.

O cachorro tem uma ampla gama de significados simbólicos, mas esta imagem se refere à acepção que com mais freqüência lhe é atribuída: a de ser o guarda fiel do seu dono. Era comum representá-lo em pinturas e esculturas, onde costumava aparecer perto de portas ou umbrais, quer dizer, nos lugares em que ele podia controlar a entrada. Ele é valorizado até hoje por sua extrema lealdade e por manter-se em estado de alerta e vigilância sempre que necessário. Sabe-se que ele defenderá o seu amo, mesmo que para isso tenha de sacrificar a própria vida, e que é capaz de, instintivamente, pressentir um perigo muito antes de ele se manifestar. **Este símbolo pode representar uma pessoa** extremamente protetora e leal com seus entes queridos. Por eles, ela está disposta a fazer qualquer coisa, apoiando-os e protegendo-os das contingências que têm de enfrentar. **Em seu lado negativo:** Pode tratar-se de uma pessoa superprotetora, com uma atitude excessivamente defensiva, alguém cuja ira ou cólera pode explodir a qualquer momento.

Mensagem do Oráculo: O momento exige vigilância; não sugere que seja necessário entrar numa disputa, mas com uma atenção redobrada diante do novo que se aproxima.

Idéia-chave: VIGIAR.

Leão 18

Um professor de química.

Um dos grandes desafios da humanidade é tentar descobrir de que maneira o mistério da vida se manifesta na natureza. O professor de química não só procura conhecer os elementos básicos que constituem a matéria, mas também demonstrar o que acontece quando esses são combinados e dão origem a um novo elemento. Ele aprendeu (e isso é a essência do que ensina a seus alunos) a observar, a analisar e a fazer experimentos. Essa era a função do antigo alquimista, com a diferença de que ela não envolvia unicamente o conhecimento da natureza, mas sua meta principal era estudar o mundo interior do ser humano. **Este símbolo pode representar uma pessoa** extremamente inquisitiva, aplicada, metódica e, possivelmente, com talento para ensinar aquilo que lhe interessa. Alguém que gosta de fazer experimentos para chegar a conhecer profundamente os assuntos do seu interesse. **Em seu lado negativo:** Pode tratar-se de alguém com uma mente fria e calculista e que é capaz de usar os outros para fazer seus experimentos.

Mensagem do Oráculo: É possível estudar a vida como se estuda um experimento? Se é, então este é o momento indicado. Observe atentamente os acontecimentos ao seu redor e experimente usar alternativas diferentes. É conveniente adotar a postura de quem joga com diferentes possibilidades.

Idéia-chave: ENSAIAR.

Aquário 18

Um homem desmascarado.

A máscara foi um objeto muito usado nos rituais da antiguidade; seu uso variava de acordo com o lugar e a ocasião. No entanto, a idéia original era fazer com que a pessoa que a usava personificasse o que ela representava (fosse um deus ou um demônio). Seu propósito era realizar um processo de catarse ou tentar incorporar por esse meio as forças transpessoais representadas pelas máscaras. Elas protegem e ocultam, função que possibilita que sejam usadas tanto de maneira construtiva como destrutiva. Jung achava que, na nossa vida cotidiana, precisamos recorrer a elas como um meio saudável de nos proteger; mas seu uso excessivo provoca um distanciamento entre o propósito de vida e o papel que a pessoa acha que deve desempenhar. **Este símbolo pode representar uma pessoa** que tem um vínculo profundo com o seu Eu Superior, sem identificar-se com os papéis que tem de desempenhar em sua vida mundana. **Em seu lado negativo:** Alguém que, não tendo a pseudo-identidade que a máscara lhe outorga, não consegue fortalecer-se suficientemente para encontrar seu propósito de vida, e pode, com isso, cair no anonimato.

Mensagem do Oráculo: Momento de desvelar uma verdade diante de quem ela possa interessar. Lembre-se de que, quando tiramos a máscara, podemos nos conectar mais profundamente com o nosso verdadeiro eu.

Idéia-chave: DESVELAR.

Leão 19

Uma festa numa casa flutuante.

A embarcação assegura proteção durante toda a travessia, seja da própria vida ou da passagem que leva ao mundo dos mortos. Aqui, a imagem é extremamente poderosa e, por isso, a casa flutuante nos faz pensar numa proteção segura, na nossa vida cotidiana, tanto das adversidades externas como das tempestades do mundo interior. A casa não está alicerçada, mas flutua e desliza, o que permite atravessar com facilidade o mundo dos sentimentos e, ao mesmo tempo, ter um abrigo aprazível como proteção. **Este símbolo pode representar uma pessoa** com uma sensibilidade muito aguçada e uma grande capacidade de acolher e cuidar dos outros; essa generosidade de coração é realizada com espírito festivo e pleno regozijo. **Em seu lado negativo:** Nosso desejo de que a vida seja uma festa pode estar representando o incômodo de termos que resolver os problemas cotidianos. Por outro lado, a ausência de alicerce pode estar indicando a incapacidade de se fixar afetivamente em algum lugar e permanecer deslizando pela superfície da vida.

Mensagem do Oráculo: A imagem é de bom augúrio, mas não esqueça que a barca está em movimento. Ela expressa uma situação passageira, de algo que não está solidamente assentado. No entanto, indica que esse trajeto pode ser uma experiência prazerosa para você. Não indica qual será a próxima etapa, mas enfatiza a necessidade de conexão com o processo em andamento.

Idéia-chave: ATRAVESSAR.

Aquário 19

Um incêndio num bosque foi apagado.

A imagem mostra quanta força é preciso para extinguir um incêndio num bosque, que representa a energia da Grande Mãe. Ou seja, é preciso que se tenha uma vigorosa personalidade que funcione como forte proteção daquilo que precisa ser preservado e protegido. O fogo significa vigor, energia em plena ação, mas, quando fora do controle, é capaz de arrasar, por excesso, com toda a sua força tudo que estiver no seu caminho. **Este símbolo pode representar uma pessoa** preparada para atuar em defesa dos outros ou do meio em que se encontra. Sua ação é firme e decidida e é capaz de tomar decisões rápidas e apropriadas quando considera que algo está correndo perigo. **Em seu lado negativo:** Sufocar o fogo pode também estar se referindo a uma pessoa que impede que os outros se afirmem com determinação ou que despoja toda ação alheia de seu entusiasmo vital. Talvez para ela isso signifique manter um clima estável; mas, na realidade, sua ação impede a livre expressão dos outros.

Mensagem do Oráculo: Algo acabou de ser resolvido, pois você está diante de algo que foi extinto. Considere a possibilidade de entender essa imagem também como referência a um processo complementar de purificação, que você teve de realizar por causa de um descontrole excessivo em alguma área.

Idéia-chave: ARROJO.

Leão 20

Os índios zunis devotos da natureza.

As culturas indígenas viviam imersas na natureza, respeitando seus ritmos e conhecendo muitos de seus segredos. Por essa razão, eles a reverenciavam, entendendo que seus mistérios tinham uma origem sobrenatural, agradecidos pela generosidade com que a natureza atendia às suas necessidades. Estavam em contato com seu espírito e seus rituais expressavam a profunda entrega à sua inteligência e submissão a seus ritmos cíclicos. **Este símbolo pode representar uma pessoa** capaz de ter uma atitude de admiração diante de tudo o que a vida oferece, de sentir-se maravilhada diante do cotidiano e de ter uma eterna gratidão pelo que recebe. **Em seu lado negativo:** Alguém que tem medo de infringir com suas ações alguma lei cósmica e ser condenado; para sentir-se protegido, realiza rituais e magias.

Mensagem do Oráculo: A situação requer um ato de reverência ou simplesmente de agradecimento por algo recebido. Pode também ser o momento oportuno de retribuir concretamente uma pessoa por algo que ela lhe tenha dado. Por outro lado, é um momento favorável para o conteúdo da sua consulta, pelo fato de os zunis reverenciarem especialmente o Sol, de modo que indica prosperidade no que se refere à questão consultada.

Idéia-chave: AGRADECER.

Aquário 20

Uma pomba branca portando uma mensagem.

A figura da pomba nos transmite a idéia de pureza, simplicidade e inocência; sua mitologia extremamente rica é recorrente em muitas tradições diferentes. Para os gregos, ela simbolizava o amor, devido ao fato de ser companheira obrigatória da deusa Afrodite, enquanto para os cristãos, o amor que ela também simboliza tem um sentido mais amplo, pois a vêem como uma representação do Espírito Santo. A imagem deste símbolo a mostra em sua função de portadora de uma mensagem importante, como a de levar um ramo de oliveira para Noé, anunciando a boa-nova e representando, portanto, aquela que restabelece a aliança entre Deus e o homem. **Este símbolo pode representar uma pessoa** que tem como virtudes essenciais de caráter a temperança e a moderação; alguém que pode servir como mediadora "da paz" em diferentes circunstâncias. **Em seu lado negativo:** Pode ser uma pessoa que não libera naturalmente as partes mais sombrias de si mesma; alguém que tem um ideal tão elevado de si mesmo e da vida que passa a vida toda sofrendo.

Mensagem do Oráculo: A imagem é sumamente propícia. Uma boa notícia está para chegar com respeito à questão consultada. Espere-a com alegria.

Idéia-chave: UNIÃO.

Leão 21

Frangos envenenados.

As excelentes qualidades do galo, como a de ser o arauto do Sol, a de ter coragem e a de ser um verdadeiro companheiro em momentos de decisão, correm o perigo de fracassar por uma ingestão de veneno. Quando alguma substância não é apropriada ou é consumida quando ainda não está preparada para ser ingerida pode provocar desequilíbrio no organismo. No entanto, tudo o que é venenoso também pode ser remédio e, portanto, provocar um crescimento imprevisto depois de passada a experiência. **Este símbolo pode representar uma pessoa** para quem alguma experiência culminante foi especialmente significativa, levando-se em conta o grau de risco que pode ter implicado para a sua saúde física ou psíquica. No entanto, a partir dela seu crescimento interior foi considerável. **Em seu lado negativo:** Alguém que não pôde superar tão bem uma experiência desse porte e, em conseqüência disso, seu temperamento e ânimo ficaram visivelmente alterados.

Mensagem do Oráculo: Apesar de estar diante de uma situação que você acha que não vai conseguir suportar ou resolver, considere a possibilidade de que essa experiência veio para ajudá-lo a resolver conflitos que não teriam sur-

gido se não fosse essa situação. Com o tempo, você vai ganhar a perspectiva necessária para compreender mais profundamente o porquê de tudo o que aconteceu.

Idéia-chave: REPARAR.

Aquário 21

Uma mulher decepcionada e desiludida.

Dizem que as grandes decepções são as experiências que mais determinam o nosso crescimento e aperfeiçoamento como seres humanos. Elas impulsionam forças internas que de outra maneira não seríamos capazes de desenvolver. O caso aqui é o de uma mulher cujo sofrimento, pelo que tudo indica, vem do lado feminino e afetivo da personalidade. Perder as ilusões também pode ser a única maneira possível de deixar para trás fantasias muito dissociadas da realidade. Uma grande perda afetiva pode nos levar a tomar consciência dos limites tanto nossos quanto dos outros e da própria vida e, com isso, poder começar a construir uma realidade apoiada em nossas reais necessidades e não em ilusões. **Este símbolo pode representar uma pessoa** que passou por vários desenganos e, graças ao seu empenho e à sua fé íntima no amor verdadeiro, conseguiu superá-los. **Em seu lado negativo:** Uma pessoa que, tendo passado por essas experiências, ficou amargurada e sem possibilidade de reconstruir sua vida; alguém que só olha para o que já lhe aconteceu e não consegue enxergar o que o presente tem para lhe oferecer.

Mensagem do Oráculo: É evidente que se trata de um momento de perda e lamentação. Isso indica que é propício desprender-se do passado, tirar lições da experiência e começar a se interessar pelo novo que virá num futuro próximo.

Idéia-chave: FORTALEZA.

Leão 22

Um pombo-correio.

Um dos principais atributos dos pombos é justamente o de transportar mensagens; sua missão pode ser divina ou humana, mas a característica fundamental de suas comunicações é que elas denotam um caráter de harmonia, de paz e beleza. Para os cristãos, essa ave representa o Espírito Santo transmitindo, com sua presença, força espiritual e seu Verbo Divino; enquanto para os gregos, a pomba era a companheira da deusa Afrodite, arquétipo do amor e da concórdia entre os seres humanos. Ser pombo-correio significa ser portador de boas notícias e ser capaz de estabelecer laços de solidariedade com os outros. **Este símbolo pode representar uma pessoa** com as características descritas, mas que, sobretudo, irradia uma energia solidária onde quer que esteja. **Em seu lado negativo:** Tanta paz pode ser indício de uma dificuldade da pessoa para lutar em defesa do que é seu, quando necessário.

Mensagem do Oráculo: Este símbolo pode ter dois significados diferentes (ou muitos mais): ou que você está prestes a receber uma boa notícia que irá ajudá-lo e orientá-lo no problema referente à sua consulta ou que terá de servir de mediador numa situação de emergência.

Idéia-chave: ACORDO.

Aquário 22

Um tapete é estendido no chão para as crianças brincarem.

O tapete representa aquele lugar com espaço reservado na sua superfície para a realização de uma atividade particular. Neste caso específico, o objetivo é demarcar o espaço para as crianças brincarem. De certa maneira, essa imagem remonta ao arquétipo da Grande Mãe, que é capaz de conter, de cuidar e de proporcionar um espaço apropriado para que essas crianças possam se desenvolver numa atmosfera de amor e harmonia. **Este símbolo pode representar uma pessoa** capaz de se constituir numa expressão viva desse arquétipo, alguém que não vacila em realizar tarefas muito humildes (colocar-se no chão), se for preciso, para que os outros tenham o suporte básico para poderem crescer. **Em seu lado negativo:** A sombra da Grande Mãe pode implicar uma atitude de superproteção; alguém que não deixa as crianças correrem livremente pelo parque quando já têm idade para isso, e que quer que fiquem brincando ordenadamente sobre o tapete.

Mensagem do Oráculo: A imagem indica que é preciso ocultar algo novo e puro, algo que ainda precisa ser resguardado. Isso pode significar ou que você deva comportar-se com reserva no seu meio ou, talvez, que deva preservar no seu interior algo que ainda não está maduro para enfrentar o mundo.

Idéia-chave: AMPARAR.

Leão 23

Um cavaleiro sem arreios.

O bom cavaleiro é aquele que consegue dominar a força do animal; é por isso que ele simboliza a capacidade que a vontade tem de subjugar a força bruta. Quem se atreve a cavalgar sem arreios demonstra ser muito seguro de si e confiar em sua capacidade para dominar o cavalo; fazer isso pode ser tanto uma demonstração de suas habilidades como puro exibicionismo diante dos espectadores. Entretanto, o cavaleiro pode estar expressando o medo de ser dominado pela força do animal e a suspeita de que esteja sendo conduzido para onde ele quer. É nesse sentido que os Cavaleiros do Apocalipse encarnam o temido: os males que ameaçam o ser humano e que podem surgir inesperadamente e levá-lo para onde quiserem. **Este símbolo pode representar uma pessoa** com uma vontade tão férrea que é capaz não só de conseguir o domínio de si mesma, mas também de guiar os outros nesse sentido. **Em seu lado negativo:** Uma pessoa vaidosa que gosta de exibir suas habilidades pessoais, mesmo quando pode significar riscos tanto para si mesmo quanto para os outros.

Mensagem do Oráculo: A imagem é desafiadora. Esta é uma situação que, evidentemente, exige grande destreza, e você não pode contar com muitos elementos auxiliares. Se você se concentrar sobretudo em não se deixar levar por impulsos descontrolados, conseguirá sair-se muito bem.

Idéia-chave: PERÍCIA.

Aquário 23

Um grande urso agitando suas garras.

O urso foi o animal especialmente venerado nas culturas mais arcaicas da humanidade, e não muito nas mais desenvolvidas. Isso se deve ao fato de ele simbolizar as regiões mais primitivas da mente humana. De acordo com Jung, o primitivo não é visto como sendo qualitativamente inferior, mas como um aspecto oculto e inconsciente, temível pelo fato de ser desconhecido, e que pode se manifestar tanto por meio de expressões de resistência e energia como de traços de crueldade da personalidade. Em seu aspecto luminoso, o urso é aquele que hiberna e desperta quando começa a primavera, simbolizando a possibilidade real de ressurreição. **Este símbolo pode representar uma pessoa** que é capaz de manter contato com essas forças internas, sem temê-las nem rejeitá-las, dando-lhes espaço para o conflito (e até para a brincadeira) quando se faz necessário. É possível que esse tipo de experiência lhe seja vivificante e a veja como uma oportunidade de renascer. **Em seu lado negativo:** Alguém que entra em contato com essas forças, mas elas o fazem perder as estribeiras, liberando partes extremamente brutas e bárbaras de sua personalidade.

Mensagem do Oráculo: A imagem pode estar indicando uma necessidade que você está sentindo no momento atual de se ligar às referidas energias primitivas. Dando a elas um espaço e aceitando-as, você acabará saindo revitalizado e fortalecido. Aceite o seu urso interior.

Idéia-chave: BRIO.

Leão 24

Um homem sujo e desalinhado.

Cuidar do corpo, tanto no que diz respeito à alimentação quanto à higiene e limpeza, é uma manifestação do cuidado básico que temos com nós mesmos. No entanto, até mesmo Buda quando foi mendigo negligenciou esse aspecto ao voltar toda a sua atenção para questões de maior envergadura. É comum artistas, cientistas ou qualquer pessoa totalmente concentrada no cumprimento de uma tarefa, esquecerem momentaneamente que têm um corpo físico que exige cuidados, para se dedicarem exclusivamente àquelas atividades que lhes são prioritárias em termos de necessidade de concentração. **Este símbolo pode representar uma pessoa** capaz de se concentrar em algum trabalho com tanta dedicação e entrega, que chega a ponto de sacrificar os cuidados consigo mesma. **Em seu lado negativo:** A falta de cuidado pessoal pode significar uma forma de auto-agressão e de incapacidade para ser afetuoso consigo mesmo.

Mensagem do Oráculo: Se esta imagem veio em resposta à sua pergunta, é aconselhável que você reflita sobre quais os aspectos básicos da sua vida que podem estar sendo negligenciados.

Idéia-chave: INTERESSE.

Aquário 24

Um homem dando as costas para suas paixões e ensinando a partir da sua experiência.

A imagem nos leva a pensar na vida de alguém que seguiu "o caminho de Buda", quer dizer, uma pessoa que primeiro viveu totalmente mergulhado no mundo da matéria, sentindo a necessidade imperiosa de satisfazer cada um de seus desejos e paixões. Mas, depois, talvez numa situação de crise existencial, desejou afastar-se desse estilo de vida e, tendo a força e a serenidade necessárias, procurou uma maneira de transmitir todos os conhecimentos que adquiriu no decorrer de sua vida, pela necessidade de compartilhar essas experiências com seus semelhantes. **Este símbolo pode representar uma pessoa** cujo projeto de vida foi semelhante ao que acabamos de descrever e que conseguiu adquirir uma visão mais ampla da realidade, podendo ensinar aos outros, não apenas com conselhos pertinentes, mas sobretudo pelo fato de sua vida ser um exemplo a ser seguido. **Em seu lado negativo:** Uma pessoa soberba que se distancia dos outros com uma atitude de quem "sabe das coisas".

Mensagem do Oráculo: Este é o momento apropriado para contribuir com suas observações a respeito das pessoas do seu convívio. Considere que as suas reflexões podem ser de grande ajuda para alguém que esteja próximo de você.

Idéia-chave: EXPERIÊNCIA.

Leão 25

Um grande camelo atravessando o deserto.

O camelo, pelas características especiais que possui, é o único animal que, arquetipicamente, consegue atravessar o deserto; por esse motivo, acredita-se que ele seja capaz de realizar o impossível. Ele é considerado moderado e sóbrio e que, em virtude de sua humildade, consegue transportar fardos extremamente pesados sem se queixar nem cair de joelhos humilhando-se. Atravessar o deserto não é nada fácil, não só por ser um lugar muito perigoso e, pelo que dizem, habitado por demônios, mas também porque, em conseqüência de não oferecer nenhuma outra orientação além da estrelas, torna-se uma espécie de labirinto onde é muito fácil perder-se. O deserto é visto como um lugar fora do alcance da mão de Deus e, portanto, repleto de tentações. Como em qualquer símbolo, existem polaridades, supõe-se que o deserto seja um lugar propício para todo tipo de revelação e inspiração. **Este símbolo pode representar uma pessoa** que teve de atravessar grandes desertos (em vários sentidos) e que, graças à força, perseverança e temperança próprias não se perdeu num mundo de falsas ilusões. Os momentos de solidão lhe serviram para buscar inspiração e aproximar-se de Deus. **Em seu lado negativo:** Essas experiências podem ter acentuado o desejo de isolamento, infundindo arrogância no seu temperamento.

Mensagem do Oráculo: Aparentemente, este é um momento em que a bússola que pode guiá-lo encontra-se apenas no seu interior. Fora de você, as miragens podem ser desorientadoras. Lembre-se de que o camelo faz o impossível. Confie.

Idéia-chave: TRAVESSIA.

Aquário 25

Uma borboleta cuja asa direita apresenta um acabamento mais perfeito.

A borboleta é o símbolo mais perfeito do processo de metamorfose, cujo resultado é uma forma bela e bem acabada. Poderíamos achar que essas transformações essenciais resultaram no aperfeiçoamento de sua asa direita. Este é o lado da boa sorte e do sucesso; também representa o aspecto mental e das conquistas por esforço próprio. Embora este seja o lugar do aspecto masculino e ativo, para a tradição cabalística ele também significa o lado da misericórdia. **Este símbolo pode representar uma pessoa** que passou por muitas mudanças internas, que contribuíram para o desenvolvimento em especial do seu aspecto racional; alguém muito esforçado e que, considera-se, tem muita sorte para realizar aquilo que se propõe. **Em seu lado negativo:** Pode tratar-se de uma pessoa que desenvolveu demasiadamente seu lado racional e cuja personalidade como um todo está em desequilíbrio; alguém que bloqueia seus sentimentos e instintos básicos.

Mensagem do Oráculo: É hora de uma importante mudança para alcançar um alto nível de crescimento interior; é possível que você consiga neste momento integrar aspectos relativos à área da sua pergunta, que nunca pôde imaginar como possível. Essa renovação inclui uma atitude de maior compreensão, a partir do seu lado misericordioso, tanto para com você mesmo quanto para com os outros.

Idéia-chave: MUDANÇA.

Leão 26

Um arco-íris.

O arco-íris é um fenômeno da natureza que expressa uma atitude benfazeja do poder divino. Supõe-se que ele tenha surgido no momento em que foi estabelecida a aliança entre Deus e os homens, depois do dilúvio universal. Diferentemente da escada, onde a energia flui em ambos os sentidos (de cima para baixo e vice-versa), no arco-íris (por se tratar de uma exteriorização celestial) o fluxo é sempre descendente. Nele está implícita a idéia de que do céu (como a luz que se reflete em diferentes cores) precipitam-se riquezas. Por isso, ele está associado à fecundidade e à plenitude em diversos sentidos. **Este símbolo pode representar uma pessoa** que, por alguma razão, atua como mediadora entre as forças espirituais e os homens, e/ou como canal de comunicação entre seus semelhantes. **Em seu lado negativo:** O arco-íris também é considerado (em algumas culturas) como uma serpente terrivelmente maligna, capaz de devorar corações humanos. Nesse sentido, ele pode representar uma pessoa com traços de crueldade em seu caráter, alguém que se compraz com o sofrimento alheio.

Mensagem do Oráculo: A imagem promete prosperidade na área referente à sua consulta, pois significa renovação e possibilidade de estabelecer contatos favoráveis.

Idéia-chave: PONTE.

Aquário 26

Um aerômetro

Esse instrumento permite controlar o estado da bateria de um carro para saber se está em boas condições. Esta imagem nos remete a um instrumento prático que observa e analisa a realidade para controlar o seu funcionamento. Por outro lado, ela nos fala de uma mente que prevê os pequenos detalhes, o que ajuda a evitar grandes e desagradáveis acontecimentos. **Este símbolo pode representar uma pessoa** capaz de manter a mente clara, objetiva e observadora, atenta aos acontecimentos aparentemente sem importância da vida, para obter o melhor resultado possível em qualquer lugar que esteja. **Em seu lado negativo:** Pode tratar-se de alguém obsessivo em sua busca de perfeição em tudo o que faz, tentando com isso ocultar preocupações com frivolidades que o acossam.

Mensagem do Oráculo: O conselho do oráculo é para você prestar atenção nos pormenores que podem estar afetando o seu êxito na área referente à sua consulta. Não postergue certos cuidados.

Idéia-chave: PREVENÇÃO.

Leão 27

Um amanhecer.

Mesmo quando estamos passando por enormes dificuldades, sempre existe a possibilidade de um novo alvorecer. Como no planeta, a cada noite necessariamente sucede a certeza de um novo amanhecer. Cada manhã anuncia um mundo repleto de infinitas possibilidades, das quais apenas algumas (aquelas que escolhemos) tomarão forma, enquanto outras terão de esperar por um novo dia ou, talvez, nunca cheguem a se concretizar. Acima de tudo, o amanhecer significa a possibilidade do novo que surge pleno de vigor no final de um ciclo que se acaba. **Este símbolo pode representar uma pessoa** que está em contato profundo com a riqueza da vida, podendo descobrir onde quer que esteja seus próprios potenciais; alguém que, diante de qualquer acontecimento, sempre encontra dentro de si mesmo uma fé inquebrantável na possibilidade de um novo alvorecer para todos. **Em seu lado negativo:** Pode ser alguém que está sempre com novos projetos, que nunca põe em prática, e que finge otimismo diante dos outros.

Mensagem do Oráculo: Você está prestes a iniciar uma nova fase. Aproveite-a, escolhendo as alternativas que lhe parecerem mais interessantes e concretize-as.

Idéia-chave: INÍCIO.

Aquário 27

Um antigo caldeirão de barro cheio de violetas.

A violeta é a flor que representa o arquétipo de virtudes como humildade, submissão, obediência e modéstia. Nesse sentido, representa as qualidades da Virgem Maria. E, nessa mesma ordem de idéias, o antigo caldeirão significa um possível Vaso Recipiente, uma analogia óbvia ao útero feminino receptivo, que confirma tratar-se de uma simbologia evidentemente relacionada com a Grande Mãe. Por sua vez, a cor violeta (o perfeito equilíbrio entre o vermelho e o azul) simboliza a virtude da temperança, representando o eterno fluxo que mantém a medida apropriada no interior de uma troca incessante. **Este símbolo pode representar uma pessoa** que possui as virtudes acima mencionadas e que, além do mais, mantém uma atitude de equanimidade e prudência, com base numa aceitação plena dos ciclos vitais, revelando-se em seu eterno fluxo. **Em seu lado negativo:** Alguém que tem uma postura de submissão diante dos outros ou que se vale de uma falsa modéstia para conseguir o que deseja.

Mensagem do Oráculo: A violeta é um símbolo de transmutação. Indica um período de mudança e que é preciso estar preparado para aceitar as transformações que já se iniciaram ou que estão por se iniciar e que implicam uma redefinição em termos de polaridade com respeito a tudo o que você já viveu para, dessa maneira, alcançar o devido equilíbrio.

Idéia-chave: COMEDIMENTO.

Leão 28

Muitos passarinhos sobre os galhos de uma grande árvore.

Esta grande árvore sugere a idéia da Árvore Cósmica, imagem que é parte do imaginário, que representa aquele eixo com suas raízes no mundo ctônico (as profundezas da terra), seu tronco no mundo terrestre e cuja copa alcança as esferas celestiais. Nesse sentido, une dimensões de realidade muito distintas e, ao mesmo tempo, as mantém ligadas e as sustenta. Os passarinhos representam almas, ainda que por si mesmas não definam o seu nível de consciência nem indiquem se são benévolas ou malévolas. No entanto, só as almas puras podem pousar sobre a ramagem da árvore que é o centro do mundo e comer de seus frutos; do contrário, seus galhos não as sustentariam e seus frutos as envenenariam. **Este símbolo pode representar uma pessoa** com uma consciência unificadora, que procura unir pessoas, lugares, culturas ou planos de consciência. Alguém que guarda e que protege. **Em seu lado negativo:** Alguém muito dependente ou desejoso de criar vínculos de dependência. Uma pessoa que faz conexões, mas que não possui uma consciência integradora ou holística.

Mensagem do Oráculo: Augura um novo ciclo, no qual será necessário integrar níveis, seja em seu interior ou no mundo ao seu redor.

Idéia-chave: INTEGRAR.

Aquário 28

Uma árvore cortada pela raiz e serrada.

A árvore é filha da Grande Mãe Terra. Quando cortamos o seu tronco e/ou galhos, estamos armazenando energia vital para ser utilizada posteriormente, seja como lenha para nos aquecer, madeira para construir uma casa ou para talhar na sua superfície as memórias do passado. De diversos pontos de vista, a madeira nos remete ao arquétipo da Grande Deusa, com todas as suas imagens possíveis, que dizem respeito a contenção e cuidado. A árvore como símbolo também resgata a idéia do sacrifício a serviço da comunidade. **Este símbolo pode representar uma pessoa** com grande capacidade para cuidar dos outros e de si mesma, com uma verdadeira vocação para servir e doar-se. Alguém muito previdente. **Em seu lado negativo:** Pode haver uma preocupação excessiva com o futuro, avareza, uma atitude rotineira, que faz as coisas de uma determinada maneira porque sempre foi assim. Alguém que avassala os outros com sua atitude superprotetora.

Mensagem do Oráculo: *O momento é propício para pensar no futuro imediato. Veja que medidas de precaução você pode tomar hoje para o ciclo que está se aproximando.*

Idéia-chave: RESERVA.

Leão 29

Uma sereia.

Originalmente, as sereias eram mulheres-pássaros, mas depois foram transformadas em mulheres-peixes. Sua figura, como toda imagem mitológica, é extremamente ambígua, já que, quando eram detentoras da sabedoria universal, sabedoras de tudo o que acontecia no mundo e donas de uma voz primorosa, podiam provocar a morte dos que ouviam seu canto. Lembremos de como Ulisses teve de se atar ao mastro do seu navio para saber o que elas tinham para lhe revelar sem morrer enquanto fazia isso. **Este símbolo pode representar uma pessoa** com muita imaginação, um mundo riquíssimo de fantasias pessoais, um grande senso de harmonia e um profundo conhecimento da vida. Além disso, alguém com grande carisma pessoal. **Em seu lado negativo:** Este mundo de devaneio pode alienar a pessoa da realidade, rodeá-la de miragens e pode até indicar possíveis fantasias autodestrutivas (as sereias se suicidam quando são vencidas por Apolo).

Mensagem do Oráculo: É hora de se abrir para a sua sensibilidade e imaginação.

Idéia-chave: DELICADEZA.

Aquário 29

Uma borboleta saindo de sua crisálida.

A crisálida é o símbolo usado com mais freqüência para expressar a idéia de transformação, recordando o processo que vai do ovo, passando pela crisálida, até a borboleta. Ela representa, portanto, aquela misteriosa fase intermediária entre o ovo e a borboleta, na qual serve de ponte que une duas etapas bem definidas. Nesse estágio, "ocorre algo misterioso", algo inapreensível, que permite o surgimento da vida. A crisálida ganha sentido e significação na borboleta, funciona como útero, recinto sagrado, vaso hermético onde se produz o maravilhoso. **Este símbolo pode representar uma pessoa** capaz de se submeter a processos profundos e misteriosos de autotransformação que só ela conhece, alguém que pode servir de "parteira" ou guia hábil em processos de metempsicose de outras pessoas que estejam atravessando crises existenciais e/ou espirituais profundas. **Em seu lado negativo:** Pode representar o efêmero, algo que é mera casca, alguém que se deixa fascinar pelas futilidades da vida.

Mensagem do Oráculo: Tempo de nascer–renascer. Aceite-o com toda a alegria que ele merece.

Idéia-chave: TRANSMUTAÇÃO.

Leão 30

Uma carta com o envelope aberto.

Quando desejamos enviar uma carta confidencial, colamos bem o envelope. Trata-se, neste caso, de uma mensagem íntima, de pessoa para pessoa; pelo contrário, algumas propagandas ou diferentes anúncios publicitários são enviados em massa, são públicos e, portanto, são enviados em envelopes abertos. Qualquer um pode lê-los; essa é justamente a idéia, já que espera-se atingir o maior número possível de pessoas. **Este símbolo pode representar uma pessoa** com muita facilidade para a comunicação, alguém capacitado para se relacionar com pessoas de todos os tipos e níveis. **Em seu**

lado negativo: Pode tratar-se de alguém inepto para guardar segredo ou que não entende a diferença entre comunicação privada e pública. Alguém que é incapaz de preservar a própria intimidade (como também a dos outros).

Mensagem do Oráculo: É oportuno divulgar alguma informação ou situação que até o momento foi mantida em segredo.

Idéia-chave: DIVULGAR.

Aquário 30

O campo de Ardath em flor.

(Esta imagem faz referência a um romance ocultista de Marie Corelli, sobre uma irmandade espiritual da antiga Babilônia). No inconsciente coletivo da humanidade existe um mundo ideal, onde uma verdadeira comunidade espiritual foi alcançada entre os homens. Um lugar em que as almas estão intimamente ligadas entre si e em comunhão amorosa com a energia divina. A convivência é um meio eficaz para expressar um cuidado amoroso recíproco e uma harmonia total com a natureza, que possivelmente encontra-se num estado de eterna primavera. **Este símbolo pode representar uma pessoa** capaz de ter esse ideal como meta de vida, alguém que assumiu o compromisso íntimo de construí-lo e provar que pode colocá-lo em prática no dia-a-dia para se aproximar um pouco mais dessa meta existencial. Alguém que possui um sentimento natural de fraternidade para com os outros e uma verdadeira comunhão com os ritmos naturais do universo. **Em seu lado negativo:** Pode tratar-se de uma pessoa que vive num mundo de fantasias, distanciada da realidade. Alguém que não consegue relacionar-se porque seu mundo de ilusões o afasta de uma verdadeira convivência com aqueles que o apreciam.

Imagem do Oráculo: Augura-se um momento de plenitude com respeito à questão da sua consulta. É possível viver a experiência de algo tão perfeito que preencha a medida de seus sonhos.

Idéia-chave: ASPIRAÇÃO.

Signos Mutáveis

GÊMEOS—SAGITÁRIO

Gêmeos 1

Um barco com fundo de cristal em águas tranqüilas.

Quando as águas (as emoções) estão calmas, podemos nos dar conta, por meio da nossa sensibilidade, de tudo o que está acontecendo nas profundezas pessoais ou coletivas; neste caso, o barco permite um deslocamento tranqüilo, de cuja posição protegida se pode observar e tomar distância do que ocorre nas profundezas. Os reflexos da água reluzem como jóias fascinantes, iluminadas magicamente pela luz que se refrata nelas. **Este símbolo pode representar uma pessoa** que possui uma paz e uma sensibilidade emocional notáveis, que lhe permitem estar em contato com experiências pessoais e coletivas, possivelmente dotando seus sentimentos de uma visão artística. **Em seu lado negativo:** O fundo de cristal pode separar, desfazer a conexão com o afetivo; pode tratar-se de alguém que observa de longe o que está acontecendo, que esteja desconectado de sua afetividade e que não se sente envolvido com suas emoções e sentimentos; uma pessoa para a qual tudo é objeto de observação e não de experiência interior.

Mensagem do Oráculo: Aproveite o momento. A imagem anuncia um período ao mesmo tempo de placidez e profundidade. Embora implique concavidade, isso não significa de modo algum intensidades abissais, senão plenitude serena.

Idéia-chave: PLENITUDE.

Sagitário 1

O grande exército republicano acampando.

A imagem nos mostra um momento de descanso depois de um possível combate; o calor do fogo aglutina os soldados e faz com que cada um deles recorde um tempo de paz e sinta o calor da própria família. É um momento de recolhimento, de silêncio, de fraternidade e, talvez, de reflexão sobre quais serão as próximas estratégias. Enquanto isso, eles preparam a própria comida nas fogueiras. Tudo isso faz parte intrínseca da vida: um momento de descanso depois de grande mobilização e de proximidade da morte. **Este símbolo pode representar uma pessoa** capaz de alternar uma vida extremamente ativa e intensa com períodos de recolhimento. Alguém que sabe como ligar-se ao que é essencial e que está além das circunstâncias difíceis que possa estar atravessando. **Em seu lado negativo:** Alguém que quer viver só os momentos agradáveis e que não consegue se relacionar com o mundo da atividade cotidiana. Uma pessoa sonhadora, incapaz de amar o esforço necessário para concretizar seus ideais.

Mensagem do Oráculo: A imagem está sugerindo uma pausa no que diz respeito à questão da sua consulta. Destaca a necessidade de meditar, refletir e, talvez, de trocar idéias com as pessoas queridas antes de prosseguir.

Idéia-chave: TRÉGUA.

Gêmeos 2

Papai Noel enchendo as meias furtivamente.

Certas pessoas atuam como verdadeiros emissários do Papai Noel na nossa vida cotidiana. Estão interessadas em saber quais são as verdadeiras necessidades dos outros e procuram dar-lhes o que precisam sem esperar nada em troca. Por outro lado, costumam ser muito gratas pelo que a vida lhes dá, sabendo receber e observando como as circunstâncias sempre lhes provêem de tudo que necessitam. Têm muita consciência de toda proteção (de todos os tipos) que recebem no decorrer de cada jornada. **Este símbolo pode representar uma pessoa** com as qualidades acima descritas, que é oportuna e discreta em suas doações e generosa em sua gratidão para com todos que a rodeiam. **Em seu lado negativo:** Alguém que de maneira caprichosa quer ser provido de tudo o que acredita necessitar.

Mensagem do Oráculo: Observe que nesta imagem ressalta-se a atitude furtiva do Papai Noel. É possível que você esteja recebendo alguma proteção que não consegue compreender totalmente. Papai Noel não se aproxima de nós apenas na Noite de Natal, mas para perceber a sua influência benéfica, temos de recuperar nossa inocência.

Idéia-chave: PRODIGALIDADE.

Sagitário 2

O oceano coberto de ondas de crista branca.

O oceano tem o peso da gravidade de enormes volumes de água que se movimentam por meio de fortes correntes subterrâneas e da força do vento em sua superfície. Da mesma maneira, nosso inconsciente aparentemente tranqüilo está em constante movimento e é agitado por forças que não consegue dominar. A imaginação popular acreditou ver nas águas caudas de dragões se agitando com uma tremenda força e em movimentos ziguezagueantes, representando essas forças atemorizantes que nossa consciência não consegue controlar. Por outro lado, as ondas se erguem num esforço em busca de altura e a espuma branca criada por esses movimentos foi entendida como aquela energia, também inconsciente, que busca a ascensão e produz um estado de profunda purificação. **Este símbolo pode representar uma pessoa** em contato íntimo com seus movimentos emocionais internos, sábia tanto com respeito às forças abismais que se agitam em suas profundezas quanto com respeito àquelas que, com o mesmo ímpeto, elevam sua consciência em busca da transcendência. **Em seu lado negativo:** Uma pessoa indolente quanto ao que acontece no seu interior, que experimenta esses abismos e altitudes, mas não como observadora atenta e, sim, como uma folha que é passivamente arrastada por essa força.

Mensagem do Oráculo: Entre em contato com as emoções intensas que está sentindo neste momento, mas aprenda a ser mais espectador atento do que envolver-se profundamente com a emoção de cada momento. Procure descobrir uma forma criativa para poder expressar o que está sentindo.

Idéia-chave: COMOÇÃO.

Gêmeos 3

O Jardim das Tulherias.

O jardim costuma representar um lugar ideal, que nos mostra um estado paradisíaco no qual se alcança um tal grau de perfeição que se torna possível equipará-lo a nossos sonhos mais acalentados, uma dimensão totalmente fora da nossa realidade concreta. Sua construção impõe que se alcance uma perfeita harmonia entre as forças da natureza e um trabalho muito bem planejado pelo arquiteto do parque. Nas Tulherias, esse equilíbrio perfeito é evidente; sua perfeição é tal que se pode pensar que ali a

Grande Mãe está sendo totalmente regida pela mente de quem a projetou, tal é a exuberância da sua beleza. **Este símbolo pode representar uma pessoa** possuidora de uma mente altamente desenvolvida, que aplica e imprime sua marca em tudo o que faz. Apesar de possuir grande criatividade, essa está perfeitamente ajustada pela precisão de sua mente. **Em seu lado negativo:** Pode tratar-se de uma pessoa que, com persistência, deseja destacar-se dos demais em tudo que faz por puro exibicionismo; ou alguém que, por possuir excesso de autocontrole mental, mantém reprimida toda sua possível expressão natural.

Mensagem do Oráculo: A imagem anuncia um período de plenitude e êxito como resultado de um trabalho árduo e minucioso. O símbolo é de bom augúrio, qualquer que seja o problema em questão.

Idéia-chave: EXCELÊNCIA.

Sagitário 3

Dois homens jogando xadrez.

Todo jogo é essencialmente uma batalha simbólica travada entre um par de opostos, os quais podemos considerar em termos arquetípicos como luz–trevas, bem–mal, etc. O jogo proporciona a oportunidade para que esse embate seja travado dentro de um âmbito delimitado, com regras previamente estabelecidas, para que os participantes possam expor claramente sua inteligência e habilidades pessoais. Mas o jogo de xadrez tem a peculiaridade de possibilitar aos participantes que desenvolvam suas habilidades estratégicas e/ou que o realizem como uma prática de meditação e concentração. **Este símbolo pode representar uma pessoa** com capacidade para enxergar de maneira ampla os acontecimentos do dia-a-dia, alguém com facilidade de concentração e perspectiva (e também prospectiva) para perceber o desenrolar dos acontecimentos, ou seja, alguém com um sentimento aguçado de objetividade. **Em seu lado negativo:** Pode ser uma pessoa muito mental, que se afasta dos outros e vê os relacionamentos como batalhas, das quais ele quer sair sempre vencedor.

Mensagem do Oráculo: A imagem é clara: recomenda que você tome certa distância do que está vivendo, antes de fazer a próxima jogada. Lembre e reflita.

Idéia-chave: EQUANIMIDADE.

Gêmeos 4

Azevinho ou agárico.

O agárico é uma planta parasitária que se mantém sempre verde; por sua associação com a imortalidade e a possibilidade de uma permanente regeneração, os antigos druidas a usavam como símbolo nas celebrações do Ano Novo. E não era só isso: acreditava-se que essa planta tinha grande poder de cura e, por isso, era cultivada em épocas muito precisas do ano com rituais considerados sagrados. Tal era o seu poder que era tida como uma planta que curava tudo, e acreditava-se que, em épocas remotas, havia salvo a humanidade de uma grande peste. **Este símbolo pode representar uma pessoa** com poder pessoal de curar no sentido mais amplo da palavra, ou seja, esse poder pode estar tanto nas suas palavras como nas suas mãos, na sua presença e atitude diante da vida; alguém capaz de ter uma verdadeira disposição para a auto-regeneração. **Em seu lado negativo:** O que cura também pode ferir ou machucar. Alguém que pode ferir ou ser rancoroso.

Mensagem do Oráculo: Indica fertilidade com respeito à questão de sua consulta. De outro lado, também pode indicar a possibilidade de um renascimento ou novo ciclo na área em questão.

Idéia-chave: CURA.

Sagitário 4

Uma criança pequena aprendendo a caminhar.

Para podermos caminhar temos de aprender a nos erguer e firmar sobre nossos próprios pés. Comumente, realizamos esse aprendizado com a ajuda carinhosa de nossos pais e por meio de uma prática perseverante de tentativa e erro. Entretanto, saber "caminhar na vida" é muito mais difícil: para isso, a pessoa precisa estar com os pés bem firmes no chão, precisa ter realizado um lento mas constante progresso em sua trajetória pessoal e ter andado o suficiente para poder colocar sua marca pessoal em qualquer atividade que venha a realizar. **Este símbolo pode representar uma pessoa** com uma atitude aberta diante da vida, que lhe permite encarar todo desafio como uma lição a ser aprendida. É possível que tenha uma vontade firme que lhe permite estar sempre se aperfeiçoando. **Em seu lado negativo:** Pode representar alguém que não aprende com as experiências, mas que parece estar sempre começando tudo como se fosse a primeira vez.

Mensagem do Oráculo: É evidente que você está diante de um novo caminho. Adotando uma postura lúdica, isso o ajudará a sair da encruzilhada. Estabeleça contato com sua criança interior e não tenha medo de cometer erros.

Idéia-chave: ENSAIAR.

Gêmeos 5

Uma revista revolucionária.

Uma revista revolucionária é criada com o objetivo de romper os padrões estabelecidos e enrijecidos da sociedade a que pertence. Tenta rompê-los para que o novo possa surgir e seus contemporâneos possam compreender pontos de vista que, dentro de limites demasiado rígidos, não conseguiam sequer vislumbrar. Seu propósito é promover mudanças, disseminando e difundindo novas idéias com perspectivas que a comunidade, de modo coletivo, ainda não incorporou como suas. Isso pode ser realizado de maneira lúcida, enérgica e salutar; ou por meio de injúrias, ofensas ou gozações para com aqueles que nesse contexto representam o antigo sistema. **Este símbolo pode representar uma pessoa** que costuma erguer-se como porta-voz de novas idéias; alguém que está na vanguarda de tudo e que, ao mesmo tempo, se sente interiormente motivado a difundir essas idéias entre o maior número possível de pessoas. **Em seu lado negativo:** Pode tratar-se de uma pessoa briguenta, que gosta de discutir e contrariar tudo só para aparecer e não por existirem necessidades fundamentais de inovação.

Mensagem do Oráculo: Trata-se evidentemente de uma situação em que se faz necessária uma atitude de rebeldia frente a um antigo padrão. Lembre-se de que só se produz a verdadeira mudança quando se é capaz de mudar padrões internos arraigados.

Idéia-chave: DESCONTENTAMENTO.

Sagitário 5

Um velho mocho em cima de uma árvore.

O mocho e a coruja são aves que se opõem à águia solar: não suportam a luz do dia, mas conseguem permanecer em vigília durante toda a noite, observando através da escuridão. Essa é a razão pela qual tendemos a achar que sejam presságios de coisas ruins resultantes da ação de forças obscuras.

Em contrapartida, acredita-se também que o olhar desses pássaros possa servir de guia tutelar em meio às desgraças, porque consegue enxergar dentro das trevas mais densas e representa o arquétipo da sabedoria necessária para atravessar esse mundo de sombras. **Este símbolo pode representar uma pessoa** com uma enorme capacidade intuitiva para perceber o que está por trás das circunstâncias aparentes; alguém que, na mais densa escuridão da "noite da alma", consegue compreender o que está para acontecer e não teme os acontecimentos que deixariam outras pessoas paralisadas. **Em seu lado negativo:** Alguém que se interessa especialmente pelos segredos alheios ou por assuntos perversos, que se imiscui em questões que não lhe dizem respeito.

Mensagem do Oráculo: Muito embora essa imagem possa estar indicando que você está diante de uma situação que não permite prever como irá se desenrolar, preste atenção no que diz a sua intuição. Aos poucos, você irá discernindo qual é a atitude correta a ser adotada, numa época em que não é fácil discernir os acontecimentos.

Idéia-chave: PRUDÊNCIA.

Gêmeos 6

Perfurando em busca de petróleo.

A Grande Mãe Terra guarda em seu ventre riquezas que são o resultado de um processo de lenta transformação. Neste caso, trata-se de resíduos orgânicos, que ela processa e transforma em energia utilizável pelos seres humanos. Resgatar essas riquezas sabiamente guardadas torna-se tarefa que exige uma imensa capacidade de perseverança, experiência nessa área e a definição de um propósito que seja suficientemente firme para não desanimar diante dos obstáculos que possam surgir no caminho. Os valores acumulados, segundo a imagem, podem ser de outra natureza: objetos materiais, conhecimentos com respeito a alguma matéria em particular ou sabedoria puramente espiritual. **Este símbolo pode representar uma pessoa** que tem uma meta definida, à qual se dedica com grande empenho e vontade. Alguém que não se dá por vencido quando sua intuição lhe diz que deve prosseguir em sua busca. **Em seu lado negativo:** Uma pessoa incisiva, com certa agressividade, que a faz perseguir seus objetivos a qualquer preço, sem se importar com a possibilidade de vir a prejudicar os outros ou a si mesma.

Mensagem do Oráculo: A imagem é de penetração, de busca e resgate. Significa que, qualquer que seja a sua pergunta, você deve continuar colocando suas energias no projeto em que está envolvido. Mais adiante, você terá sorte nessa área.

Idéia-chave: EXPLORAÇÃO.

Sagitário 6

Um jogo de críquete.

Todo jogo requer capacidade de imaginação, habilidade e uma enorme liberdade interior para fazer inovações a qualquer momento. No entanto, quando a atividade lúdica é realizada num contexto social, as normas e regras incorporadas devem ser respeitadas de maneira rigorosa. O jogo se transforma, então, num processo de aprendizagem no qual os participantes trocam experiências entre si e cada um desenvolve o próprio potencial, mas sempre dentro de um âmbito perfeitamente delimitado por regras estabelecidas de comum acordo. **Este símbolo pode representar uma pessoa** que é capaz de se desenvolver dentro de uma vida social ativa, mas que desenvolve paralelamente uma atividade de expressão pessoal que a faz sentir-se gratificada e enriquecida interiormente. **Em seu lado negativo:** Pode tratar-se de alguém que se encontra interiormente muito pressionado por imposições do seu meio, que foram interiorizadas como próprias. A necessidade de manter uma imagem de si mesmo é tão forte que inibe a demonstração de seus verdadeiros sentimentos.

Mensagem do Oráculo: Trata-se de uma situação aprazível, na qual você pode expressar seus próprios talentos e, ao mesmo tempo, compartilhá-los com outros. Desfrute-a.

Idéia-chave: ENGENHO.

Gêmeos 7

Um poço antigo.

O poço d'água tinha uma importância fundamental na antiguidade pelo fato de ser um lugar de encontro ao qual todos acorriam diariamente; por essa razão, acabou se tornando um centro importante de toda aldeia ou povoado. Por outro lado, acreditava-se que era um lugar misterioso, uma vez que não se sabia muito bem qual era a origem de cada fonte d'água. A imaginação popular achava que o poço era um lugar do qual se podia passar para uma dimensão desconhecida, ou que o desconhecido pudesse surgir dele (assim como ocorria com a água). Por isso, essa imagem alude à possibilidade de conhecimento profundo, sabedoria intuitiva e acesso a níveis de expansão da consciência. Em outro sentido, a água purifica, limpa, abençoa e, por isso, o poço passou a ser visto como lugar de origem da vida e, portanto, um centro de riquezas. **Este símbolo pode representar uma pessoa** que é um manancial de sabedoria interior, alguém cuja mera companhia renova, vivifica e purifica. **Em seu lado negativo:** O poço pode ser abissal, misterioso e perigoso: alguém que oculta e dissimula.

Mensagem do Oráculo: O poço significa abundância e riqueza, qualquer que tenha sido o objeto da sua consulta.

Idéia-chave: ABUNDÂNCIA.

Sagitário 7

Cupido batendo à porta.

Conhecemos a figura do deus Eros ou Cupido como a de um menino travesso que, com suas flechadas, nos causa a "ferida agridoce" do amor; no entanto, não é típico dele se preocupar com bater à porta antes de entrar. Sua chegada imprevista é que permite a abertura das portas mais bem trancadas, a superação de obstáculos de todos os tipos e o arremesso súbito a limiares de iniciação que jamais havíamos imaginado existir. Sua mera presença pressagia grandes mudanças e, graças a ela, poderemos superar medos que, de outra maneira, não nos atreveríamos. **Este símbolo pode representar uma pessoa** capaz de sentir a presença salutar do amor fluindo em seu interior, que lhe permite estabelecer relações com pessoas muito diferentes. Alguém capaz de unir ou de unir-se (a outros) de maneira simples e natural, graças à maneira calorosa e afetuosa com que se entrega. **Em seu lado negativo:** Alguém que simula para os outros uma simpatia que na realidade não sente, visando tirar vantagem. Sedução histérica.

Mensagem do Oráculo: Abrir uma porta implica uma importante mudança de lugar: sugere a idéia de travessia de limiar e de crise, que essa traz consigo. No entanto, aqui quem provoca essa abertura é Cupido. Prepare-se para recebê-lo, qualquer que seja a sua forma de se manifestar: amizade, amor erótico, etc., etc.

Idéia-chave: ABERTURA.

Gêmeos 8

Uma greve industrial.

Em toda comunidade legalmente constituída, são feitos acordos trabalhistas entre as partes (individual e/ou coletivamente); quando, por algum motivo, o acordo negociado não satisfaz mais a uma das partes envolvidas, torna-se necessário reformular suas bases para que o equilíbrio possa ser restabelecido. No caso presente, foi preciso adotar uma medida de força extrema para poder ser ouvido. O importante diante de uma situação como essa é que ambas as partes ajam de boa-fé e cheguem a um acordo satisfatório. A imagem ressalta a necessidade imperiosa de, em certas situações em que um pacto acordado deixa de satisfazer a uma das partes, se tomar medidas extremas. Isso vale para todos os tipos de relação em que existam situações arbitrárias. **Este símbolo pode representar uma pessoa** com um profundo senso de justiça, que é capaz de não apenas defender o que é seu, mas também está sempre disposta a proteger os mais indefesos; alguém predisposto a lutar heroicamente por aquilo em que acredita. **Em seu lado negativo:** Pode tratar-se de uma pessoa com um ressentimento profundo, que se sente sempre impelida a reclamar porque não está satisfeita com o que tem; alguém que pensa mais em seus direitos do que em seus deveres.

Mensagem do Oráculo: Este é um momento de mudança nas condições estabelecidas no passado. Trata-se de um tempo de rebeldia contra as circunstâncias que se tornaram insatisfatórias.

Idéia-chave: NIVELAÇÃO.

Sagitário 8

Rochas e elementos pétreos formando-se nas profundezas.

As pedras e rochas representam o que é permanente, inalterável, em clara oposição ao transitório e efêmero que surge e desaparece. Elas expressam de maneira acabada aquilo que interiormente tem solidez e força concentrada. Miticamente, as pedras deram origem à vida humana — para os gregos — e constituíram a pedra fundamental da Igreja (Pedro) para os cristãos. **Este símbolo pode representar uma pessoa** com tal nível de coesão interna que lhe possibilita ser cada vez mais fiel e coerente consigo mesma à medida que os anos vão passando. Alguém que serve de apoio e suporte a outros que, por sua vez, se sentem apoiados e sustentados por sua integridade imperturbável. **Em seu lado negativo:** Uma pessoa muito rígida interiormente, incapaz de ser convencida por meio de argumentos, extremamente presa à tradição e ao passado.

Mensagem do Oráculo: De acordo com os alquimistas, a pedra filosofal era resultado de um processo interno de purificação e transmutação. Provavelmente, você está passando por um processo interno desse tipo. As rochas significam, por outro lado, proteção e boa sorte. Lembre-se disso.

Idéia-chave: INALTERABILIDADE.

Gêmeos 9

Uma aljava cheia de flechas.

As flechas têm o poder de penetrar na superfície do alvo que atingem e é por isso que as associamos com algo que fere e machuca. Não é de surpreender, portanto, a idéia de que os deuses enviavam os males aos homens (ou as pestes aos povos) por meio de flechas. Por sua vez, Eros também carrega uma aljava de flechas com a intenção de causar a doce-amarga ferida do amor; suas flechas provocam paixões repentinas, como se um dardo tivesse atingido o coração da pessoa. Também as idéias penetram com a velocidade de uma flecha na nossa mente, porque sugerem que pensemos na possibilidade de alcançar o centro, de procurar não perder o sentido fundamental do que estamos pensando. **Este símbolo pode representar uma pessoa** com um modo de pensar e de se comportar rápido, penetrante e agudo. Também pode tratar-se de alguém com muita perseverança para conseguir o que considera fundamental em sua vida. **Em seu lado negativo:** Uma pessoa sarcástica, que se compraz em ferir.

Mensagem do Oráculo: Você tem de tomar uma decisão rápida. Deixe-se guiar pela intuição. A imagem evidencia que você tem muitas flechas; quer dizer que existem diversas formas possíveis de pensar (ou agir). É favorável acreditar em seus impulsos e agir com a rapidez de uma flecha.

Idéia-chave: PENETRAÇÃO.

Sagitário 9

Uma mãe subindo uma escada com seu filho.

Deve-se subir uma escada com cuidado, degrau por degrau, e mais ainda quando se trata de uma mãe carregando o filho. Por isso, a imagem fala claramente de uma ascensão gradual, porém enfatizando que a subida não é uma empreitada solitária, mas um processo que realizamos em companhia de outros a quem devemos ser solidários. Devemos acompanhar e cuidar dos outros com amor, como faz uma mãe que orienta seu filho para os novos desafios que tem de enfrentar. **Este símbolo pode representar uma pessoa** que realizou um processo de crescimento ascendente em sua vida (em qualquer sentido possível de ser entendido). Nele, a pessoa não estava sozinha, mas conduzindo e orientando a outra. Ela achou que devia atuar como defensora e protetora dessa pessoa, mas pode também ter recebido ajuda de outras quando necessitou. **Em seu lado negativo:** É uma pessoa excessivamente ambiciosa, para quem a escada representa uma meta inalcançável, impossível de ser atingida. Alguém incapaz de reconhecer os méritos das pessoas que estão próximas, por considerá-las crianças que precisam ser aconselhadas e conduzidas.

Mensagem do Oráculo: É evidente que você se encontra num processo de crescimento e desenvolvimento na área relativa à sua consulta; seria interessante que refletisse sobre o que é que está exigindo seus cuidados especiais. A imagem da criança pode estar se referindo a pessoas que o rodeiam e a aspectos da sua personalidade que têm sido negligenciados no seu processo de desenvolvimento e que deveriam receber atenção especial neste momento.

Idéia-chave: SUBIDA.

Gêmeos 10

Um avião caindo.

Voar significa ter perdido a atração da força da gravidade e poder desfrutar a liberdade de se mover com soltura no elemento ar, elemento que, como sabemos, representa o pensamento. Entretanto, quem voa alto demais corre o risco de ter suas asas queimadas por aproximar-se muito do Sol (por acreditar que é Deus) e, como Ícaro, ter de cair bruscamente na realidade. Quem sobe alto demais pode ter de descer muito rapidamente, já que vivemos na Terra e precisamos ter os pés bem fincados no nosso planeta. Em outro sentido, a imagem pode estar aludindo aos méritos de um piloto experiente que se dá ao luxo de fazer acrobacias no ar. **Este símbolo pode representar uma pessoa** com grande poder mental, perspicácia e inteligência. Alguém que tem capacidade para ascender em seus vôos mentais e, com tal domínio do que conhece, poder fazer essas idéias descerem a um plano concreto, de modo que possam servir a outros e serem úteis na realidade cotidiana. **Em seu lado negativo:** Alguém que periodicamente é lançado ao chão pelos acontecimentos da vida ou pelos outros, por gostar de "voar alto demais".

Mensagem do Oráculo: Talvez você ande pensando demais ou considerando os acontecimentos de uma perspectiva demasiadamente mental. Reflita sobre isso.

Idéia-chave: DESCIDA.

Sagitário 10

A deusa ruiva da oportunidade.

Os deuses e heróis eram comumente representados com cabelos ruivos, para mostrar seu caráter solar. Sua semelhança com o Sol os expunha como seres que procuravam descobrir a si mesmos e expressar plenamente o que era próprio de cada um. Todos nós somos indivíduos diferenciados se nos permitimos respeitar a nossa própria natureza e incentivar as capacidades que são essencialmente nossas. Isso trará consigo o desenvolvimento da criatividade pessoal em qualquer situação que possamos estar. Sem dúvida alguma, se isso ocorre, as oportunidades aparecem como se fosse "por acaso" na nossa vida. **Este símbolo pode representar uma pessoa** que, tendo conseguido desenvolver o seu potencial criativo, pode perceber as oportunidades que lhe são oferecidas e sabe aproveitá-las inteiramente. **Em seu lado negativo:** Alguém que espera que a vida lhe ofereça "a grande oportunidade"; alguém que espera que as coisas venham de fora, sem se dar conta de que, para que isso aconteça, ele antes precisa encontrar o "ouro solar" dentro de si mesmo.

Mensagem do Oráculo: Momento favorável para a questão da sua consulta. O ouro que a imagem sugere indica prosperidade na área que diz respeito à consulta.

Idéia-chave: CONGRUÊNCIA.

Gêmeos 11

Um novo caminho de realismo em experiência.

O que em determinado momento é criado (e, portanto, concretizado) pressupõe um período anterior de elaboração e outro, posterior, em que é posto em prática o que foi imaginado. Entretanto, pôr uma idéia em prática é um processo que envolve várias etapas; as primeiras tentativas costumam ser simples esboços que vão sendo aperfeiçoados à medida que a experiência vai indicando os ajustes necessários. A experimentação é o verdadeiro mestre em qualquer arte ou matéria que desejamos aprender ou desejamos dar forma. **Este símbolo pode representar uma pessoa** que transforma essa atitude de exercitar e aperfeiçoar num modo de vida, numa tentativa de fazer experiência com toda idéia ou intuição que tenha. Alguém que não se restringe à teoria, mas tem uma vasta experiência em insistir na aplicação prática de toda nova idéia. **Em seu lado negativo:** Alguém que só acredita no que é submetido à experiência e comprovação e não acredita no mágico (ou espiritual) porque não é palpável.

Mensagem do Oráculo: Não fique especulando a respeito de possibilidades ou de alternativas ideais; é hora de submeter à prova todas as idéias que tem em mente.

Idéia-chave: COMPROVAR.

Sagitário 11

A lâmpada de iluminação física no lado esquerdo do templo.

A imagem é extremamente misteriosa e se presta a todos os tipos possíveis de interpretação. O lado esquerdo representa comumente o lado do que é escuro e temido. Isso ocorre porque é considerado o lugar do inconsciente, do aspecto lunar, onde se encontra tudo o que foi reprimido e é perigoso; o espaço propício para a magia. Neste caso, a imagem sugere que esse lado pode ser iluminado por uma lâmpada, possivelmente a luz da inteligência espiritual que, com sua potência, venha dignificar tudo o que é mantido oculto, integrando-o a dimensões superiores da consciência. **Este símbolo pode representar uma pessoa** que, tanto na vida pessoal quanto na social e coletiva, é capaz de dedicar-se a aspectos ou temas temidos pelos outros, com a intenção de trazê-los à luz, de conscientizá-los ou dar-lhes uma perspectiva espiritual. **Em seu lado negativo:** Pode tratar-se de alguém que acredita ser dotado de uma intuição ou mente lúcida que, na realidade, não é; e que se sente atraído por temas obscuros ou puramente misteriosos ou mágicos.

Mensagem do Oráculo: Momento de esclarecer ou entender questões para as quais até agora você não estava preparado. O templo também pode significar o próprio corpo e, por isso, convém prestar atenção nas mensagens que ele pode estar enviando para elucidar a questão relativa à consulta.

Idéia-chave: ESCLARECER.

Gêmeos 12

Uma jovem negra em auto-afirmação descarada.

A cor negra costuma simbolizar as partes mais escuras e temidas do nosso inconsciente, representando aqueles aspectos internos ou estados profundos que ainda não conseguimos transmutar por meio de um processo interior de purificação e transformação. No entanto, também sabemos que essa presença (conhecida como sombra) está impregnada de um enorme potencial e que detém um manancial de talentos desconhecidos de nós mesmos. Quando esses aspectos internos emergem, é comum a gente se sentir cheia de vitalidade, e esses talentos podem então se manifestar "de maneira descarada" ou inesperada. **Este símbolo pode representar uma pessoa** que sabe tomar conta dessa "presença" interna e permitir que ela se expresse de maneira criativa. Esse reconhecimento e essa aceitação são importantes para que você possa realizar o pleno desenvolvimento e a verdadeira afirmação de si mesmo. **Em seu lado negativo:** Pode ser alguém que se permite extravasar suas partes mais sombrias de maneira caprichosa e sem nenhum tipo de autocontrole, mas só pelo prazer de fazê-lo e como forma de impor-se diante dos outros, cujo único propósito é satisfazer os desejos do seu ego. Pode tratar-se de alguém que guarda muito ressentimento.

Mensagem do Oráculo: O momento é propício para deixar aflorar aquilo que está guardado há muito tempo. Abra espaço em sua vida para a "jovem negra". Lembre-se de que o negro/preto significa fertilidade e que, portanto, esse processo pode ser riquíssimo se você pretende vivê-lo intensamente.

Idéia-chave: MANIFESTAR-SE.

Sagitário 12

Uma bandeira se transforma numa águia cacarejante.

A bandeira indica pertencimento a um determinado grupo e, também, representa a soberania e o orgulho que se sente por poder içá-la como expressão de auto-afirmação ou de honra por ter alcançado alguma vitória. Seja como for, é o estandarte máximo de um todo maior ao qual se está subordinado, enquanto o canto do galo (o cacarejo), que anuncia a chegada do alvorecer, indica que as trevas foram vencidas e que um novo dia está para nascer. O galo, assim como a águia, sempre representa alguém que se apresenta como emissário do porvir. A imagem fala de uma transformação, do abandono da idéia de ser "representante de algo" para passar a ser o "porta-voz vivo" de uma mensagem, de não ser mais o intermediário orgulhoso de um papel, mas de atrever-se a estar intimamente aberto para a própria intuição. **Este símbolo pode representar uma pessoa** que sempre se caracterizou pela sua nobreza e coragem, só que em determinado momento deixou de fazê-lo por pura necessidade de auto-afirmação, e começou a sentir a premência de se tornar porta-voz de uma mensagem relacionada com o futuro, com o desejo sincero de transmiti-la aos outros, por amor e com uma atitude de entrega. **Em seu lado negativo:** Pode tratar-se de alguém que se destaca (ou anseia por fazê-lo), mas que demonstra vaidade e presunção.

Mensagem do Oráculo: A imagem indica que o momento é propício para destacar-se por méritos próprios e com honra. É promissora no que diz respeito à sua consulta.

Idéia-chave: PORTA-VOZ.

Gêmeos 13

Um pianista famoso junto ao seu piano.

O artista verdadeiro é aquele que não só tem o domínio perfeito de sua técnica, mas também consegue colocar sua experiência pessoal na obra que está interpretando, sem distorcê-la. O virtuoso compreende e se submete ao espírito que o criador infundiu na obra, mas o reinterpreta, acrescentando seu tom pessoal; por isso, podemos dizer que ele consegue de nós que, embora conhecida, ouçamos a obra como se fosse pela primeira vez. E isso ocorre porque sua execução une o pessoal e o universal na sua expressão mais elevada. **Este símbolo pode representar uma pessoa** com um talento especial para o que é a matéria de seu interesse, alguém que é capaz de levar esse tema à perfeição e dotá-lo de um caráter profundamente pessoal. **Em seu lado negativo:** Alguém que não desenvolveu sua capacidade pessoal, mas que deseja a atenção e o crédito dos outros como se o tivesse feito.

Mensagem do Oráculo: É hora de desenvolver algo para o qual você pode ter-se preparado. Lembre-se, de que o importante é juntar a habilidade técnica e um toque pessoal ao que deseja expressar.

Idéia-chave: NOTABILIDADE.

Sagitário 13

O passado de uma viúva é esclarecido.

Quando a deusa Ísis (a Viúva Sagrada) soube que seu amado marido Osíris havia sido assassinado e esquartejado, empreendeu uma longa jornada de busca com o propósito de encontrar cada pedaço do seu corpo. Foi um longo périplo durante o qual as pessoas não sabiam onde encontrá-la, uma vez que ela viajava de maneira incógnita. Do mesmo modo que nós, depois de passarmos por uma experiência pessoal avassaladora, costumamos percorrer uma jornada interminável, à procura dos fragmentos internos que temos de juntar, para podermos retornar à luz da vida. Trata-se de uma jornada absolutamente necessária pelo mundo de Hades, para não permanecermos eternamente desintegrados. **Este símbolo pode representar uma pessoa** que, levada por uma experiência íntima, teve de se submeter a esse processo interno; alguém que pode servir de psicopompo (guia dos mundos subterrâneos) a outros, porque conhece o inferno e suas profundezas. Alguém com grande força e capacidade de sobrevivência diante das adversidades. **Em seu lado negativo:** Alguém que não consegue se separar das vivências traumáticas do passado, que vive mais no passado do que no presente.

Mensagem do Oráculo: Tempo de trazer à luz algo que você vem escondendo. Isso lhe permitirá realizar uma purificação pessoal e criar uma mudança importante na situação como um todo.

Idéia-chave: EXPURGAÇÃO.

Gêmeos 14

Uma conversa por telepatia.

Os seres humanos se comunicam por muitos meios diferentes; podemos fazê-lo por meio de gestos e expressões faciais e corporais, de palavras, de canto, de imagens pictóricas, etc. No entanto, poderíamos dizer que o meio de comunicação mais sutil que possuímos é a nossa mente. Por meio dela, podemos transpor o tempo e o espaço e nos comunicar com seres que são nossos conhecidos ou desconhecidos. Mas, em termos gerais, poderíamos dizer que esses contatos se fazem à revelia da nossa consciência e que, possivelmente por isso, não lhes damos a devida atenção. E assim vamos perdendo um talento natural, que poderia ser riquíssimo se fosse devidamente desenvolvido. **Este símbolo pode representar uma pessoa** com grande capacidade para se comunicar por via telepática com outras pessoas. Esse dom pode ser posto em prática na vida cotidiana, como, por exemplo: a pessoa sabe que está no lugar certo na hora certa, porém sem ter a certeza do porquê foi parar ali, percebendo todo tipo de premonição. **Em seu lado negativo:** Uma pessoa que faz uso de seu poder mental para exercer influência sobre os outros.

Mensagem do Oráculo: A imagem sugere uma necessidade de comunicação interna. Considere que também nossos guias se comunicam conosco dessa maneira. Momento de recolhimento.

Idéia-chave: PERCEPÇÃO.

Sagitário 14

A pirâmide e a esfinge.

Tanto a pirâmide quanto a esfinge representam um passado sobre o qual sabemos muito pouco. Eles permaneceram como testemunhos mudos que nos fazem lembrar da sabedoria oculta de uma civilização na qual eram realizados processos de iniciação que hoje desconhecemos. São os símbolos físicos de um mistério que foi guardado na memória da humanidade. **Este símbolo pode representar uma pessoa** capaz de possuir muito mais conhecimentos dos mundos interiores do que na realidade consegue expressar, e que vive os conflitos do dia-a-dia dando-lhes uma perspectiva sagrada e iniciática, que lhe permite empreender um genuíno processo de evolução espiritual. Alguém que se sente muito atraído pelas ciências ocultas ou herméticas. **Em seu lado negativo:** Uma pessoa que gosta do misterioso e oculto por gostar, sem se envolver interiormente e por mera curiosidade.

Mensagem do Oráculo: Momento de iniciação na sua vida; não considere a situação pela qual está passando como um simples obstáculo ou conflito corriqueiro. Esta fase da sua vida terá no futuro uma enorme importância: você nunca mais vai voltar a ser a mesma pessoa.

Idéia-chave: METAMORFOSE.

Gêmeos 15

Dois meninos holandeses conversando.

Os holandeses são caracterizados pela sua capacidade de diálogo e de abertura para o mundo; tanto que conseguiram ampliar a superfície do seu território, expandindo-o por obra de aterramento do mar. É possível que tal poder de expansão tenha origem na sua capacidade para ouvir e num talento que lhes possibilita aceitar as idéias dos outros e somar esforços para alcançar uma meta comum. Talvez por isso essa imagem reforce a idéia de mostrar duas crianças que, na sua inocência, podem estar abertas ao diálogo, sem preconceitos que as separem. **Este símbolo pode representar uma pessoa** com uma autêntica ingenuidade, que se manifesta em suas relações com os outros, tornando-a receptiva às idéias que trocam, visando em geral metas comuns. **Em seu lado negativo:** Alguém que gosta da vida social, mas que só fica nas palavras e não estabelece nenhuma comunicação profunda nem leva à prática o que foi discutido.

Mensagem do Oráculo: Momento propício para o intercâmbio. Sugere a necessidade de trocar idéias com os outros, mantendo uma atitude honesta e natural, sem preconceitos que criem obstáculos aos benefícios da troca.

Idéia-chave: CONSULTA.

Sagitário 15

A marmota americana buscando a sua sombra.

Nesta típica festa norte-americana, revive-se uma antiga tradição muito curiosa que dizia que o rumo que uma marmota (especialmente cuidada e mantida presa para essa finalidade) tomava, definia claramente como seria a próxima temporada (se de prosperidade ou de escassez). Nesse caso, toma-se o aparentemente "casual" como revelador de um futuro próximo. Do mesmo modo, algumas pessoas têm um faro especial para intuir o que pode vir a acontecer, levando em consideração alguns sinais que, para elas, são especialmente significativos. **Este símbolo pode representar uma pessoa** com um grande senso prático, que lhe permite estar em estado de alerta para dar respostas rápidas, adaptando-se com facilidade às novas situações. **Em seu lado negativo:** Uma pessoa que se coloca na dependência de fetiches, magias e adivinhações, sentindo-se impotente para agir se não estiver apoiada nesses recursos.

Mensagem do Oráculo: O momento atual é extremamente instável. O conselho do oráculo é que você siga passo a passo aquilo que a sua intuição for lhe indicando, não planeje nem tenha nenhuma estratégia em mente com respeito à questão da sua consulta. Aceite os fatos da maneira que eles se apresentarem (a marmota é um bichinho muito rápido em seus movimentos).

Idéia-chave: RAPIDEZ.

Gêmeos 16

Uma mulher sufragista fazendo um discurso.

Da perspectiva de hoje, parece incrível que um dia as mulheres não tiveram o direito de votar. Entretanto, a igualdade de qualquer tipo de direitos foi (e continua sendo) uma conquista que só se alcança por meio de muita discussão e luta. As pessoas que se sentem preteridas sofrem necessariamente muitas restrições antes de decidirem fazer um esforço comum com o objetivo de libertar-se da opressão imposta pelos detentores do poder. **Este símbolo pode representar uma pessoa** que sempre se sentiu muito irmanada aos oprimidos e assumiu a função de protagonista de suas reivindicações. Um rebelde, um lutador em defesa do ser humano em todas as suas facetas. **Em seu lado negativo:** Uma pessoa beligerante, que se sente oprimida porque não percebe que a verdadeira liberdade existe, antes de tudo, dentro de si mesma. Alguém que descarrega seus sentimentos negativos de maneira violenta.

Mensagem do Oráculo: É hora de emancipar-se de algo que o oprime. Procure criar meios construtivos para canalizar seus sentimentos de maneira positiva.

Idéia-chave: EMANCIPAÇÃO.

Sagitário 16

Gaivotas observando um barco.

As gaivotas, por seus hábitos alimentares, são consideradas aves de rapina e, por essa razão, são associadas ao significado que essas aves possuem. No Egito, elas eram apreciadas como aves solares, por estarem sempre atentas ao que ocorre a seu redor e serem dotadas de uma poderosa visão que lhes permite seguir o movimento diário do Sol. Nesse sentido, elas significam nobreza, fidalguia, poder e capacidade de proteção própria e alheia. Sua visão ampla lhes permite prever como os acontecimentos irão se desenvolver; conseguem observar a realidade com clareza e ajudar aos outros (são elas que cuidam do barco). Por outro lado, sua rapacidade indica a possibilidade de que veja no outro a satisfação de suas necessidades próprias (e, nesse caso, espera que o barco lhe dê o que precisa). **Este símbolo pode representar uma pessoa** muito solar, líder e com uma grande intuição, que lhe permite servir de grande ajuda e orientação aos que a conhecem e se deixam conduzir pelas suas palavras. **Em seu lado negativo:** Alguém que fica à espera de que os outros lhe tragam o que não é capaz de conseguir por esforço próprio.

Mensagem do Oráculo: Parece que a questão-chave no momento atual é alcançar um equilíbrio entre os atos de dar e receber. Como, neste caso, a imagem remete ao mar, poderíamos pensar que tem a ver com emoções.

Idéia-chave: RECIPROCIDADE.

Gêmeos 17

A cabeça de um jovem robusto que passa a ser a de um pensador maduro.

A relação que existe entre nossos pensamentos e desejos, emoções, sentimentos e instintos é tão intensa que, às vezes, chegamos a acreditar que estamos raciocinando objetivamente quando, na realidade, só estamos dando uma forma mental aos nossos desejos mais primários. Nos mitos, é comum essa situação aparecer refletida em figuras humanas com cabeça (ou corpo) de animal, expressando de maneira figurada os desejos que dominam a sua mente e a deformam (Minotauro). Aprender a refletir como um pensador maduro significa compreender a diferença entre os instintos básicos e estar capacitado para pensar com tranqüilidade, sem se deixar influir interiormente pelos outros níveis internos, que facilmente alteram um pensamento lúcido e objetivo. **Este símbolo pode representar uma pessoa** que foi capaz de realizar esse processo e que, tendo compreendido seus impulsos internos, pode ter uma visão mais universal dos fatos que observa. **Em seu lado negativo:** Alguém que acredita ter elaborado essa transformação, mas que só adotou idéias e estruturas mentais caducas, atrás das quais sente-se protegido e seguro.

Mensagem do Oráculo: O momento exige reflexão sobre a questão da consulta de uma perspectiva moderada, adulta e objetiva.

Idéia-chave: ESCLARECIMENTO.

Sagitário 17

Um culto de Páscoa.

Um ritual desse tipo procura reproduzir um fato que aconteceu *"in illo tempore"*, ou seja, num tempo mítico, para ser revivido no tempo atual. Mais ainda: esse tipo de ritual é realizado num espaço sagrado, razão pela qual não se reproduz apenas as circunstâncias, mas também volta-se a viver a situação como se ela efetivamente estivesse ocorrendo no presente. Dessa maneira, a consciência dos participantes pode se transformar pela intervenção ativa nesse ato divino. No presente caso, é um culto de Páscoa que procura produzir um renascimento espiritual nos participantes; seu propósito é possibilitar que todos tenhamos a experiência do eterno renascimento e que tomemos consciência da imortalidade da alma. **Este símbolo pode representar uma pessoa** que tem a capacidade de mergulhar, por meio de rituais, orações ou processos internos, em processos tão profundos que acabam resultando em desenvolvimento espiritual intenso. **Em seu lado negativo:** Alguém que se liga em crendices, superstições, etc., acreditando com isso chegar a uma metamorfose interna que, na realidade, não ocorre; trata-se, portanto, de uma pessoa dada a formas vazias de rituais.

Mensagem do Oráculo: A imagem fala de um novo ciclo, mas ressalta a necessidade de que é possível vivê-lo com intensidade, conferindo-lhe um caráter sagrado, para que resulte numa verdadeira renovação e não numa mudança apenas superficial, que não chegue a tocar na sua essência.

Idéia-chave: RENOVAÇÃO.

Gêmeos 18

Dois chineses conversando em chinês.

Na nossa cultura, os chineses representam o que é estranho e diferente, um mundo desconhecido dentro do nosso. Do mesmo modo, algumas pessoas podem se sentir "diferentes" dentro de sua própria cultura. Essa experiência tão íntima e particular pode ser canalizada de diversas maneiras.

Neste caso, a imagem mostra a capacidade de encontrar "seus iguais" para poder trocar experiências e sentimentos. Expressa a capacidade de a pessoa sentir-se, não isolada ou alienada, mas simplesmente diferente, mantendo-se fiel a si mesma por ter aprendido a tirar proveito dessa heterogeneidade. Indica uma abertura tal que lhe permite encontrar-se com aqueles que falam a "mesma língua". **Este símbolo pode representar uma pessoa** que, por alguma característica pessoal, tenha se sentido singular no meio ao qual pertence; alguém que soube encontrar seus iguais e crescer a partir de uma troca significativa. **Em seu lado negativo:** Uma pessoa que, a partir dessa mesma experiência, criou alguma seita, por considerar-se superior. Alguém que se sente separado das pessoas ao seu redor e que não faz nenhum esforço para modificar essa situação.

Mensagem do Oráculo: Momento que exige abertura para poder falar com alguma pessoa com quem você tem afinidades (eles estão conversando) a respeito de sentimentos que você talvez considere muito pessoais, mas que seria oportuno compartilhar com outra pessoa que tenha passado por experiência semelhante.

Idéia-chave: RECIPROCIDADE.

Sagitário 18

Crianças ao sol usando bonés.

Essas crianças estão, pelo que parece, ativando sua qualidade solar, quer dizer, desenvolvendo sua identidade, avançando no autoconhecimento e na capacidade de expressão própria. No entanto, ainda não cresceram o suficiente, razão pela qual devem proteger sua cabeça (pensamentos, idéias) para que o excesso de sol não lhes faça mal. Correm o risco de, por abuso da força solar, terem o ego excessivamente inflado e, com isso, tornarem-se soberbas e egoístas. **Este símbolo pode representar uma pessoa** com uma atividade extremamente criativa, capaz de expressar uma atitude lúdica em tudo o que explora. No entanto, essa conduta só pode ser mantida graças a uma consciência profunda de que é apenas um canal pelo qual a criatividade se manifesta. **Em seu lado negativo:** Alguém cuja personalidade decidida pode estar sendo seriamente prejudicada por sua exagerada vaidade e arrogância; ou uma pessoa que inibe o próprio desenvolvimento por um excesso de autocrítica.

Mensagem do Oráculo: No momento você se encontra diante de uma nova fase de crescimento. Dê-se tempo para amadurecer, não espere crescer de um dia para outro. Brinque com o novo.

Idéia-chave: IDENTIDADE.

Gêmeos 19

Um grande livro arcaico.

Os livros são a memória da humanidade; neles estão guardados os conhecimentos e a história dos povos. Por isso, querer destruí-los é querer esquecer o passado. De uma perspectiva mais espiritual, os livros sagrados são os que expressam a palavra de Deus; sempre se acreditou que o conhecimento deles fosse o caminho seguro para Deus. Por outro lado, diz-se que tudo está escrito no Livro da Vida, aquele livro que contém toda a história da humanidade, do começo ao fim. Nesse sentido, é o Uno que contém a Totalidade, quer dizer, representa o universo. **Este símbolo representa uma pessoa** que respeita muito as lembranças do passado; alguém que, diante dos desafios da vida, sempre encontra respostas no passado pessoal ou histórico. Alguém que faz bom uso de seus conhecimentos para viver melhor. **Em seu lado negativo:** Pode indicar uma pessoa presa demais à tradição, que confia mais no que está escrito do que em suas intuições ou na palavra das pessoas próximas. Excesso de dogmatismo.

Mensagem do Oráculo: Do ponto de vista literal, significa que a resposta à sua pergunta pode ser encontrada num texto que oportunamente virá até você; entretanto, poderíamos também dizer que o volume antigo está escrito no Livro da Vida que se encontra dentro de você.

Idéia-chave: TRADIÇÃO.

Sagitário 19

Pelicanos mudando de hábitat.

O pelicano é uma ave aquática que tem uma simbologia muito especial. Isso se deve à maneira estranha de alimentar seus filhotes (erguendo uma asa) que fez pensar que dava a eles o próprio sangue para que vivessem. Por isso, essa ave passou a ser considerada o arquétipo do sacrifício por amor aos filhos, chegando inclusive a ser comparada à Paixão de Cristo. A riqueza da imagem é ainda maior, pois também representa o esforço interno abnegado no sentido de transmutar e purificar o lado escuro da nossa natureza. Aqui, os pelicanos estão mudando de hábitat, certamente à procura de um lugar melhor para a sua prole. **Este símbolo pode representar uma pessoa** muito aplicada em resguardar os seus; alguém que está disposto a dar tudo de si para o bem-estar de seus entes queridos. **Em seu lado negativo:** Pode ser uma pessoa superprotetora, que está sempre na defensiva, temendo ser atacada.

Mensagem do Oráculo: A imagem refere-se à necessidade de mudança. Isso pode significar uma mudança dentro de seu meio ou uma importante inovação, mas em termos de atitude interna. É possível que seja necessário defender-se de algo ou, talvez, seja simplesmente o clima do lugar que no momento não está favorável ao seu desenvolvimento.

Idéia-chave: MUDANÇA.

Gêmeos 20

Uma cafeteria.

No transcurso de uma jornada difícil, a cafeteria apresenta-se como aquele espaço que nos permite relaxar e estimular (o café) para darmos novo ânimo à labuta diária. Pode ser apenas um lugar de lazer, propício a encontros e trocas com amigos e conhecidos, como um espaço apropriado para uma conversa informal com colaboradores e o lugar ideal para uma hora de estudo ou de leitura. De qualquer maneira, trata-se de um espaço favorável à reposição da energia e ao descanso diante de uma mesa e de uma fumegante xícara de café, em meio à agitação da nossa vida moderna. **Este símbolo pode representar uma pessoa** extremamente sociável, capaz de transformar-se ela própria num plácido refúgio, além de oferecer idéias interessantes às pessoas de seu círculo de amizades. **Em seu lado negativo:** Alguém que só deseja relacionar-se com o lado prazeroso e relaxado da vida, incapaz de impor-se metas e de lutar para alcançá-las; que se satisfaz desfrutando os prazeres superficiais do momento.

Mensagem do Oráculo: A imagem diz tudo. Você está passando por um período em que necessita encontrar os amigos, relaxar, curtir um bom descanso e desfrutar conversas agradáveis.

Idéia-chave: RELAXAR.

Sagitário 20

Homens cortando gelo.

O gelo é a água que congelou, petrificou-se e tomou forma devido às baixas temperaturas às quais foi submetida. Poderíamos dizer que sua conformação manifesta explicitamente um enrijecimento. Simbolicamente, cortar gelo significa quebrar estruturas esclerosadas, ou seja, ter capacidade para romper padrões excessivamente estruturados. O gelo pode estar revelando uma couraça de emoções, formada como defesa de situações demasiadamente adversas. Por outro lado, do ponto de vista literal da imagem, os homens podem estar cortando gelo para guardá-lo e usá-lo posteriormente; isso significa poder resgatar, inclusive sob condições claramente adversas, algo que pode vir a ser útil no futuro. **Este símbolo pode representar uma pessoa** com grande capacidade de prever o futuro. Pode significar alguém que, graças a seu calor próprio ou força de caráter, é capaz de quebrar padrões rígidos, tanto internos quanto externos. **Em seu lado negativo:** Pode representar alguém excessivamente previdente e temeroso do futuro. Alguém que se rebela contra todo cânone preestabelecido.

Mensagem do Oráculo: O momento é oportuno para se atrever a quebrar padrões que o estão impedindo de estar em contato íntimo com seus sentimentos.

Idéia-chave: QUEBRAR.

Gêmeos 21

Uma manifestação de trabalhadores.

Os diversos grupos que fazem parte da nossa sociedade selam pactos, que devem ser atualizados periodicamente para não causarem injustiças ou desigualdades, quando ocorrem mudanças nas políticas socioeconômicas. Se isso não acontece, aqueles que se sentem prejudicados pelas mudanças pactuadas podem recorrer à força para conseguir estabelecer um novo equilíbrio. Neste caso, a imagem mostra uma manifestação de trabalhadores, possivelmente lutando por ajustes que lhes restituam a equidade. **Este símbolo pode representar uma pessoa** que se sente especialmente comprometida com as necessidades sociais do meio em que vive. Alguém que não tolera nenhum tipo de arbitrariedade e que está sempre disposto a lutar para defender o que considera legítimo. **Em seu lado negativo:** Pode ser uma pessoa que invariavelmente adota uma atitude beligerante por achar que os outros a tratam de maneira injusta. Alguém que é incapaz de aceitar que, para que haja harmonia, todos têm que necessariamente ceder um pouco.

Mensagem do Oráculo: Momento de rebeldia. Para que o problema da sua consulta seja resolvido de maneira favorável, é necessário que você exponha claramente suas verdadeiras necessidades.

Idéia-chave: EQUANIMIDADE.

Sagitário 21

Um menino e um cachorro com óculos emprestados.

Esperamos que com o passar do tempo, o menino cresça e amadureça sem perder seu viço e inocência e que o cachorro seja adestrado e educado sem perder o contato com sua natureza instintiva. Mas para que isso aconteça, ambos terão que se submeter a um cuidadoso desenvolvimento de seu plano mental (os óculos). Esta imagem evidencia que, no momento atual, eles são emprestados, sugerindo que, muitas vezes, em certas etapas da aprendizagem, é preciso adotar idéias ou estruturas mentais que, em princípio, pertencem a outros. **Este símbolo pode representar uma pessoa** que, em certos momentos de sua vida, teve de usar pensamentos "emprestados", tomando cuidado para não se identificar com eles, já que tinha consciência de que não lhe pertenciam e sabia que, para evoluir, teria de compreender certas interpretações da realidade. Alguém que sabe como preservar sua identidade e tem um relacionamento positivo com sua natureza instintiva. **Em seu lado negativo:** Pode ser uma pessoa que não se deu ao trabalho de desenvolver suas próprias idéias, alguém com muitos preconceitos, nos quais se sente apoiado, mas que não empreendeu o verdadeiro processo de crescimento interno.

Mensagem do Oráculo: As visões ou perspectivas de outras pessoas podem ajudá-lo com respeito ao problema de sua consulta, mas você terá de, finalmente, decidir o que a sua criança interior deseja e prestar atenção no que o seu corpo está lhe dizendo.

Idéia-chave: RESPALDO.

Gêmeos 22

Um baile num celeiro.

As sementes nos fazem pensar nas infinitas possibilidades que elas contêm. Elas representam o que está latente, à espera de seu desdobramento, ou seja, dos inúmeros mundos possíveis que poderão tornar-se realidade. As danças, por sua vez, também sugerem a idéia de criação e de ordenamento de forças a partir de um desdobramento cósmico. Por essa razão, os bailes muitas vezes eram organizados em determinadas épocas do ano, procurando unir o movimento do corpo humano com a atividade das forças do universo. **Este símbolo pode representar uma pessoa** com enormes e variadas capacidades; alguém com uma visão ampla para poder concretizar o que se propõe. **Em seu lado negativo:** Pode tratar-se de uma pessoa que está consciente de seus muitos talentos, mas que não é capaz de empreender o esforço necessário para colocá-los em prática; alguém que desperdiça suas poderosas energias no exercício frívolo de suas próprias vaidades.

Mensagem do Oráculo: A imagem nos mostra o momento em que é possível alcançar a comunhão entre as energias universais e as humanas para que, juntas, elas produzam um novo ciclo. O fato de mencionar-se um celeiro indica riquezas variadas.

Idéia-chave: SINCRONIA.

Sagitário 22

Uma lavanderia chinesa.

Quando alguém se vê num meio que não seja aquele ao qual pertence, tem de saber adaptar-se para encontrar um espaço a partir do qual possa obter a satisfação de suas necessidades e, ao mesmo tempo, ser útil a esse novo meio. Uma grande quantidade de chineses conseguiu se integrar em diferentes culturas, a maioria deles sem falar quase nada da língua local, graças à sua disposição para realizar tarefas muito simples, porém absolutamente necessárias nos lugares em que se radicaram. Isso evidencia uma grande sensibilidade e capacidade de adaptação às condições de sobrevivência que se mostram muito difíceis. **Este símbolo pode representar uma pessoa** que, por alguma razão, sente-se intimamente diferente do meio ao seu redor, mas cuja enorme flexibilidade lhe permite integrar-se a esse meio e ser eficiente. Alguém que sabe situar-se em qualquer lugar e obter dele algum benefício pessoal e social. **Em seu lado negativo:** Pode ser uma pessoa que se desqualifica pela diferença e que se esforça exageradamente para se adaptar ao meio em que se encontra.

Mensagem do Oráculo: A chave do símbolo está em alcançar um nível de troca que possa ser enriquecedor para ambas as partes envolvidas. Veja de que maneira isso pode ser aplicado ao conteúdo da sua pergunta.

Idéia-chave: ACLIMATAÇÃO.

Gêmeos 23

Um ninho com três pombinhos no alto de uma árvore.

Os pássaros simbolizam estágios superiores do ser, potências espirituais de tal nível que indicam que estão preparados para servir de mediadores entre o céu e a terra. Neste caso, trata-se de pombinhos, sugerindo uma idéia de potencial que ainda terá de esperar para atingir sua plenitude. O ninho, por sua vez, não significa apenas aquele lugar no qual se encontra proteção e sossego, mas também remete a uma situação paradisíaca, muito acima e afastada da terra. **Este símbolo pode representar uma pessoa** que, sendo detentora dos referidos talentos, conseguiu se desenvolver pelo fato de saber preservar para si um espaço interior seguro e confortável, longe das contingências do cotidiano, visando dar-se o tempo necessário para alcançar a plenitude que o símbolo augura. **Em seu lado negativo:** Alguém que, por adotar uma atitude de distanciamento da vida corriqueira (de quem vê tudo de cima), não se atreve a crescer e está sempre protelando seu verdadeiro desenvolvimento.

Mensagem do Oráculo: Período de preparação para uma nova etapa evolutiva. Encontre o espaço e o tempo apropriados para que essa evolução aconteça naturalmente.

Idéia-chave: RESGUARDAR.

Sagitário 23

Imigrantes entrando.

Para os gregos, o pior castigo que um ser humano podia receber era o desterro. Isso pressupõe a idéia de que o imigrante é um estrangeiro que se sente como um forasteiro desprotegido onde quer que chegue. Ele, por sua vez, pode infundir temor ou suspeita por provir de uma cultura diferente; e nem sempre é possível integrar parte do mundo de onde provém ao país onde se encontra agora. Entretanto, alguns estrangeiros também já agiram como salvadores e guias em meios aos quais não pertenciam por origem, e heróis tiveram que ir a países estranhos para alcançar verdades essenciais para si mesmos e para a sua gente. De qualquer maneira, o imigrante é um desbravador de novos horizontes, que tem de recomeçar a vida como se não tivesse nenhum passado. **Este símbolo pode representar uma pessoa** que já passou pela experiência de se sentir diferente, mas que entende que, embora esteja neste mundo, sua natureza essencial não pertence a ele. Alguém que não se apega muito a nenhum lugar, porque consegue colocar-se à vontade em qualquer lugar. **Em seu lado negativo:** Uma pessoa que tem esse mesmo sentimento de singularidade, mas isso a mantém afastada dos outros, em seu anseio por algo inalcançável. Alguém que não consegue se comprometer com nada do que faz.

Mensagem do Oráculo: Você está diante de um limiar; isso quer dizer que se trata de um período de mudanças fundamentais. Talvez você próprio não se reconheça. É preciso que você aceite o novo e não o rejeite.

Idéia-chave: ACOLHER.

Gêmeos 24

Crianças patinando no gelo.

O gelo nos leva a pensar em inverno gélido, com todo o rigor e dificuldades que isso possa acarretar. Do ponto de vista metafórico, usamos a expressão os "invernos de nossa vida" para nos referirmos àqueles períodos em que nos sentimos solitários e carentes em algum sentido. As crianças, por sua vez, encaram com naturalidade os ciclos sazonais; a ingenuidade lhes dá a energia necessária para desfrutarem de qualquer que seja a situação que a vida lhes apresente e de a encararem com uma atitude lúdica. **Este símbolo pode representar uma pessoa** que pode servir de exemplo por saber "deslizar" sobre as adversidades e encarar com humor e alegria situações que deixariam outros abatidos. **Em seu lado negativo:** Alguém que é incapaz de assumir as responsabilidades que as situações difíceis impõem; que considera uma pilhéria os acontecimentos críticos que deveriam ser encarados com seriedade para seu verdadeiro crescimento interior.

Mensagem do Oráculo: O momento atual envolve algum tipo de austeridade; a recomendação, entretanto, é de não permitir-se perder o bom humor. Lembre-se de que não há nada que acelere a chegada do degelo. Esse só virá no seu devido tempo e não depende de nada que você possa fazer neste momento. Não se precipite e viva o "aqui e agora" da melhor maneira possível.

Idéia-chave: ALÍVIO.

Sagitário 24

Um pássaro azul parado diante da porta da casa.

O azul é tido como a mais imaterial de todas as cores pelo fato de só poder ser visto na natureza: nas profundezas do mar ou na vastidão do firmamento. Por isso, essa cor passa a ser a que melhor expressa a idéia de abstração e perfeição. Contemplar o azul é penetrar num mundo de vastidões infinitas, de pureza original e, talvez, de eternidade. É uma cor poderosa para se mergulhar nela, já que permite abrir uma porta para uma nova dimensão; por isso, o pássaro azul é a ave da felicidade, próxima e também separada por abismos intransponíveis para nós. O simbolismo é ambíguo, uma vez que o pássaro está parado diante de uma porta. **Este símbolo pode representar uma pessoa** com uma enorme criatividade, capaz de criar mundos dentro do nosso mundo; que consegue viver num estado especial de serenidade, que lhe permite transmitir experiências de outras dimensões às pessoas que a rodeiam. **Em seu lado negativo:** Alguém que vive num mundo irreal impregnado de fantasias irrealizáveis.

Mensagem do Oráculo: A imagem é de muito bom augúrio; indica que o novo para o qual você está se preparando trará felicidade e boa sorte.

Idéia-chave: INTANGÍVEL.

Gêmeos 25

Um homem podando palmeiras.

O trabalho realizado pelo floricultor é muito importante. É só pensar que para se conseguir ter um jardim bem cuidado foi preciso integrar harmoniosamente a obra sábia da natureza e a mão laboriosa do homem. Nesta imagem, o homem se dedica especialmente a podar uma palmeira, planta associada tanto à deusa Nike (da Vitória) quanto ao deus Apolo (deus solar); aqui, portanto, a palmeira representa tanto a inocência e a vitória quanto a alegria e a vida sempre renovada. **Este símbolo pode representar uma pessoa** que dedicou um cuidado especial ao cultivo do seu interior e, por isso, pode ter uma grande intuição para guiar os outros em seus processos de crescimento pessoal. Alguém que conta com grande capacidade de regeneração e que ressurge fortalecido depois de enfrentar as adversidades da vida. **Em seu lado negativo:** A palmeira indica os êxitos alcançados; pode representar alguém que se compraz presunçosamente em exibir cada uma de suas conquistas como vitórias pessoais. Uma pessoa que precisa do aplauso alheio para se auto-afirmar.

Mensagem do Oráculo: Podar significa tirar aquilo que cresceu demais ou que não é necessário para a nova fase que você está prestes a iniciar. Reflita sobre como isso está relacionado com a pergunta que você fez.

Idéia-chave: CONSERVAR.

Sagitário 25

Um menino gordinho num cavalinho de brinquedo.

A figura de um menino gordinho pode ser associada a um alto grau de algum tipo de satisfação, até mesmo de auto-indulgência, se o peso for excessivo. Aqui, o menino brinca com a potência imaginária de um cavalo, a qual simboliza as forças intuitivas que emergem, quando menos se espera, do inconsciente e que, quando são bem canalizadas, podem fortalecer o aspecto criativo (em geral) ou a atividade concreta que se deseja realizar. **Este símbolo pode representar uma pessoa** com plena auto-expressão, para a qual criar cotidianamente é algo que faz com uma atitude que pode ser lúdica e prazerosa. Aquilo que faz, apesar de digno de louvor, é algo que flui naturalmente do seu interior sem nenhum tipo de esforço, com vitalidade e serenidade. **Em seu lado negativo:** Alguém que acredita ser mais criativo do que é na realidade, já que, no seu íntimo, é incapaz de se comprometer de forma adulta com o que faz. Para essa pessoa, tudo é entretenimento.

Mensagem do Oráculo: Você está diante de algo novo. A imagem reforça a idéia de que se trata de uma fase muito gratificante e que deveria ser encarada como se fosse um divertimento.

Idéia-chave: BRINCAR.

Gêmeos 26

Geada cobrindo árvores.

A geada ocorre em conseqüência de determinadas condições climáticas e se estende como um manto virginal sobre as árvores da imagem. Embora ela nos leve a pensar no inverno com seus possíveis rigores, ela também expressa um estado de nobreza e pureza que se conseguiu alcançar graças a esse mesmo rigor. Os períodos mais difíceis de nossa vida costumam trazer consigo uma grande evolução espiritual. Isso porque os infortúnios nos ensinam de maneira magistral como sublimar sentimentos que, de outra maneira, nos submeteriam para o resto de nossa vida. **Este símbolo pode representar uma pessoa** que teve de enfrentar períodos muito difíceis e que conseguiu superá-los, aprendendo a aparar as arestas mais ásperas de seu temperamento, sobretudo graças à sua integridade e honestidade de caráter. **Em seu lado negativo:** Pode tratar-se de uma pessoa que não soube superar os obstáculos que a vida lhe apresentou e ficou, por assim dizer, congelada afetivamente; alguém que é incapaz de desfrutar as "primaveras" por continuar intimamente apegado aos aspectos mais difíceis da vida.

Mensagem do Oráculo: Em algum sentido, o momento presente é marcado por solidão e austeridade. A imagem mostra claramente que o objetivo desse processo é alcançar um grau mais elevado de purificação emocional. Enfrente-o com dignidade.

Idéia-chave: SOBRIEDADE.

Sagitário 26

O porta-bandeira.

Quer pertença a uma ordem militar, colégio ou a qualquer outro tipo de instituição, o porta-bandeira é, invariavelmente, alguém que se distinguiu pela sua ação. O prêmio que o dignifica é o de ter a honra de carregar o emblema que representa a própria ordem ou instituição. É ele quem ergue a bandeira acima de sua cabeça. Isso significa que aquilo que o distingue faz com que ele seja, ao mesmo tempo, mais ele mesmo e o eleve acima de suas limitações humanas, e o transforme em representante de algo superior, que o exalta. **Este símbolo pode representar uma pessoa** que em qualquer tipo de circunstância se destaca pela devoção e capacidade de entrega que coloca em suas tarefas. Alguém capaz de representar algum tipo de movimento, cujas idéias ou propostas enaltecedoras lhe permitem ser maior do que ele mesmo. **Em seu lado negativo:** Pode tratar-se de uma pessoa que deseja a todo instante ser reconhecida por cada ato que realiza; alguém que acha que é melhor do que todos os outros ao seu redor.

Mensagem do Oráculo: De um outro ponto de vista, a bandeira pode estar indicando que você está muito protegido. Por sua vez, mostra que o momento é favorável à exposição de idéias ou crenças que, em outra circunstância, manteria em segredo por discrição.

Idéia-chave: EXIBIR.

Gêmeos 27

Um cigano saindo de um bosque.

Os ciganos são descendentes de uma cultura tribal, primitiva e arcaica e possuem, portanto, toda a força e riqueza que a caracterizam, mas com o aspecto individual pouco desenvolvido. Do mesmo modo que num bosque temos dificuldade para distinguir a silhueta de uma determinada árvore — já que apreciamos o conjunto completo em sua totalidade — emergir de um tipo de consciência como essa que estamos tratando é extremamente trabalhoso, porque implica um enorme esforço para separar o que é seu e conhecer a si mesmo. É só pensar em quanto tempo a humanidade levou para fazer esse movimento. **Este símbolo pode representar uma pessoa** que realizou esse esforço; alguém que conseguiu reunir em si a força de uma energia arcaica e a realização de um verdadeiro processo de individuação. **Em seu lado negativo:** Pode tratar-se de uma pessoa que procura se afastar de qualquer grupo ou laço de parentesco por temer perder a própria individualidade e, portanto, tem um lado que permanece excessivamente selvagem por não ter espaço para ser socializado.

Mensagem do Oráculo: A imagem mostra que se trata de um processo evidente de iniciação, de mudança de etapa evolutiva e de lugares e ambientes conhecidos. Não se esqueça de levar consigo a sabedoria dos ciganos e de não abandonar o passado como se fosse algo caduco.

Idéia-chave: MANIFESTAR-SE.

Sagitário 27

Um escultor.

Os escultores são artistas com um amálgama de talentos muito especial. Eles não apenas têm o dom de intuir a beleza oculta no interior da pedra, mas também a habilidade e a força necessárias para torná-la visível também aos outros. Têm de saber unir a intuição e a delicadeza da imaginação com a força indispensável para fazer a matéria render-se às suas mãos. Muitas vezes eles conseguem integrar elementos aparentemente dissimilares para criar uma forma de beleza que teria sido impensável para quem não tivesse captado sua idéia original. Nesse sentido, a criatividade que possuem não conhece limites. **Este símbolo pode representar uma pessoa** com espírito inovador e artístico em toda e qualquer atividade. Alguém capaz de intuir formas belas e que, graças a seu temperamento tenaz, dedica-se fervorosamente até conseguir com que suas idéias se tornem realidade. **Em seu lado negativo:** Pode tratar-se de alguém que deseja apenas colocar suas idéias em prática, por mais descabeladas que elas possam ser; uma pessoa que insiste incansavelmente em querer moldar os outros de acordo com a imagem que faz deles.

Mensagem do Oráculo: *Você já sabe o que deseja fazer. Portanto, mãos à obra!*

Idéia-chave: EMPENHO.

Gêmeos 28

Um homem cuja falência é declarada.

A declaração de falência de alguém indica uma situação de conflito em seu passado que, por alguma razão, não conseguiu resolver favoravelmente. Então, essa pessoa tem de encarar a necessidade de voltar a começar da "estaca zero" em algum aspecto de sua vida. A atitude que ela vem a tomar num momento como esse é fundamental: se é capaz de pensar num novo início em que não venha a incorrer nos mesmos erros cometidos; ou se aprendeu a tirar vantagem da situação de falência; ou, ainda, se interiormente se sente tão arrasada pelo fracasso que, a partir desse momento, passa a adotar uma atitude de eterno perdedor, etc. **Este símbolo pode representar uma pessoa** que, diante de situações em que foi obrigada a recomeçar, o fez de maneira sábia, deixando o passado definitivamente para trás;

alguém que aprendeu a capitalizar de maneira positiva os erros do passado. **Em seu lado negativo:** Pode tratar-se de uma pessoa que vive lamentando alguma perda pessoal muito significativa, alguém que não assume a responsabilidade pelos próprios atos porque sabe que, afinal de contas, "sempre se pode recomeçar".

Mensagem do Oráculo: A imagem indica a existência de uma situação que deve ser definitivamente abandonada. Trata-se de uma época de balanço, de ajuste de contas e de possível colheita dos frutos dessa experiência.

Idéia-chave: RECUPERAR-SE.

Sagitário 28

Uma velha ponte sobre um córrego tranqüilo.

A ponte une o que a corrente d'água separa e estabelece relações entre pessoas e lugares; por outro lado, representa aquilo que liga diferentes planos ou níveis da realidade. Neste caso, esta ponte antiga parece ser o que é estável e permanece fiel a si mesmo; e as águas que passam por debaixo dela representam o que é mutável, fluido e, portanto, efêmero. A imagem pode estar se referindo a um temperamento firme, consolidado em espaços de permanente mudança. **Este símbolo pode representar uma pessoa** que estabelece conexões de todos os tipos, seja por viver em ambientes mutáveis ou por dedicar sua atenção a estudos ou buscas de diferentes naturezas. Alguém cuja estabilidade interior lhe permitiu adaptar-se a diferentes ambientes e situações e que soube integrá-los de maneira criativa. **Em seu lado negativo:** Pode ser uma pessoa que, embora tenha informações de fontes distintas, bloqueia o seu livre curso ou tenta usá-las unicamente em benefício próprio. Alguém cuja rigidez interna o impossibilita de integrar de maneira fluida questões ou ambientes que fazem parte da sua vida.

Mensagem do Oráculo: É evidente que você se encontra num momento de mudança importante. Atravessar uma ponte implica a crise necessária para uma inovação, que irá trazer uma mudança muito significativa na sua vida. Nesse caso, as águas que correm indicam que a mudança será proveitosa.

Idéia-chave: LIGAR.

Gêmeos 29

O primeiro melro da primavera.

A imagem é cheia de vida, esperança e renovação pelo fato de, neste caso, mostrar um pássaro na primavera; no entanto, a característica que distingue especialmente esse pássaro é a capacidade de imitar os sons da natureza ao seu redor. Por isso, podemos dizer que seu nível de abertura e receptividade é tal que ele é capaz de abandonar o individual, para entregar-se inteiramente à percepção do que acontece ao seu redor. Nesse caso, não diríamos que imita, mas que se confunde de tal maneira com seu ambiente que passa a emitir os seus sons, recriando-os e integrando-os numa nova e bela melodia. **Este símbolo pode representar uma pessoa** com um espírito alegre, capaz de integrar harmoniosamente em seu interior talentos ou habilidades que aprendeu do seu meio e aos quais deu uma conotação inconfundivelmente pessoal. **Em seu lado negativo:** Pode ser alguém que está tão absorto no que o rodeia que se sente incapaz de descobrir o que é propriamente seu; uma pessoa excessivamente influenciável.

Mensagem do Oráculo: A primavera indica que você se encontra num período de renovação e renascimento no que diz respeito à sua consulta. Como esse pássaro tem muito a ver com a capacidade de adaptação, é recomendável a adoção dessa atitude diante da mudança.

Idéia-chave: INFLUÊNCIA.

Sagitário 29

Um garoto gordo cortando a grama.

É possível que esta imagem de garoto "gordo" esteja se referindo a alguém cujas necessidades estão demasiadamente satisfeitas. O ato de cortar grama pode ser visto mais como uma atividade prazerosa do que como algo que exige esforço, como se sugerisse que o garoto desfruta o prazer do descanso enquanto dá uma contribuição pessoal à sua família ou comunidade. **Este símbolo pode representar uma pessoa** que se sente plena em tudo o que faz, grata e satisfeita mesmo quando realiza tarefas que a outros poderiam ser penosas. **Em seu lado negativo:** Pode tratar-se de alguém excessivamente satisfeito consigo mesmo e incapaz, portanto, de assumir tarefas de grande responsabilidade. Uma pessoa que deseja demasiadamente passar uma boa imagem de si mesma aos outros.

Mensagem do Oráculo: Talvez você esteja passando por uma fase de complacência consigo mesmo ou se sentindo pleno em algum sentido por algo que recebeu ou conquistou. Desfrute. Mas deve-se também destacar que exprime a necessidade de canalizar esse estado de espírito de maneira que venha beneficiar um maior número de pessoas.

Idéia-chave: GOZO.

Gêmeos 30

Lindas banhistas.

Existem talentos ou capacidades que são naturais; muitas vezes, não é preciso fazer nada para aperfeiçoá-los; eles simplesmente estão aí e outras pessoas podem se maravilhar diante de manifestações que, para elas, são inalcançáveis. Estas lindas banhistas podem nos fazer pensar que estão satisfeitas e orgulhosas de poderem expor sua beleza. Por outro lado, o fato de estarem usando pouca roupa pode indicar que se trata de pessoas que não têm problemas para se mostrarem como são, já que intimamente se sentem queridas e dignas de admiração. **Este símbolo pode representar uma pessoa** que tem alguma habilidade natural que pode ser objeto de aplauso pelas pessoas ao seu redor. A manifestação dessa habilidade é usada por ela com o objetivo de propiciar encontros sociais, jogando com o fascínio que exerce, mas apenas com o intuito de que tudo redunde em benefício de todos. **Em seu lado negativo:** Pode ser uma pessoa que está sempre procurando despertar o deslumbramento de outras; alguém que está disposto a fazer qualquer coisa para consegui-lo.

Mensagem do Oráculo: Parece que o oráculo está indicando que o momento é favorável para a exposição de algo pessoal ou de ter uma atitude receptiva para desfrutar o que é mostrado. Ou para ambas ao mesmo tempo.

Idéia-chave: EXIBIR.

Sagitário 30

O papa.

O papa representa o arquétipo do Sumo Sacerdote, ou seja, atua como mediador supremo entre Deus e os homens. A carta do Tarô que o representa é repleta de símbolos interessantes nesse sentido. Ele está além de todo conhecimento intelectual; sua fonte de entendimento está evidentemente no desenvolvimento do espírito e não apenas do intelecto. Ele funciona como um verdadeiro manancial de sabedoria para aqueles que o rodeiam e, por isso, todos acorrem a ele em busca de conselhos e mediação de conflitos entre os homens. Seu ser está, ao mesmo tempo, intimamente ligado aos planos da consciência, uma vez que, sendo um profundo conhecedor do nosso mundo, também está identificado com os planos espirituais. **Este símbolo pode representar uma pessoa** cuja verdadeira sabedoria está na sua interioridade. Seu desenvolvimento espiritual é elevado, venha ele acompanhado ou não de um aperfeiçoamento intelectual. **Em seu lado negativo:** Alguém que acha que sabe mais do que na realidade sabe e que deseja ser reconhecido pelos outros como uma autoridade.

Mensagem do Oráculo: O Papa é intrinsecamente um mediador, seja entre os diferentes mundos e os homens deste mundo. Reflita com respeito à questão da sua consulta, se é você quem precisa que outra pessoa desempenhe esse papel de mediador ou se é você que deve desempenhá-lo para os outros.

Idéia-chave: LIGAR.

VIRGEM—PEIXES

Virgem 1

A cabeça de um homem.

O ser humano pode "com sua cabeça" dominar suas paixões, controlar seu corpo e dirigir sua atenção para um ou outro tipo de interesse. Quem tem o poder de dominar e governar a si mesmo, também pode fazer o mesmo com aqueles que o rodeiam; por isso, a cabeça simboliza domínio e autoridade. De outra perspectiva, pela sua forma esférica, a cabeça pode ser vista como um microcosmos e, portanto, também pode refletir o macrocosmos, o que nos leva a considerar os acontecimentos em termos holísticos de totalidade e globalização. **Este símbolo pode representar uma pessoa** extremamente mental, que tem autodomínio e capacidade de liderança. Alguém que pode ter uma visão panorâmica integral das circunstâncias que está atravessando e que é capaz de compreendê-las de diversas perspectivas ao mesmo tempo, ou seja, que consegue apreender diferentes planos de realidade e sobrepô-los uns aos outros. **Em seu lado negativo:** Pode tratar-se de uma pessoa que separa seu plano mental de seus sentimentos e/ou necessidades físicas.

Mensagem do Oráculo: O momento requer uma visão abrangente das circunstâncias à sua frente. É aconselhável que as decisões sejam tomadas com base no seu nível mental.

Idéia-chave: PODERIO.

Peixes 1

Um mercado público.

A palavra mercado é originária do deus romano Mercari (Mercúrio), patrono da boa sorte e do estatuto dos comerciantes, conhecido pela sua versatilidade e habilidade no intercâmbio de bens de todos os tipos. Na antiguidade, esses mercados não eram apenas espaços públicos de oferta, procura e intercâmbio de mercadorias de todos os tipos, mas eram também lugar de encontros comunitários para atividades como danças e rituais em prol do bem de todos. **Este símbolo pode representar uma pessoa** que tem como talento natural as habilidades relacionadas com o deus Hermes, ou seja, uma grande capacidade de comunicação, que lhe permite entrar em contato com pessoas e lugares de todos os tipos; por essa razão, pode-se pensar que sua sociabilidade a torna capaz de proporcionar grande bem-estar e prosperidade à comunidade à qual pertence. **Em seu lado negativo:** Alguém que usa esse talento unicamente para benefício próprio e que estabelece relações superficiais com os outros.

Mensagem do Oráculo: Mercúrio augura prosperidade certa no que concerne à sua consulta. Procure observar atentamente qual o tipo de reciprocidade que este símbolo indica como necessário para o bom êxito da questão consultada.

Idéia-chave: INTERCÂMBIO.

Virgem 2

Uma grande cruz branca.

A cruz nos mostra claramente o cruzamento e a conjunção de dois eixos perpendiculares, evidenciando a união de dois pólos opostos que podem representar uma dualidade como ativo–passivo, masculino–feminino, etc. Em sua dimensão máxima, manifesta a aparente dicotomia que existe entre os planos espiritual e terreno, cuja tensão extrema lacera a alma, que se vê aprisionada ao tentar resolver esse dilema. A cor branca significa pureza, desejo e vontade de elevar-se acima dessa encruzilhada e a busca da própria transcendência. **Este símbolo pode representar uma pessoa** que se erige diante dos outros como exemplo de integração dos aspectos mais marcadamente acentuados de sua personalidade; alguém que consegue ligá-los de maneira amorosa graças à pureza de seus sentimentos. **Em seu lado negativo:** Pode ser uma pessoa que se sente presa a essa situação, que adota o papel de mártir, mas não faz nenhum esforço verdadeiro para alcançar a união desejada.

Mensagem do Oráculo: É evidente que você está diante de uma encruzilhada, em que sente que tem de escolher entre uma ou outra atitude interna, situação a definir ou escolha de rumo. O oráculo está pedindo a integração de aspectos da personalidade que podem ter estado dissociados até o momento atual. Pense nisso.

Idéia-chave: CONCILIAÇÃO.

Peixes 2

Um esquilo escondendo-se dos caçadores.

Este bichinho simpático se destaca da consciência coletiva pela agilidade de seus movimentos, qualidade que lhe dá uma enorme capacidade de sobreviver. Essa qualidade é acentuada pela sua disposição natural para fazer uma provisão apropriada de alimentos: ele os coleta e guarda como tesouros preciosos para as épocas em que a natureza não os provê. Surpreendentemente, entretanto, a simbologia cristã medieval o associava com a figura do diabo, em razão da rapidez com que escapa e da cor vermelha de sua pele. **Este símbolo pode representar uma pessoa** cuja agilidade intelectual ou de ação lhe permite antecipar-se e precaver-se dos acontecimentos, proteger sua família e defender-se de situações adversas. **Em seu lado negativo:** Pode ser alguém insaciável em seu desejo de acumular bens, avarento e temeroso do futuro; protegido por sua capacidade de tirar proveito de qualquer situação que se apresente.

Mensagem do Oráculo: Quem são os caçadores dos quais você tem de se proteger? Pense sobre isso. Não se esqueça de que nossos principais adversários estão dentro de nós mesmos. Qualquer que seja a situação, a imagem mostra que você pode contar com a habilidade necessária para resolver o dilema em questão.

Idéia-chave: PREVENÇÃO.

Virgem 3

Dois anjos trazendo proteção.

Os anjos são considerados mensageiros de Deus, capazes de subir e descer das alturas celestiais quando assim requer a vontade divina. Eles representam aquelas forças benéficas que nos guiam e protegem em todas as situações, quer os tenhamos invocado ou não. No plano corriqueiro da nossa realidade, dizemos que uma pessoa é um "anjo" quando se mostrou capaz de sublimar suas emoções e instintos mais primitivos; alguém que pode nos surpreender, aparecendo na hora e lugar certos em que são necessárias e salutares suas energias harmoniosas. **Este símbolo pode representar uma pessoa** de acordo com a descrição acima, que seja capaz de entregar-se com total confiança a seus processos vitais, sabendo que sempre pode contar com um apoio especial; alguém que exerce sua influência luminosa sobre aqueles que o rodeiam. **Em seu lado negativo:** Alguém que acredita ter uma pureza espiritual que na realidade não tem. Espera que os outros resolvam seus problemas e se sente incapaz de fazer de si mesmo o seu melhor protetor.

Mensagem do Oráculo: Diz respeito a uma proteção especial no contexto da sua consulta. Procure ouvir o que os seus guias estão tentando lhe dizer. Muitas vezes, deixamos de ouvir as mensagens que eles estão tentando nos transmitir. Preste atenção.

Idéia-chave: AMPARO.

Peixes 3

Um bosque petrificado.

O olhar da Medusa petrificava quem quer que a observasse. Também a mulher de Ló foi transformada em estátua; em muitos contos de fadas, aparece a imagem de lugares que foram imobilizados por algum tipo de encantamento. Isso sugere a idéia de algo que, por algum motivo, ficou parado no tempo; algo desmedido aconteceu e o processo vital foi detido até que alguém conseguiu libertá-lo, como no caso de Deucalião, que transformava pedras em homens. Por outro lado, a pedra sugere a idéia de eternidade, espaço onde o tempo — que passa por estações — conseguiu ser transcendido e só a essência do incorruptível permanece. **Este símbolo pode representar uma pessoa** que teve de passar por um período de detenção ou impedimento em algum sentido e, graças a isso, pôde entrar em contato com o que é essencial na vida e deixar de dar importância a tudo o que é passageiro. **Em seu lado negativo:** Uma pessoa que se enrijeceu, apegada a cânones e dogmas estritos que lhe servem de apoio e proteção, e que tornou-se juiz implacável de todos os que se permitem libertar dessas estruturas rígidas.

Mensagem do Oráculo: Quando uma pessoa avançou muito vertiginosamente em algo, talvez ela precise de um tempo de aparente imobilidade para poder descansar e elaborar. Procure observar qual foi o desequilíbrio que o levou a esse estado e aprenda a dar valor ao que é essencial na sua vida cotidiana.

Idéia-chave: ESSÊNCIA.

Virgem 4

Crianças negras brincando com crianças brancas.

Nós adultos tendemos a separar e a categorizar o que é diferente de nós. Nosso primeiro impulso nos impele a rejeitar e a adotar uma atitude defensiva por medo do desconhecido. As crianças não têm essas atitudes, uma vez que, para elas, o diferente não significa melhor nem pior, mas simplesmente algo com outras características e que não tem nada a ver com hierarquia. Por outro lado, tendemos a ocultar o negro (o que é estranho e incomum no nosso comportamento) em nosso íntimo, acreditando que seja potencialmente perigoso e destrutivo; não sabemos brincar com ele nem lhe damos espaço para crescer e vicejar, como os outros aspectos de nossa personalidade que nos são conhecidos. **Este símbolo pode representar uma pessoa** capaz de aceitar seus aspectos temidos, reconhecendo-os e liberando-os e, em conseqüência disso, tem disposição para abrir-se aos outros, aceitando-os como são, sem nenhum tipo de preconceito ou discriminação. **Em seu lado negativo:** Alguém incapaz de discernir as diferenças qualitativas (internas e externas). Uma pessoa para quem "todos são o mesmo".

Mensagem do Oráculo: Momento de descobrir situações (ou pessoas) que antes teria rejeitado. O não aceito ou reprimido pode ser assumido e seu reconhecimento se mostrará enriquecedor.

Idéia-chave: ACEITAÇÃO.

Peixes 4

Tráfego sobrecarregado sobre um istmo estreito.

A imagem mostra uma estreita extensão de terra margeada de ambos os lados por vastas superfícies de água e que, devido a um tráfego intenso de veículos, está sobrecarregada. Quer dizer, trata-se de um espaço estreito pelo qual passa uma enorme quantidade de veículos. Talvez o problema seja que, em pouco tempo ou espaço físico, uma grande quantidade de ações deve ser realizada e, enquanto isso, a pessoa se vê rodeada por situações emocionais intensas (vastas superfícies de água). A paciência e a precisão dos movimentos são fatores da máxima importância para que não ocorram engarrafamentos que venham obstruir o fluxo de uma situação que envolve inúmeras pessoas. **Este símbolo pode representar uma pessoa** que está diante de uma situação de sobrecarga de trabalho, oprimida por torrentes de pensamentos e/ou situações emocionais internas e que, graças à sua determinação, consegue fazer com que tudo flua com tranqüilidade. Alguém que é capaz de pôr ordem em situações que outros considerariam caóticas. **Em seu lado negativo:** Uma pessoa que assume mais responsabilidades do que poderia assumir. Alguém que é incapaz de elaborar (e soltar) situações do passado e, por isso, elas se misturam ao seu presente.

Mensagem do Oráculo: Este é um momento em que ocorrem muitas ações que devem ser controladas "ao mesmo tempo"(e todas são igualmente importantes). Maneje-as com muito cuidado, procurando dar conta de todas elas.

Idéia-chave: EXATIDÃO.

Virgem 5

Um homem sonhando com fadas.

Para quem acredita no mundo mágico das fadas, elas atuam como protetoras ativas dos reinos vegetal e mineral, e isso se deve ao fato de elas serem as responsáveis pela parcela de energia feminina no processo criativo da Terra. Embora seja essa a sua principal função, elas também estão afetivamente ligadas aos seres humanos e querem colaborar conosco, oferecendo-nos sua ajuda para que possamos realizar nossos desejos mais profundos. Por tudo isso, elas nos enviam sua energia salutar para que tenhamos coragem de encarar os desafios e sofrimentos que possam estar nos afligindo. Sua fonte de energia é a Lua, ou seja, a do amor materno que deseja proteger e apoiar amorosamente o objeto de sua devoção e entrega. **Este símbolo pode representar uma pessoa** que possivelmente tem uma relação afetuosa com os espíritos da natureza, que lhe dizem de que modo pode colaborar com o processo criativo da Terra, como cuidar das plantas e minerais do lugar em que mora, etc. Pode tratar-se de alguém que tem muitas premonições com respeito a acontecimentos por ocorrer e que também serve como consolo e suporte para as pessoas ao seu redor. **Em seu lado negativo:** Pode tratar-se de alguém que não separa a realidade do mundo dos sonhos e sonha com fantasias impossíveis.

Mensagem do Oráculo: As fadas são de bom augúrio, significa que, em breve, você terá boas novas.

Idéia-chave: ANSEIO.

Peixes 5

Um bazar de igreja.

Nesse tipo de bazar são vendidos objetos, mas apenas aqueles que podem ajudar os fiéis em seus rituais íntimos e na sua conexão espiritual. Aqui vemos o espiritual introduzido na esfera social e seu aspecto prático valorizado. Entretanto, Jesus expulsou os mercadores de seu templo, o que quer dizer que também existe o perigo de passar a comercializar o sagrado, banalizando-o e profanando-o. Estamos diante de uma imagem na qual o limite e a atitude interior diante do que se faz determinam a diferença. **Este símbolo pode representar uma pessoa** capaz de estabelecer uma ligação harmoniosa entre as esferas espiritual (ou quaisquer ideais pessoais que possa ter) e mundana; alguém que tem habilidade suficiente para tratar com respeito cada ato que realiza e não perde de vista o fato de que ambas as esferas devem ser contempladas simultaneamente. **Em seu lado negativo**: Alguém que faz uso de idéias espirituais ou transcendentais para tirar proveito pessoal, sem uma atitude de cuidado e respeito para com o que está lidando.

Mensagem do Oráculo: A idéia fundamental que a imagem apresenta é a de uma troca favorável. Cabe a você perceber a que área da sua vida pessoal ela está se referindo.

Idéia-chave: TROCA.

Virgem 6

Um carrossel de brinquedo.

As brincadeiras da infância são, muitas vezes, representações simbólicas das experiências de vida que só teremos mais tarde como adultos. O carrossel de brinquedo (a roda de cavalinhos), que todos nós recordamos com tanto carinho, tem um centro ao redor do qual giram animais, carrinhos, vagões de trem, etc. Trata-se, portanto, de uma simples figura de mandala, cujo centro se expande de formas variadas para a periferia. Ele tem um movimento giratório, embora permaneça fixo no mesmo lugar; a música acompanha a cena e anima o jogo imaginário de um movimento que se repete a partir de um centro imóvel. O movimento não se dá apenas ao seu redor, mas para completá-lo, alguns animais em seu deslocamento também alternam movimentos para cima e para baixo. **Este símbolo pode representar uma pessoa** capaz de ter uma vida muito ativa, desenvolvendo diversos tipos de atividade. Alguém que é muito risonho, disposto a levar alegria para onde quer que vá. No entanto, é suficientemente idôneo para manter-se centrado sem se deixar dispersar. **Em seu lado negativo:** Alguém que gasta muita energia em tarefas sem sentido e para quem a vida só tem sentido quando há prazer.

Mensagem do Oráculo: Este é um momento em que um amplo espectro de possibilidades surgirá no seu horizonte. Saiba aproveitá-lo e, ao mesmo tempo, saiba distinguir o acessório do essencial.

Idéia-chave: ALÍVIO.

Peixes 6

Um desfile de oficiais em uniforme completo.

Um bom desfile militar implica necessariamente que seus participantes estejam muito bem treinados para sincronizarem perfeitamente seus movimentos e terem uma presença garbosa e imponente. A disciplina é parte essencial de um desfile militar. A imagem que eles passam é muito importante para o povo todo, uma vez que representam as forças prontas para defendê-lo se for necessário; portanto, devem irradiar firmeza e confiança e, para tanto, têm de estar física e emocionalmente bem dispostos. **Este símbolo pode representar uma pessoa** que, no seu meio, é capaz de realizar uma atividade com muita responsabilidade e com um preparo disciplinar bastante rigoroso. Alguém que, além disso, realiza essa atividade com muito entusiasmo e se sente orgulhoso dela. **Em seu lado negativo:** Pode ser uma pessoa que gosta de aparentar uma estrutura e responsabilidade social que interiormente não está madura para manter. Alguém que possui uma "máscara social" muito rígida, isto é, que tem uma preocupação muito grande com respeito à imagem de si mesmo que projeta para os outros.

Mensagem do Oráculo: Momento de pompa e glória, de manifestação e exposição diante dos outros, de algo para o qual você vem se preparando há muito tempo. Aproveite-o.

Idéia-chave: RIGOR.

Virgem 7

Um harém.

O harém reúne dentro de si toda a sabedoria (e também todo o horror) feminina em seus diferentes estilos e formas. A imagem não se refere a uma mulher dentro de um harém, mas ao harém na sua totalidade. Esse pode exercer a função de um útero carinhoso e protetor ou pode ser um espaço no qual se aprende todas as artimanhas e manipulações femininas visando alcançar o poder ou obter o favor do sultão desejado. Pode ser um lugar onde as diferenças são exaltadas, valorizadas e respeitadas e onde cada mulher consegue ser fiel a si mesma, ou um espaço onde o anonimato dissimula a ausência de crescimento interior. **Este símbolo pode representar uma pessoa** que, por circunstâncias diversas, viveu grande parte de sua vida cercada de mulheres, e isso permitiu que ela desenvolvesse uma sensibilidade e uma percepção muito aguçadas das forças inconscientes desse mundo; alguém com uma profunda compreensão e grande capacidade de contenção e cuidado. **Em seu lado negativo:** Uma pessoa que sente enorme dificuldade para encontrar a si mesma, sempre querendo satisfazer os desejos das pessoas próximas como um meio de obter seu afeto e proteção.

***Mensagem do Oráculo:** Momento em que não é fácil entender o que está acontecendo. Sentimentos diversos e até incompatíveis se agitam em seu interior. Dê-se tempo para ouvir cada uma dessas vozes internas e procure não trair a si mesmo, mesmo em suas contradições.*

Idéia-chave: ABUNDÂNCIA.

Peixes 7

Uma cruz sobre rochas.

Para todo cristão, a cruz está diretamente associada à idéia da Paixão e Ressurreição de Nosso Senhor; entretanto, e de maneira sucinta, a cruz representa o ponto de encontro de dois planos: um horizontal (terrestre) e outro vertical (celeste ou divino). Da perspectiva individual, cada um sabe qual é a situação que representa a sua experiência de crucificação na Terra, e essa só pode ser superada quando conseguimos dar a ela um sentido de essência espiritual. As rochas constituem um ponto de apoio firme para a cruz da imagem e a mantêm firmemente presa à superfície da terra. É importante lembrar que a cruz também pode ser considerada a escada que nos permite subir ao céu quando conseguimos transcendê-la. **Este símbolo pode representar uma pessoa** profundamente arraigada na vida cotidiana, embora a segurança que ostenta seja resultado de sua capacidade de dar um sentido espiritual a situações em que outros teriam desmoronado psicologicamente. **Em seu lado negativo:** Alguém para quem a vida é uma aprendizagem que se faz com sofrimento e sacrifício, e que pode ter ressentimentos profundos por não ter conseguido superar suas experiências dolorosas.

Mensagem do Oráculo: Você está diante de uma encruzilhada, num momento de decisão. A situação é muito mais séria do que parece. Apesar disso, é hora de soltar definitivamente algo de seu passado e passar para uma nova etapa.

Idéia-chave: EXPIAÇÃO.

Virgem 8

Uma primeira aula de dança.

Toda dança apresenta uma sincronização de movimentos em compasso com uma música, expressando uma sensibilização e união profundas do ritmo interior com a eterna energia cósmica. Por sua vez, Shiva criou o mundo enquanto dançava e, portanto, pode-se considerar a dança como uma fonte de vida, que abre as comportas da criação divina e da qual tudo pode surgir. A imagem fala de uma primeira aula e pode-se, portanto, inferir que esteja se referindo a um primeiro estágio de desenvolvimento de todo o potencial acima mencionado. **Este símbolo pode representar uma pessoa** que possui um enorme talento criativo, alguém que sabe intuitivamente como deixar-se levar pelas leis cósmicas e que consegue distinguir quando é preciso realizar algum tipo de ação e quando não. Uma pessoa capaz de ter uma atitude de permanente aprendizagem diante de tudo o que é novo. **Em seu lado negativo:** Pode ser uma pessoa incapaz de aprender com seus próprios erros e que está sempre "dando seus primeiros passos" em tudo o que faz; alguém que segue sempre a corrente da moda e as opiniões dos outros, deixando-se levar, não pela energia cósmica, mas pelas opiniões gerais.

Mensagem do Oráculo: A dança mobiliza, sacode e mexe com a gente. Pode ser que, por alguma razão, você se encontre num estado de inércia do qual terá de sair para que algo de novo (um novo ritmo) possa entrar na sua vida. Abra-se para que algo diferente possa penetrar na sua vida.

Idéia-chave: ENTREGA.

Peixes 8

Uma menina tocando uma corneta.

A corneta teve sua origem nos cornos que os judeus da antiguidade usavam para alertar uns aos outros sobre a aproximação de um possível inimigo. Este instrumento musical costuma ser de metal, elemento próprio da nobreza e que indica nobreza de caráter. Aquele que a possui demonstra ter uma relação íntima com as energias espirituais. Os anjos, por sua vez, tocam o clarim para anunciar a presença do Senhor e dizem que o seu som inundará o céu no dia do Juízo Final. Por tudo isso, tocar esse instrumento indica manter uma atitude alerta a respeito de um conhecimento que se tenta transmitir aos outros. **Este símbolo pode representar uma pessoa** que tem uma atitude solidária do ponto de vista social, prevendo acontecimentos e alertando as pessoas próximas com a intenção de protegê-las e ajudá-las em tudo o que possa beneficiá-las. **Em seu lado negativo:** Alguém que gosta de estar a par das últimas novidades e que passa essas informações a todos os outros, sem procurar ver se é o momento oportuno ou se a pessoa está preparada para recebê-las.

Mensagem do Oráculo: A garota avisa que uma mudança importante com relação à sua consulta está prestes a acontecer. Mantenha-se atento.

Idéia-chave: ARAUTO.

Virgem 9

Um homem fazendo uma pintura expressionista.

Diversas correntes da pintura tradicional tentam reproduzir no desenho a imagem vista pelo espectador (em sua forma, cor, etc.), enquanto o movimento expressionista encontra seu sentido na expressão dos sentimentos e emoções que o objeto despertou no artista. Essa é a razão pela qual certas pinturas dessa corrente artística se afastam de tal maneira do modelo que simbolizam que esse pode acabar sendo irreconhecível, já que o fundamental é que o que se vê refletido na superfície seja a experiência subjetiva do artista. **Este símbolo pode representar uma pessoa** que tem grande respeito pelos seus sentimentos mais íntimos, que os valoriza e expressa de maneira criativa; alguém que imprime sua marca pessoal em tudo o que faz ou diz. **Em seu lado negativo:** Alguém que tem uma grande dificuldade para se ligar com o que acontece com os outros; vive tão subjetivamente o presente que não consegue ter nenhuma objetividade diante dos fatos de sua vida cotidiana.

Mensagem do Oráculo: Uma pintura expressionista pode acabar sendo uma catarse extremamente criativa. Busque fazer a sua a seu modo. Seja como for, tenha consciência de que se essa imagem apareceu é porque é importante canalizar essa energia, que contém um enorme potencial intrínseco e que não deve, portanto, permanecer estancada.

Idéia-chave: EXPOSIÇÃO.

Peixes 9

Um jóquei.

Todo jóquei foi treinado especialmente para competir com outros ginetes. Seu objetivo não é apenas cavalgar bem, mas também vencer e ser o melhor. Seu principal adestramento consiste em adquirir a capacidade de conduzir bem o animal em cuja montaria irá correr, de maneira que o entendimento entre eles seja tal que ele possa dominar cada um de seus movimentos e conduzi-lo como melhor entender. Esta imagem expressa de forma muito gráfica uma briga da qual só se pode sair vencedor se a vontade conseguir dominar a força bruta. **Este símbolo pode representar uma pessoa** que é capaz de se destacar em diferentes atividades graças ao perfeito domínio e controle de suas energias e desejos. **Em seu lado negativo:** Alguém que, qualquer que seja a situação, deseja sempre ser o primeiro e trata de demonstrar suas habilidades para conseguir o aplauso dos outros. Alguém muito necessitado do reconhecimento alheio.

Mensagem do Oráculo: Você está envolvido em algum tipo de disputa. Trate de fazer uma boa corrida. A vitória será sua se conseguir manter sob controle as rédeas de si mesmo. Saber governar os instintos primários (o cavalo) é o que lhe trará a vitória.

Idéia-chave: DOMÍNIO.

Virgem 10

Duas cabeças olhando para fora e além das sombras.

Usamos muitas vezes a expressão "mundo de sombras" para nos referir ao mundo de enganos e vaidades em que vivemos, e o que percebemos nele são apenas representações fugazes da verdadeira Realidade. Do ponto de vista psicológico, "sombra" é tudo aquilo que desconhecemos em nós mesmos e que precisamos ir reconhecendo, resgatando e iluminando com a luz da consciência. Para isso, é preciso que nos coloquemos simbolicamente no número Dois, quer dizer, olhemos para tudo o que tem de ser visto de duas perspectivas diferentes e, assim, alcancemos uma visão mais abrangente. Aprender a olhar para "além das sombras" significa estar preparado para discernir o que é sombra e o que é realidade e ter capacidade para assumir como próprio aquilo que rejeitamos ou admiramos nos outros. **Este símbolo pode representar uma pessoa** capaz de ter elaborado em si mesma esse diálogo interior de tal maneira que chegou a estabelecer uma relação consigo mesma tão rica que lhe permite ir superando tanto suas próprias superficialidades como os aspectos negados de si mesma. **Em seu lado negativo:** Pode tratar-se de alguém que olha para as sombras dos outros e que se transformou num crítico severo dos erros alheios.

Mensagem do Oráculo: Pode ser que você esteja num momento muito importante no sentido mencionado; talvez tenha compreendido algo pessoal que antes desconhecia, ou tenha se livrado de algum apego antigo que antes não conseguia, liberar.

Idéia-chave: PENETRAÇÃO.

Peixes 10

Um aviador nas nuvens.

Todo aviador dirige seu avião para onde deseja, isto é, controla seu rumo, mas, sobre tudo (como não se trata de automóvel), o âmbito de domínio é o elemento ar. Simbolicamente, isso nos leva a pensar na supremacia do pensamento. Supondo-se que seja um vôo de grandes proporções, temos uma visão panorâmica ou de ampla perspectiva da realidade. Neste caso, o aviador está atravessando as nuvens; essas ocultam sua visão, mas ele é um piloto experiente que não vacila diante de sua travessia. As nuvens podem estar representando tanto uma aparência ilusória como níveis elevados de consciência, que só podemos intuir através de formas sutis (o trono de Deus esconde-se atrás delas). **Este símbolo pode representar uma pessoa** que tem uma mente aguçada, penetrante e lúcida, capaz de assimilar questões que seriam confusas, ambíguas e misteriosas para qualquer outra pessoa; alguém que tem poder para desvendar mistérios. **Em seu lado negati-**

vo: Pode tratar-se de uma pessoa que oculta seus verdadeiros pensamentos e a quem agrada envolver-se em assuntos perversos.

Mensagem do Oráculo: Você está atravessando um período de possíveis equívocos ou de situações obscuras. Lembre-se de que assim que ele passar, chegará o momento da colher os frutos; as nuvens auguram fertilidade na área envolvendo a sua consulta.

Idéia-chave: REVELAR.

Virgem 11

Um garoto moldado de acordo com as aspirações de sua mãe.

Em termos de consciência, ninguém vem ao mundo como uma *"tabula rasa"*; pelo contrário, trazemos conosco milhares de imagens pertencentes ao inconsciente coletivo e, também, a memória direta de toda a gesta daqueles que foram os nossos ancestrais. Essa é a bagagem com a qual contamos, tanto para a nossa criatividade pessoal como para os dilemas arquetípicos que constituem o padrão da nossa família. Conhecer o passado ajuda a compreender o padrão (inconsciente) da nossa vida e nos possibilita estabelecer uma integração salutar entre o nosso livre-arbítrio e aquilo que pode aparecer como destino dentro de uma determinada estrutura. **Este símbolo pode representar uma pessoa** que pesquisou a história do seu passado e que, com base em uma escolha consciente, aceitou para si certos propósitos que já eram os mesmos do meio a que pertence (mãe como mãe arquetípica). **Em seu lado negativo:** Alguém que moldou sua vida a partir dos desejos de outros, sem verificar se eram também os seus.

Mensagem do Oráculo: Momento de criar uma imagem positiva de algum aspecto pessoal que gostaria de alcançar, imagem que irá se consolidando aos poucos até se tornar realidade.

Idéia-chave: MATRIZ.

Peixes 11

Homens em busca da iluminação.

Nascemos num mundo que é comumente denominado "mundo das trevas" e desejamos ardentemente conhecer o universo de luz, que é nossa verdadeira origem e natureza. Entretanto, por alguma razão desconhecida e misteriosa, alguns seres humanos nascem mais propensos do que outros a realizar essa busca. Esses têm uma tal sede de absoluto que, conscientemente ou não, é difícil para outros, que não a têm, entenderem. Na nossa vida cotidiana, não é fácil encontrar um sentido para essa busca, já que é como procurar encontrar neste plano o que por natureza pertence a outras dimensões. Os caminhos a serem seguidos são absolutamente individuais e só podem ser compreendidos de uma perspectiva supra-individual e transcendente. **Este símbolo pode representar uma pessoa** que conseguiu encontrar o rumo pessoal para o seu desenvolvimento espiritual depois de ter transitado por diferentes caminhos. Toda essa experiência anterior ganhou sentido à luz desse encontro. **Em seu lado negativo:** Alguém que não encontra satisfação em nada, porque começa tudo com muito entusiasmo, mas logo o abandona com um sentimento de desilusão.

Mensagem do Oráculo: Momento propício para iniciar um processo que vai levá-lo a esclarecer questões que deseja elucidar. Lembre-se de que a verdadeira iluminação ocorre quando conseguimos estar em contato com nosso centro interior.

Idéia-chave: ANSEIO.

Virgem 12

Uma noiva cujo véu foi arrancado.

Em termos gerais, pode-se dizer que o que é puro e virginal deve ser encoberto e protegido até a chegada do momento da iniciação. Tirar os véus, pode significar, de um lado, a perda da inocência e, de outro, a eliminação de tudo aquilo que impede o mais puro de ser visto com clareza. O contato íntimo com a nossa alma não é algo facilmente exeqüível mas, em princípio, algo oculto. Só com um diligente e prolongado esforço é que conseguimos entrar em contato com ela, e deixar para trás as seduções e vaidades da vida mundana para vislumbrarmos a face da Verdade. **Este símbolo pode representar uma pessoa** que, com o amor e cuidado de um noivo tirando o véu da sua amada, teve um contato profundo com a sua Essência. Graças a essa experiência, essa pessoa pode ajudar os outros em seu "desvelamento" interior. **Em seu lado negativo:** Uma pessoa que é capaz de "rasgar" a si mesma, expondo-se a situações que, em vez de lhe proporcionarem uma compreensão maior, a magoam devido à sua própria violência interior. Alguém que se compraz em bisbilhotar a vida íntima dos outros.

Mensagem do Oráculo: Momento propício para trazer à luz algo que você manteve oculto até para si mesmo. Confie naquilo que o destino trará à sua consciência.

Idéia-chave: DESVELAR.

Peixes 12

Uma prova de iniciação.

Toda iniciação envolve um processo de morte e renascimento que só se realiza quando o iniciado consegue vencer as difíceis provas que lhe são apresentadas. A transmutação só é possível quando a pessoa está disposta a deixar para trás e para sempre um determinado nível de consciência e tem a coragem necessária para enfrentar os medos (o guardião do limiar) que o encontro com a própria "sombra" traz consigo. As formas que uma iniciação podem assumir são múltiplas; o único elemento comum a todas é a exigência de que o iniciado enfrente suas provações em absoluta solidão e as vença por meio de uma comunhão profunda consigo mesmo. **Este símbolo pode representar uma pessoa** que terá de atravessar diferentes tipos de reveses em sua vida e cada um deles terá como resultado um estágio completamente diferente dos anteriores e a plena consciência de haver passado por uma total transformação interior. **Em seu lado negativo:** Alguém que sente os desafios pessoais como castigos divinos e que tem uma visão pessimista da vida em geral.

Mensagem do Oráculo: Este é um momento muito especial. Considere que um ciclo e um "velho eu" estão definitivamente acabados; libere-os e espere que o novo ser renasça dentro de você. A maior prova consiste em ser fiel a si mesmo.

Idéia-chave: VIVIFICAR-SE.

Virgem 13

Uma mão forte vencendo um estado de histeria política.

Os significados das mãos são muitos e variados, tanto na sua totalidade como em cada uma de suas partes — cada dedo ou parte da palma da mão está associado a um deus diferente — como também em relação aos gestos que com elas podemos fazer, sejam esses o que usamos na nossa comunicação diária ou aqueles movimentos ou posturas que têm significados específicos em diferentes rituais. Nesta imagem, porém, o significado é aquele que lhes é atribuído normalmente: instrumentos de execução. Elas indicam a possibilidade de manifestar, de tornar concreto o que foi intuído e concebido. Nesse sentido, as mãos significam capacidade (de concretização), domínio (sobre si mesmo e os outros) e soberania. A mão forte desta imagem também pode estar indicando o fato de estar entregando "às mãos de Deus" aqueles problemas que, por alguma razão, chegaram a um estado de histeria. **Este símbolo pode representar uma pessoa** com grande autodomínio e determinação para enfrentar as situações que se apresentam. Essa disposição pode provir do seu caráter inato e/ou de uma confiança e entrega a uma vontade superior. **Em seu lado negativo:** Essa mão pode estar indicando um temperamento tirânico e controlador dos outros.

Mensagem do Oráculo: Trata-se de um período caótico, anunciando que algo novo vai acontecer. A mão significa, também, proteção. Confie nela, mas lembre-se de que se manter em equilíbrio lhe será benéfico na situação atual.

Idéia-chave: INTEIREZA.

Peixes 13

Uma espada num museu.

Com a espada podemos nos defender, atacar, cortar e dividir: por isso, ela é considerada um símbolo arquetípico masculino de coragem e força. As espadas chegaram de tal maneira a ser características de valentia e galhardia que ganharam nomes próprios, tornando-se exemplos louváveis de conduta. É claro que o ato de cortar pode ser entendido de muitas maneiras e supõe também a possibilidade de separar o claro do escuro, o bem do mal, razão pela qual a espada é usada como representante da Palavra de Deus e da Justiça Divina. Aqui, a espada está num museu, indicando que deve ter passado por um período de glórias, do qual hoje é apenas um símbolo arquetípico ou modelo a ser imitado. **Este símbolo pode representar uma pessoa** que poderia ser o protótipo da coragem, talvez transformada num ideal de justiça e que, como tal, é válido considerá-la um paradigma no meio em que vive. Ou alguém que admira figuras do tipo que mencionamos e procura imitá-las. **Em seu lado negativo:** Pode tratar-se de alguém que considera o passado algo tão grandioso que lhe é impossível separar-se dele.

Mensagem do Oráculo: Com respeito à pergunta da sua consulta, procure saber que mitos ou heróis do passado viveram uma história parecida com a sua. Neles, você irá encontrar respostas para o seu dilema.

Idéia-chave: INTEGRIDADE.

Virgem 14

Uma árvore genealógica.

As árvores têm raízes profundas na terra. Com essa base de sustentação, elas elevam seus troncos e copas em direção ao céu. Da mesma maneira, nosso passado familiar é o fundamento, queiramos ou não, que nos sustenta. Essa tradição é um alimento importante, por constituir uma fonte de sabedoria que vai nos nutrir por toda a nossa vida. É inegável o fato de que pertencemos a um tronco que nos define de uma maneira ou de outra; o passado condiciona a nossa genética tanto do ponto de vista físico quanto do mental e afetivo. Isso não significa pensar que não somos livres mas, pelo contrário, admitir esse passado é aceitar, compreender, conhecer e saber quais são os nossos atributos naturais e quais são os nossos principais condicionamentos. **Este símbolo pode representar uma pessoa** que, conhecendo profundamente suas origens ancestrais, decidiu desenvolvê-las no sentido de preservar os valores e enriquecer os talentos de seus antepassados. Alguém que se considera membro digno de uma tradição. **Em seu lado negativo:** Uma pessoa que não confia em si mesma, mas se baseia apenas no fato de ser herdeira de um passado. Um tradicionalista sectário.

Mensagem do Oráculo: Por algum motivo, o momento exige uma reflexão sobre o que a sua tradição familiar considera válido ou meritório; requer de você uma volta às origens.

Idéia-chave: TRADIÇÃO.

Peixes 14

Uma dama com a pele de um zorro (raposo).

A imagem descreve uma dama e não uma mulher comum: trata-se, portanto, de uma pessoa culta e sofisticada em algum sentido. Ela se encobre e se protege com a pele de um zorro, animal que possui características especiais e cuja astúcia ganhou fama, inclusive por meio das fábulas que todos nós conhecemos. É especialmente célebre pela sua capacidade de recorrer a diferentes tipos de ardil para alcançar seus objetivos. É lúcido, criativo e imaginativo, mas pode também ser caloteiro, lascivo e disposto a fazer qualquer coisa para conseguir o que deseja. **Este símbolo pode representar uma pessoa** com uma personalidade muito carismática e que é capaz de usar sua perspicácia para vencer na vida e proteger seus ideais e objetivos. **Em seu lado negativo:** Uma personalidade enganadora, alguém não confiável porque nunca diz o que realmente está sentindo ou pensando, ocultando-se descaradamente com todo tipo de artimanhas.

Mensagem do Oráculo: A imagem indica que este é um momento em que é preciso resguardar-se (disfarçar-se) ou apresentar-se muito formalmente aos outros. É imprescindível usar toda a perspicácia para sair-se bem. Tenha clara a diferença entre o que significa ser ambíguo e ser mentiroso. Tenha muito tato.

Idéia-chave: CAUTELA.

Virgem 15

Um delicado lenço de renda.

Esta imagem nos mostra um lenço fino como os que eram usados antigamente pelas damas da aristocracia como símbolo de nobreza e de refinamento estético. Bordados com primor (talvez por elas mesmas), eles eram usados com graça e só presenteados em sinal de um afeto muito especial; costumava-se impregná-los com um perfume exclusivo. Eles podiam ter um significado particular para quem conhecia o simbolismo que esses lenços expressavam, por meio de seus bordados minuciosos ou formas de confecção, cuja delicadeza sutil passaria despercebida por quem não cultivasse essa tradição. **Este símbolo pode representar uma pessoa** com uma sensibilidade muito refinada, possivelmente muito ligada à tradição à qual pertence por origem ou adoção; alguém que trata os outros com grande respeito; uma pessoa com uma grande riqueza interior que só poucos são capazes de perceber. **Em seu lado negativo:** Uma pessoa que aparenta uma cultura aristocrática que, na realidade, não tem; alguém muito apegado às formas, sem uma relação verdadeira com seu mundo interior.

Mensagem do Oráculo: A situação referente à pergunta da sua consulta deve ser tratada com habilidade e delicadeza. Fica ressaltada a necessidade de preservar algo com uma natureza extremamente delicada. Recomenda-se tato e diplomacia.

Idéia-chave: SUTILEZA.

Peixes 15

Um oficial treinando seus homens.

Estar preparado para treinar um pelotão de combate é uma tarefa que requer o desenvolvimento de muitas habilidades pessoais. Pressupõe o devido nível de adestramento pessoal e uma grande capacidade de observação para poder extrair o melhor de sua equipe. Além disso, ele tem de saber como estimular seus homens até o limite de suas possibilidades, mas sem jamais chegar a colocar em risco sua integridade física ou psíquica; tem de desafiá-los mas, ao mesmo tempo, dar-lhes a confiança necessária para que, a cada novo desafio, eles possam se superar. **Este símbolo pode representar uma pessoa** que conseguiu realizar em si mesma um processo de aprendizagem como o descrito acima; alguém que se tornou capaz de pôr em prática o que aprendeu para ensinar outros em qualquer que seja a área de sua atuação. Alguém que sabe como se proteger e que ajuda os outros a criarem um bom sistema de autodefesa. **Em seu lado negativo:** Uma pessoa que pode se sentir perseguida em situações que não são absolutamente ameaçadoras; alguém que se crê um mestre em qualquer lugar que se encontre.

Mensagem do Oráculo: A imagem não está se referindo a combate, mas a exercício preparatório. Considere por que, no contexto de sua pergunta, aparece a idéia de estar atento e preparado.

Idéia-chave: ADESTRAMENTO.

Virgem 16

Um orangotango.

O orangotango representa o lado sombrio da nossa psique, temido por ser do desconhecido. Ele é uma das formas assumidas pela "sombra" (em sonhos, lendas, etc.) e sua feiúra e ferocidade indicam a possibilidade de atitudes desenfreadas que possibilitariam liberar a agressividade que, por um ou outro motivo, fora reprimida no nosso mundo interior. Essas energias reprimidas no inconsciente podem irromper repentina e intempestivamente com tal intensidade que ameaçam arrastar consigo o eu consciente. O orangotango pode representar, de um lado, esse aspecto ameaçador mas, de outro, o potencial ou a capacidade de se proteger e até mesmo o poder pessoal. Nesse caso, expressa também a sabedoria do corpo. **Este símbolo pode representar uma pessoa** que soube aceitar as forças desconhecidas de seu inconsciente e isso lhe possibilitou a ligação com essa força interior e alcançar uma visão de grande inteligência e compreensão acerca da vida. **Em seu lado negativo:** Pode tratar-se de uma pessoa com enorme agressividade, incapaz de frear ou controlar seus atos, alguém que se deixa levar por seus desejos e vícios.

Mensagem do Oráculo: O momento é oportuno para você dar vazão ou canalizar as forças arcaicas e primitivas da sua psique e, com isso, tomar consciência de quais são as circunstâncias que podem estar despertando toda essa torrente de ira ou raiva.

Idéia-chave: PODERIO.

Peixes 16

Um fluxo de inspiração.

Os artistas e em geral todas as pessoas criativas costumam afirmar categoricamente que a inspiração só vem depois de a pessoa ter investido muito tempo e energia no seu trabalho. Também os mestres espirituais de diferentes escolas nos falam da necessidade de praticar a oração, a meditação e a concentração, para que a mente possa sair de seus padrões habituais e entrar em uma nova dimensão, da qual possa surgir algo novo. O instante de inspiração é uma "graça" que recebemos, mas para isso temos de fazer um grande esforço no sentido de estarmos preparados para recebê-la. **Este símbolo pode representar uma pessoa** que pode ter idéias inspiradas em assuntos diversos por meio de seus canais intuitivos; alguém capaz de contribuir com idéias esclarecedoras em qualquer lugar que se encontre. **Em seu lado negativo:** Alguém que acha que está sempre inspirado, não importando de que plano tenha recebido essa inspiração; não confronta seus conhecimentos com a realidade e, na sua ignorância, pretende estar sempre com a razão.

Mensagem do Oráculo: Acreditar nos nossos momentos de inspiração nem sempre é fácil: acontece de, muitas vezes, nossas idéias cristalizadas nos impedirem de dar a eles a devida atenção e os deixarmos passar como despropósitos. Esteja atento para ouvir o que eles têm a dizer.

Idéia-chave: VISLUMBRE.

Virgem 17

Uma erupção vulcânica.

O vulcão sempre foi e continua sendo temido pelos homens; todos nós sentimos o poder terrível contido em suas profundezas, cujo fogo pode se desenvolver lentamente para, de repente, entrar em erupção e destruir com sua lava tudo o que estiver no seu caminho. Ele tem uma relação íntima com a simbologia do deus Shiva, segundo a qual é absolutamente necessário passar por fases de destruição total para que o novo possa surgir: daí sua associação também com a fertilidade. Na antiguidade, as pessoas acreditavam que dentro do vulcão dormia um dragão temível que despertava e vinha à superfície quando este entrava em erupção. **Este símbolo pode representar uma pessoa** com grande força de caráter, capaz de processar consigo mesma em silêncio as mudanças necessárias (em si mesma ou no seu meio). Quando chega o momento oportuno, está preparada para empenhar toda sua energia no propósito de acabar com aquilo que não é mais necessário e, em seguida, com a mesma determinação, empenhar toda a sua força na construção do novo. **Em seu lado negativo:** Alguém que tem um temperamento irascível e possivelmente violento, capaz de causar danos tanto a si mesmo quanto aos outros.

Mensagem do Oráculo: O momento é oportuno para liberar toda a força que você vem acumulando no seu interior. É hora de soltá-la. Só assim possibilitará o surgimento do novo. Lembre-se de que, por outro lado, o vulcão significa fecundidade.

Idéia-chave: PUJANÇA.

Peixes 17

Uma dramatização da Páscoa.

As dramatizações são feitas com o propósito de rememorar um fato de significado transcendental, para que a consciência do espectador seja mobilizada pelo seu poder de evocação. Neste caso, rememora-se o instante santo da Ressurreição Divina, com o propósito de mostrar o infinito número de renascimentos possíveis no transcorrer de nossa vida, quando somos atingidos por eventos significativos que nos transformam intrinsecamente. **Este símbolo pode representar uma pessoa** que tem integrada no seu interior a consciência de que a vida é feita de ciclos e que consegue, portanto, fluir e entregar-se aos processos de maneira relaxada, compreendendo que é importante tanto gozar os momentos de plenitude quanto entregar-se de corpo e alma aos fins e recomeços que se fazem necessários. **Em seu lado negativo:** Alguém que gosta de dramatizar excessivamente cada ciclo que começa, mas que não aprendeu a efetuar uma transmutação essencial nos momentos apropriados.

Mensagem do Oráculo: A imagem não alude só ao começo de um ciclo, mas também sublinha a necessidade de expressá-lo vividamente diante dos outros, para que o novo que você está por empreender seja percebido claramente por todos ao seu redor.

Idéia-chave: RECOBRAR ÂNIMO.

Virgem 18

Uma tábua ouija.

Esta tábua é um método de adivinhação: faz-se uma pergunta e a tábua guia a formação de palavras que irá respondê-la. Esse tipo de predição adquiriu fama pela precisão, muitas vezes impressionante, das respostas que dava; na verdade, trata-se de um meio de canalização como qualquer outro. Na medida em que existe confiança no meio utilizado, aumenta a possibilidade de se obter as respostas certas, sabendo que a conexão que se estabelece é com o inconsciente coletivo, que é muito mais amplo do que a nossa mente pessoal limitada. **Este símbolo pode representar uma pessoa** predisposta a receber as mensagens que sua intuição lhe transmitir (seja ou não por meio de um oráculo); pode tratar-se de alguém que está especialmente aberto para receber premonições de acontecimentos que estão por vir. **Em seu lado negativo:** Pode tratar-se de uma pessoa que tem medo do futuro e que, para proteger-se dele, usa todos os meios disponíveis de adivinhação e superstição; ou que procura se relacionar com pessoas que possam prever o seu futuro.

Mensagem do Oráculo: A imagem recomenda atenção ao que diz a sua intuição. No caso em questão, a razão não responderá à sua pergunta nem o conduzirá à ação apropriada: confie no seu interior como fonte da resposta.

Idéia-chave: PREDIÇÃO.

Peixes 18

Uma tenda gigantesca.

A tenda é a morada do nômade: pode ser montada e desmontada com grande facilidade em qualquer lugar e, por isso, indica algo efêmero e inconstante. Se lhe atribuímos um significado espiritual, ela nos diz algo capaz de envolver e proteger e, nesse caso, representa o corpo sutil denominado "corpo de glória", que é aquele que envolve e ampara o espírito; dessa perspectiva, ela representa um lugar sagrado, que pode ser construído com o objetivo de servir de espaço para a realização de rituais. **Este símbolo pode representar uma pessoa** com grande capacidade de adaptar-se a circunstâncias diversas e que ampara seus entes queridos. Alguém cuja sabedoria interior lhe permite tornar sagrado qualquer espaço ou acontecimento, dando-lhe um sentido transcendental. **Em seu lado negativo:** Pode tratar-se de uma pessoa instável, que não consegue criar raízes em nenhum lugar. Alguém que dramatiza excessivamente as coisas que acontecem na sua vida e logo muda de assunto como se nada de importante o tivesse afetado.

__Mensagem do Oráculo:__ Talvez a situação na qual você se encontra seja transitória ou passageira. Mesmo assim, ela pode ser vivida como algo sagrado que o ajudará a compreender circunstâncias que de outra forma permaneceriam inacessíveis à sua consciência.

Idéia-chave: CONSAGRAÇÃO.

Virgem 19

Uma competição a nado.

Para poder participar de um campeonato de natação é preciso muita dedicação; o mero ato de aprender a nadar já requer que você saiba estabelecer uma perfeita sincronia dos movimentos do corpo com a respiração. Trata-se de passar horas e horas tentando fortalecer os diferentes músculos e exercitando os menores movimentos que possam contribuir para um melhor deslizamento na água. Muito embora esse seja um esporte não violento, o fato de ser uma competição indica tratar-se de uma empreitada na qual competir faz parte do espírito do grupo. **Este símbolo pode representar uma pessoa** que é capaz de colocar todo o seu empenho para alcançar a perfeição nos detalhes mais imperceptíveis daquilo que optou por fazer, conseguindo dar o melhor de si em cada situação. Mesmo não sendo dotada de um espírito combativo diante do desafio, a pessoa é capaz de competir com dignidade e nobreza, como é o dever de todo bom atleta. **Em seu lado negativo:** Alguém que esconde sua incapacidade — qualquer que seja a sua ordem — encobrindo-a com alguma atividade na qual procura se sobressair com suas habilidades pessoais. Uma pessoa que compete em todas as ocasiões que se apresentam com o propósito de ser sempre a primeira e que nunca está satisfeita com os resultados alcançados.

Mensagem do Oráculo: Um bom desportista sente-se realizado quando consegue superar a si mesmo sem desrespeitar a ética profissional do grupo a que pertence. Reflita sobre essa questão.

Idéia-chave: IMPECABILIDADE.

Peixes 19

Um mestre ensinando o seu discípulo.

O arquétipo da relação entre mestre e discípulo é extremamente importante em todas as culturas. Supõe-se que o discípulo obteve seus conhecimentos graças à ajuda de seu tutor ou por meio de uma profunda inspiração. Por maior que seja o esforço que lhe tenha custado alcançar seu conhecimento, ele sabe que esse não lhe pertence e que, para a tradição poder continuar viva, ele terá de passá-lo a outros. O discípulo, por sua vez, tem uma atitude receptiva; ele sabe que, para receber as mensagens, ele terá de ouvi-las, não com a mente mas com o coração, e que só conseguirá aprender aquilo para o qual está preparado. Seu mestre saberá quando é chegado o momento oportuno e a forma apropriada de lhe transmitir o que necessita. **Este símbolo pode representar uma pessoa** que tem grande vocação para ensinar e que consegue transmitir suas lições de vida de maneira muito sábia. Pode também tratar-se de alguém com uma predisposição permanente para aprender e que sabe que seu mestre mais importante é a própria vida. **Em seu lado negativo:** Pode tratar-se de alguém que acha que sabe tudo e é incapaz de ouvir os outros; pode, inclusive, ser uma pessoa que vive esperando a chegada de um mestre em sua vida e que não faz nenhum esforço próprio para aprender já que, em suas palavras, "seu mestre ainda não chegou".

251

Mensagem do Oráculo: Momento de troca significativa com outra pessoa. Lembre-se de que na Era de Aquário todos nós somos mestres e discípulos ao mesmo tempo.

Idéia-chave: NOVICIADO.

Virgem 20

Uma caravana de automóveis.

O automóvel é um meio de transporte individual que está nos indicando a possibilidade de nos locomover na vida cotidiana de maneira autônoma e independente, refletindo a possibilidade de autodomínio e controle de direção. Nesta imagem, vê-se uma caravana de automóveis, o que nos levaria a deduzir que a chave está no quão prazeroso pode ser percorrer essa rota: se permite uma viagem tranqüila num ambiente de boa convivência ou se o tráfego está congestionado e cheio de inconvenientes. **Este símbolo pode representar uma pessoa** que alcançou um desenvolvimento equilibrado de seus talentos pessoais, o que lhe permite trabalhar com êxito e ter uma convivência harmoniosa com seus semelhantes; alguém que sabe que o bom convívio é parte tanto do crescimento próprio quanto da sociedade como tal. Alguém que, por respeitar os ditames do meio em que vive é, por sua vez, beneficiado com um crescimento pessoal pleno. **Em seu lado negativo:** Uma pessoa que encara com muita má vontade as normas sociais, que sente que sua vida se move com lentidão (ou é cheia de obstáculos e problemas) devido às pressões que o meio exerce sobre ela.

Mensagem do Oráculo: A imagem enfatiza a necessidade de, neste momento, você procurar harmonizar seu crescimento pessoal com o das pessoas próximas ou do meio na sua totalidade. Pode também estar indicando um período de progresso seguro, embora lento, devido a circunstâncias que escapam ao seu controle pessoal.

Idéia-chave: PROSPERAR.

Peixes 20

Uma mesa preparada para o jantar.

A imagem sugere imediatamente a idéia de um lugar de encontro, talvez de comunhão, um lugar para o qual convergem várias pessoas com o propósito de partilhar de uma refeição, seja essa para o corpo ou para a alma. Diante da mesa, sempre recordamos A Última Ceia como oportunidade de reunião de pessoas que participam de um mesmo centro espiritual. Podemos imaginá-la como uma mandala que remete a um núcleo, cuja circunferência é a expressão gráfica de um trabalho (processo de individuação) em que se conseguiu integrar os aspectos da personalidade num centro de consciência. **Este símbolo pode representar uma pessoa** que tem uma atitude receptiva (a mesa está posta para receber) para com os outros e é capaz de acolher a todos com boa disposição. Pode ser alguém que, sem querer, acaba sendo naturalmente o centro nos lugares em que se encontra. Alguém que pode criar grupos de pessoas afins, conhecendo o talento que cada uma é capaz de contribuir para o grupo e sabendo dar a cada uma o seu lugar. **Em seu lado negativo:** Pode tratar-se de alguém fascinado pelo que é fugaz na vida, que dispersa suas energias em reuniões sociais e carece de uma vida íntima.

Mensagem do Oráculo: A imagem sugere uma "reunião de pessoas afins"; pode estar indicando que o momento é oportuno para isso e que a resposta à sua pergunta só pode ser encontrada por meio da integração dos pontos de vista que outras pessoas podem oferecer.

Idéia-chave: EUCARISTIA.

Virgem 21

Uma equipe feminina de basquete.

O círculo, em si mesmo, significa completude e perfeição em todos os sentidos. Por isso, essa figura geométrica foi usada freqüentemente por Jung para referir-se ao trabalho de individuação e sua relação com o processo de centramento da consciência. Esta imagem mostra um grupo de mulheres todas empenhadas em "alcançar o centro". O verdadeiro trabalho em equipe é aquele que permite o crescimento harmonioso de cada individualidade, com o objetivo de conseguir expressar-se plenamente e alcançar o progresso do grupo enquanto tal e com respeito ao propósito para o qual se formou. Essa é a perspectiva oferecida pela Era de Aquário. **Este símbolo pode representar uma pessoa** com grande percepção para o trabalho em sociedade; alguém que compreende profundamente que a verdadeira evolução só pode resultar de uma transformação tanto do indivíduo quanto da coletividade. **Em seu lado negativo:** Pode ser uma pessoa que se apóia em outras para ocultar suas incapacidades. Alguém excessivamente ambicioso e que quer vencer a qualquer custo.

Mensagem do Oráculo: O que fica evidente aqui é a necessidade de alcançar uma meta em colaboração com outros; mas, por outro lado, em se tratando de uma equipe feminina, o empreendimento deve ser conduzido de forma cuidadosa e amorosa.

Idéia-chave: CENTRO.

Peixes 21

Um cordeiro branco, um menino e um serviçal chinês.

Os chineses aparecem com freqüência nos símbolos sabianos como representantes de uma cultura antiga e estranha (muitas vezes, incompreensível) para a nossa civilização ocidental. Trata-se aqui de um serviçal que se ocupa em cuidar do que é "inocente", no caso representado por um menino e um cordeirinho branco. Resumindo a imagem, poderíamos dizer que se refere ao fato do que é antigo, diferente, e de algum modo incógnito, estar velando o que é virginal; para "servir" realmente, a pessoa precisa ter uma atitude de entrega e esquecer de si mesma em favor do outro, de quem cuida, com o propósito de satisfazer suas necessidades, sejam estas quais forem. **Este símbolo pode representar uma pessoa** que encara a vida com uma verdadeira vocação de servir; alguém que é capaz de reunir em si inocência e maturidade. **Em seu lado negativo:** Servir pode implicar servilismo (que, por sua vez, pode significar humilhação ou astúcia usada para alcançar um determinado objetivo) ou o desejo de ser servido por meio da sujeição de outros.

Mensagem do Oráculo: O aspecto aqui enfatizado é que se trata de um período no qual a prioridade deve recair sobre uma atitude equilibrada para cuidar dos outros. Que o seu lado sábio e maduro seja capaz de preservar o novo e puro, que precisa ser resguardado neste momento.

Idéia-chave: AMPARO.

Virgem 22

Um escudo real de armas.

O escudo é uma arma defensiva, cuja principal função é proteger quem o usa. Os guerreiros que o usavam costumavam adorná-lo com os símbolos que o caracterizavam pessoalmente; esses podiam representar o seu próprio temperamento ou o caráter da linhagem à qual pertencia. Os escudos de brasão heráldico, posteriores, foram os herdeiros dessa tradição e são, também eles, os representantes autênticos de um estilo. Por tudo isso, os escudos por si mesmos significam força, vitória sobre o adversário e a possibilidade de manter-se fiel a uma linhagem. **Este símbolo pode representar uma pessoa** que assume a função de levar adiante a sua estirpe, seja essa a que ela pertence por herança familiar ou a linhagem espiritual à qual aderiu por escolha pessoal. Os símbolos distintivos dessa tradição servem como metas ou ideais que a pessoa se propôs realizar. **Em seu lado negativo:** Um escudo protege e separa. Quando esse legado dos antepassados é usado como sistema defensivo, a nobreza que ele pretende representar é só um símbolo de *status* e não de nobreza interior.

Mensagem do Oráculo: A imagem indica uma necessidade de proteção (e não de atacar) neste momento. Também enfatiza a necessidade de esse ato ser praticado com nobreza e usando os recursos que você herdou de outros.

Idéia-chave: TUTELA.

Peixes 22

Um homem descendo do Sinai com a Nova Lei.

Quando desceu do Monte Sinai com as Tábuas da Lei, Moisés trazia consigo uma missão espiritual muito difícil de ser realizada. Essa missão consistia em, como fora ele quem tivera uma visão a partir de um plano superior de consciência, ter de trazê-las para a realidade mundana, conhecida e cristalizada, na qual nos movemos. Costuma dizer-se, na linguagem da arquetípica jornada do herói, que esse é o momento em que ele regressa. O desafio consiste em ele ser o porta-voz do novo num mundo em que o antigo é ainda tido e defendido como válido. Ele pode ser atacado e desrespeitado, mas terá de lutar contra suas próprias dúvidas e manter-se fiel à sua visão, esforçando-se para integrá-la à realidade do mundo. **Este símbolo pode representar uma pessoa** que, em algum sentido, representa algo muito avançado; alguém que testemunhou a verdade e que se sente suficientemente responsável para querer compartilhá-la com seus semelhantes. Alguém que mantém sua integridade, qualquer que seja a adversidade que tenha de enfrentar; alguém que não se satisfaz com idéias abstratas, mas que quer vê-las aplicadas na prática cotidiana. **Em seu lado negativo:** Pode tratar-se de uma pessoa que acha que é profeta e que pretende impor seu modo de pensar aos outros, cujas razões é incapaz de perceber.

Mensagem do Oráculo: Hora de submeter à prova, isto é, de colocar em prática as lições aprendidas.

Idéia-chave: COMPROVAÇÃO.

Virgem 23

Um adestrador de animais.

A natureza se manifesta no nosso mundo íntimo por meio dos instintos básicos: todos nós possuímos (em algum sentido ou em algum determinado momento) a ferocidade do leão, a potência do touro, a astúcia da serpente, etc., etc. Quando aprendemos a nos conhecer, adquirimos o poder do "domador de animais" oculto e, com isso, incorporamos à nossa bagagem pessoal atributos tomados de nossas feras íntimas. Por isso, é importante que compreendamos isto: um verdadeiro domador de animais é alguém que compreende profundamente a natureza humana, graças ao fato de ter conseguido submeter a um verdadeiro trabalho de alquimia os seus instintos mais primitivos. **Este símbolo pode representar uma pessoa** que realizou esse trabalho interior, graças ao qual ela também pode ajudar os outros em seus processos. **Em seu lado negativo:** Uma pessoa cujo autocontrole excessivo a impede de entrar em contato com suas necessidades mais primitivas; alguém que inibe e reprime as expressões mais naturais de si mesmo.

Mensagem do Oráculo: Domar não é castrar nem inibir a manifestação natural do animal, mas brincar com ele e guiá-lo para que ele próprio aprenda a se controlar. É alcançar o justo equilíbrio entre a expressividade, a ludicidade e o autocontrole. Você saberá por que essa imagem veio a você neste momento.

Palavra-chave: AUTODISCIPLINA.

Peixes 23

Um fenômeno espírita.

Quando o movimento espírita começou, os conhecimentos a respeito dos poderes paranormais eram tão desacreditados que os espíritas precisaram usar diferentes métodos para convencer seus interlocutores acerca da veracidade de suas afirmações. Uma de suas práticas consistia em materializar algum tipo de substância que parecia surgir do nada. O impacto que essas proezas causou em seus espectadores foi tal que fez com que ficassem famosos; dessa maneira, conseguiram fazer com que suas mensagens fossem ouvidas. No entanto, essas façanhas por si só não eram importantes. E eles sabiam disso. O que realmente importava era a mensagem que eles tentavam passar a respeito de suas crenças no poder que o pensamento (tanto o positivo quanto o negativo) tem sobre a nossa vida cotidiana. **Este símbolo pode representar uma pessoa** com um enorme poder mental que lhe permite ver materializadas suas aspirações. Isso é percebido como uma evidência concreta da intensidade com que as forças espirituais atuam na sua vida cotidiana (independentemente do nome que se dê à fonte desse poder). **Em seu lado negativo:** Alguém que usa essa capacidade para impressionar os outros e causar neles uma impressão de autoridade pessoal que, na realidade, não tem.

Mensagem do Oráculo: A imagem faz referência à energia psíquica usada como meio de poder. Ela pode estar aludindo a algum fato que aconteceu, para que o relativize, ou a alguma circunstância que requer o seu uso para realizar algum desejo pessoal.

Idéia-chave: GLAMOUR.

Virgem 24

Maria e seu cordeirinho branco.

O cordeiro, seja por sua índole tranqüila ou por ser de cor branca, é associado com pureza, inocência e mansidão. É, portanto, a sua própria natureza que o torna representativo da doçura da virgindade e o associa à Virgem Santíssima; além disso, ele é considerado o pólo oposto do "cabra macho" e é nesse mesmo sentido que Jesus ficou conhecido como Pastor de Almas. A pureza é um estado de alma que nós seres humanos perdemos, supostamente por causa do pecado original; sugere a existência de um paraíso terrestre antes da queda e uma forma inocente de olhar para as coisas, num mundo onde não existe a necessidade de estar vestidos, porque não há pecado ou falta de que tenhamos de nos envergonhar. **Este símbolo pode representar uma pessoa** com uma serenidade e candura muito especiais, que irradia onde quer que se encontre. **Em seu lado negativo:** Muitas vezes, o "inocente" obriga os outros a assumirem o encargo do trabalho sujo ou pesado que caberia a ele realizar. Por outro lado, sua candura impede que seja responsabilizado pelos atos que pratica "inconscientemente" (por obra de sua sombra).

Mensagem do Oráculo: *Eu pessoalmente acredito que, quando a idéia da Virgem aparece manifesta, de um modo ou de outro, ela tenha a ver com proteção e cuidado. Por outro lado, se você consegue entregar-se a seus cuidados divinos, certamente poderá manter a atitude de inocência que a imagem sugere. Confie.*

Idéia-chave: CASTIDADE.

Peixes 24

Uma ilha deserta.

Toda ilha é um pedaço de terra destacado do continente, totalmente cercado pela vastidão do oceano. Comumente, significa um espaço fora da realidade cotidiana, indicando, por vezes, um lugar maravilhoso, como é o caso da Ilha dos Bem-Aventurados (habitada apenas por deuses e heróis), ou povoada por bruxas malvadas e demônios terríveis. Qualquer que seja a forma em que se apresenta, sempre é uma dimensão na qual as maravilhas e os horrores do mundo interior podem ser projetados. **Este símbolo pode representar uma pessoa** capaz de ter construído no seu interior um espaço, que lhe permite realizar consigo mesma um trabalho por meio do qual ela consegue elaborar seus dilemas pessoais e conectar-se a uma fonte profunda de conhecimento transpessoal. **Em seu lado negativo:** Uma pessoa que se isola e se separa dos outros. Talvez seu mundo de fantasias seja para essa pessoa mais real do que o meio que a circunda.

Mensagem do Oráculo: *Deixa evidente a sua necessidade imediata: ressalta a premência de você ter um período de reclusão para revigorar-se; esse pode ser um retiro num lugar em que possa ficar sozinho para descansar ou que você construa sua própria ilha, fazendo um trabalho de imaginação criativa.*

Idéia-chave: RETIRO.

Virgem 25

Uma bandeira a meio pau.

A bandeira é içada a meio pau quando morre alguém que se distinguiu na sociedade por seus méritos pessoais. Representa o fato de que a sociedade inteira o recorda e lhe agradece por sua contribuição pessoal. Trata-se de alguém que acrescentou algo importante à comunidade e que, pela sua capacidade de servir ao próximo, é lembrado e exaltado como um exemplo a ser seguido. Em geral, sua vida pessoal foi escondida por trás de um papel social, que ganhou tal destaque em sua vida que o transformou num paradigma a ser seguido. **Este símbolo pode representar uma pessoa** que, não importa qual seja a sua atividade, é digna de consideração pela sua atitude de dedicação a servir ao próximo; alguém que não busca ser reconhecido pelos outros, mas que cumpre sua tarefa simplesmente como quem cumpre o seu dever. **Em seu lado negativo:** Uma pessoa que esconde suas falhas pessoais por trás de um papel social que desempenha com perfeição; alguém que está sempre em busca do reconhecimento dos outros. Tudo o que faz é visando o reconhecimento.

Mensagem do Oráculo: O momento é de rememoração, de homenagem e de agradecimento a alguém que prestou um serviço à sociedade ou a você em particular. Reflita sobre essa idéia.

Idéia-chave: ENTREGA.

Peixes 25

A purificação de uma organização religiosa.

Como qualquer organização, uma instituição religiosa também precisa passar periodicamente por processos de limpeza e avaliação, para verificar se os seus propósitos originais estão sendo cumpridos. Isso se deve ao fato de que toda entidade tende, com o passar do tempo, a cristalizar suas idéias e enrijecer-se por temor de que sua mensagem seja deturpada: quando isso acontece, há o risco do dogmatismo. As pessoas capazes de manter sua pureza interior e de permanecer fiéis à sua essência são as que se transformam em porta-vozes necessários para a manutenção do objetivo original e se encarregam das modificações pertinentes. **Este símbolo pode representar uma pessoa** capaz de perceber, onde quer que seja, quando é necessariamente hora de se submeter a esse tipo de processo. Essa postura se baseia numa enorme honestidade e pureza de coração, que o impelem a proceder para que todo o processo de depuração comece sempre por e dentro dele mesmo. **Em seu lado negativo:** Pode representar uma pessoa que acredita saber sempre a verdade a respeito das necessidades espirituais das pessoas do seu meio, o que pode levá-la a transformar-se em profeta solitário e cheio de soberba.

Mensagem do Oráculo: O símbolo indica a necessidade de você purificar seus sentimentos e pensamentos com relação ao mundo espiritual; em seguida, você vai ver se é necessário estender esse processo ao meio que o circunda.

Idéia-chave: DEPURAÇÃO.

Virgem 26

Um garoto com um turíbulo.

O incenso foi e continua sendo utilizado como elemento etéreo de ligação com as energias e forças espirituais. Pode ser considerado um meio poderoso de espantar demônios ou quaisquer outras influências consideradas negativas ou maléficas. De outro ponto de vista, simboliza que, assim como sua fumaça e fragrância se espalham quando é queimado, o mesmo acontece com as orações e a alma das pessoas ali presentes. **Este símbolo pode representar uma pessoa** com uma atitude inocente (trata-se de um garoto e não de um homem adulto), cuja mera presença purifica o lugar em que se encontra. Pode ser que suas palavras e ações ajudem a elevar os pensamentos e sentimentos das pessoas que o rodeiam. **Em seu lado negativo:** Pode estar representando uma pessoa que, com uma atitude infantil, se apega a rituais para se sentir protegida e purificada. Alguém que confunde magia com trabalho espiritual autêntico.

Mensagem do Oráculo: Indica a necessidade de realizar uma purificação interior. Faça isso de acordo com seus conhecimentos e conveniências; você pode usar incenso se quiser se manter fiel ao aspecto literal da imagem e se isso o ajudar a elevar-se.

Idéia-chave: ASCENSÃO.

Peixes 26

Uma Lua nova que divide a sua influência.

O primeiro calendário que a humanidade teve foi o lunar. Os homens logo perceberam que era possível identificar as estações guiando-se pelas transformações visíveis do satélite da Terra. A Lua nova estava sob a proteção da deusa Ártemis, jovem rebelde e cheia de vitalidade, que revela à mulher o seu viço, suas plenas potencialidades a serem descobertas, sua audácia e liberdade. Da mesma maneira, a Lua que se inicia a cada mês augura a idéia de algo inédito, cheio de promessas; sua influência pode cobrir um vasto espectro de possibilidades: pode estar indicando um período propício para o início de uma nova atividade e, também, para novos relacionamentos e estudos. Às vezes, é difícil escolher para onde canalizar esse impulso de modo que possa se desenvolver plenamente com o crescimento da Lua. **Este símbolo pode representar uma pessoa** cheia de vitalidade e de talentos, com receptividade para o novo e capaz de revelar, tanto em si mesma quanto nos outros, facetas inexploradas. **Em seu lado negativo:** Alguém que a cada dia tem um novo projeto, mas é incapaz de levá-los a cabo porque seu fascínio pelo mais recente o desvia imediatamente do seu propósito.

Mensagem do Oráculo: Período favorável para "iniciar" algo que tenha relação com a sua pergunta. Não se trata de concluir, mas de iniciar algo. A referência à divisão da sua influência pode nos sugerir a idéia de vários inícios simultâneos.

Idéia-chave: PRINCÍPIO.

Virgem 27

Um grupo de damas aristocráticas tomando chá.

Cada grupo social tem seus próprios rituais, que podem ter seu significado original revitalizado ou continuar como fórmulas vazias que são repetidas para dar a sensação de fazer parte de uma determinada comunidade. Muitas damas da história fizeram desse tipo de encontro um meio de organizar efetivamente ações beneficentes destinadas à coletividade, propiciar uma verdadeira troca de idéias pertencentes ao consciente ou inconsciente coletivo, compartilhar experiências comuns e/ou promover atividades culturais, entre outras. **Este símbolo pode representar uma pessoa** com uma vida social ativa que lhe permite atuar como promotora ou iniciadora de atividades culturais, sociais ou espirituais no meio em que vive. **Em seu lado negativo:** Pode estar representando uma pessoa que depende de certas formalidades sociais para definir e afirmar sua identidade de acordo com as pessoas que encontra ou com as quais se reúne periodicamente.

Mensagem do Oráculo: A imagem revela uma situação extremamente formal, na qual se deve respeitar certas regras, seja qual for a questão que você teve em mente ao fazer a sua consulta. A recomendação é para você agir com liberdade, mas respeitando normas que o meio circundante considera importantes ou lícitas.

Idéia-chave: FORMALIDADE.

Peixes 27

A Lua da colheita.

A lua retrata, por meio de suas fases, um constante processo de renovação e mudança (assim como a própria vida). O fato de ser época de colheita revela um período de plenitude, mas que prenuncia a proximidade de decadência e recomenda a preservação das sementes, que serão necessárias no futuro. No entanto, como só "colhemos o que plantamos", essa pode ser a ocasião propícia para se fazer um balanço interno e verificar se se deixou de semear no devido tempo. **Este símbolo pode representar uma pessoa** capaz de viver como se estivesse permanentemente em estado de colheita, ou seja, sentindo-se plena pelo que recebe a cada momento e aproveitando sabiamente todas as oportunidades para se preparar para o futuro. **Em seu lado negativo:** Alguém que acredita merecer mais do que tem ou do que colhe com seus atos; uma pessoa que tem muita dificuldade para se adaptar às situações de mudança, supondo que as mesmas condições — aquelas que lhe são convenientes — se manterão para sempre.

Mensagem do Oráculo: O momento é de plenitude ou próximo a ela no que diz respeito à questão da sua consulta. A imagem augura que é tempo de colher aquilo para o qual você vem se preparando.

Idéia-chave: ABUNDÂNCIA.

Virgem 28

A cabeça de um homem calvo.

Por meio do pensamento (associado à cabeça) podemos adquirir autodomínio e, com ele, autoridade e poder diante dos outros. Da mesma forma, os cabelos têm forte relação de simbolismo com a fertilidade e o poder solar: sua perda pode significar a privação da potência pessoal, seja por determinação das circunstâncias externas ou por um ato de renúncia em favor de uma entrega a um poder maior em prol do crescimento espiritual. No entanto, a cabeça calva pode não significar apenas renúncia, mas também a materialização dessa potência na sociedade, a superação de uma visão juvenil do poder e a conquista de uma autoridade mental sobre os outros. **Este símbolo pode representar uma pessoa** cujo principal atributo é uma enorme pujança mental, alguém que deixou sua marca na sociedade e que exerce uma autoridade solar sobre os outros. **Em seu lado negativo:**

Pode significar que a pessoa tem uma sensação de impotência, alguém de quem um revés da vida tirou algo que lhe era muito caro e do qual ela não conseguiu se recuperar. Uma personalidade dominante que quer exercer o controle sobre os outros.

Mensagem do Oráculo: Trata-se de uma situação em que você é quem deve assumir a responsabilidade e o comando dos acontecimentos. Não vacile.

Idéia-chave: COMANDO.

Peixes 28

Um jardim fértil sob a Lua cheia.

O homem primitivo via na Lua cheia a figura de uma deusa grávida, com o ventre prenhe de vida, esperando a última fase de sua gestação para dar à luz. O jardim fértil, por sua vez, representa a idéia da Grande Mãe nutridora e doadora de energia vital, capaz de demonstrar seu poder de fecundidade a partir de uma ampla variedade de frutos, que surgem graças à força do alimento que ela proporciona. **Este símbolo pode representar uma pessoa** com um enorme poder de criação; alguém que se sente preparado para ir deixando no seu rastro suas contribuições criativas pessoais, porque está ligado ao arquétipo da energia feminina criativa em qualquer uma de suas manifestações. **Em seu lado negativo:** Alguém muito apegado às coisas que possui. Uma pessoa incapaz de soltar suas posses, avarenta, para quem até seus entes queridos são objetos de posse.

Mensagem do Oráculo: Tempo de plenitude e até mesmo de colheita, depois de um longo período de preparação. Desfrute-o.

Idéia-chave: FARTURA.

Virgem 29

Um homem adquirindo conhecimento secreto a partir de um papel que está lendo.

Dizem que o mestre aparece quando o discípulo está preparado; no entanto, os modos pelos quais ele se apresenta são variados. Ele pode vir por intermédio de uma pessoa com a qual entramos em contato ou por meio de um livro ou texto que vem parar em nossas mãos. O que realmente importa é que os conhecimentos secretos ou verdades universais só podem ser compreendidos quando a consciência está pronta para isso, do contrário eles passarão diante de nossos olhos sem que vislumbremos o seu significado. Chegaremos, inclusive, a pensar que não são transcendentes, ou que são obscuros. **Este símbolo pode representar uma pessoa** cuja sensibilidade delicada e cuja mentalidade aberta lhe permitem assimilar conhecimentos transcendentes. Alguém muito concentrado em sua tarefa, com um desejo ardente de aprender qualquer que seja a área do seu interesse. **Em seu lado negativo:** Alguém que só acredita naquilo que é avalizado pela tradição e experiência de seus antecessores, incapaz de conectar-se à sabedoria profunda que guarda no seu interior.

Mensagem do Oráculo: Trata-se de um período em que você poderá aumentar o seu nível de compreensão, enriquecendo-o em vários sentidos. Fique atento.

Idéia-chave: PENETRAÇÃO.

Peixes 29

Um prisma.

O prisma é um cristal sumamente puro que permite que um simples raio de luz branca se divida em raios de múltiplas cores. Por isso, podemos considerar que a imagem está se referindo à possibilidade de existir uma tal transparência de visão que põe em evidência aspectos claramente diferenciados onde comumente vemos apenas um conjunto indiscriminado. **Este símbolo pode representar uma pessoa** cuja clareza mental e pureza interior lhe permitem distinguir aspectos da realidade; alguém cujo modo de pensar acentuadamente analítico o ajuda a perceber com a máxima precisão facetas da vida que se mantêm invisíveis para os outros. **Em seu lado negativo:** Alguém que complica a vida, vendo mais lados em cada situação do que ela na realidade tem e que consegue emaranhá-la ao extremo.

Mensagem do Oráculo: A imagem recomenda que você separe os diferentes planos ou aspectos da sua pergunta. Reflita sobre isso e procure discriminar as diferentes facetas que a sua pergunta envolve. Se for necessário, reformule a sua pergunta depois de ter separado os diferentes aspectos que ela envolve.

Idéia-chave: DIFERENCIAR.

Virgem 30

Um homem, totalmente concentrado no cumprimento de sua tarefa, não ouve um falso chamado.

Aquele que é tido como o "chamado à aventura" deve ser respondido sem demora. Isso porque o chamado implica uma ação que requer um certo nível de desenvolvimento interior do seu autor, além de uma dedicação absoluta ao meio em que vive. No entanto, nem todo chamado é necessariamente verdadeiro; podem ser meras distrações que só servem para desviar a atenção da tarefa essencial no momento. Um trabalho interior autêntico requer concentração para poder realizar os atos e serviços iniludíveis, cujos chamados "verdadeiros" serão facilmente diferenciados dos falsos. **Este símbolo pode representar uma pessoa** com uma grande capacidade de concentração, que lhe permite concentrar-se inteiramente naquilo a que o seu ser decidiu consagrar-se. As distrações não a atraem e tem uma verdadeira vocação para servir, sentindo-se útil ao mundo que a rodeia. **Em seu lado negativo:** Uma pessoa muito egoísta, que acha que não se descuida ao perseguir suas metas quando, na realidade, só busca obsessivamente satisfazer seus próprios desejos.

Mensagem do Oráculo: De acordo com o oráculo, este é um momento em que o mais importante é estar atento para discriminar o que é essencial do que não é.

Idéia-chave: DISTINGUIR.

Peixes 30

Uma imensa rocha com a forma de um rosto.

A rocha manifesta algo imperturbável, que permanece estável através dos tempos. Neste caso, a rocha assume a forma de um rosto. Pode, então, estar indicando uma vontade férrea capaz de permanecer inalterável em qualquer circunstância, cuja solidez está alicerçada em algum ideal de vida representado por uma figura admirada ou num padrão arquetípico fora de qualquer realidade concreta. Seja como for, esta imagem é buscada como aspiração a ser alcançada. **Este símbolo pode representar uma pessoa** com um caráter como o descrito, motivo pelo qual ela pode se destacar no meio em que vive, angariando a admiração dos outros pela sua virtude de manter-se fiel a si mesma ao longo do tempo. **Em seu lado negativo:** Alguém que tem um temperamento notavelmente rígido, nenhum ideal ao qual ser leal, mas apenas o cumprimento rotineiro de suas tarefas e com incapacidade de adaptação às mudanças que vão ocorrendo.

Mensagem do Oráculo: A imagem refere-se à necessidade de manter-se fiel aos paradigmas internos; enfatiza a necessidade de atuar com continuidade e permanência no momento atual.

Idéia-chave: LEALDADE.

Bibliografia

BACHELAR, Gastón. *La poética del espacio*. Fondo de Cultura Económica, 1991, México.

BEIGBEDER, Olivier. *La simbología*. Editorial Oikos — Tau, 1971, Barcelona.

BOND, D.S. *La conciencia mítica*. Editorial Gaia, 1995, Madri.

CIRLOT, Juan Eduardo. *Diccionario de símbolos*. Editorial Labor, 1991, Colômbia.

COOPER, J. C. *El simbolismo — Lenguaje universal*. Editorial Lidium, 1982, Buenos Aires.

CROATTO, José Severino. *Los lenguajes de la experiencia religiosa*. Fundación Universidad a distancia Hernandarias. Editorial Docencia, 1994.

HABER, Abraham. *Símbolos, héroes y estructuras*. Editorial Hachette, 1976, Buenos Aires.

JACOBI, Jolande. *Complejo, arquetipo y símbolo*. Fondo de Cultura Económica. Biblioteca de psicología y psicoanálisis, 1983, México.

JUNG, C. G. *Símbolos de transformación*. Editorial Paidos, Psicología profunda, 1993, Barcelona.

JUNG, C. G. *El hombre y sus símbolos*. Biblioteca Universal Caralt, 1977, Barcelona.

KIRK, G. S. *El mito*. Editorial Paidos. Básica, 1995, Barcelona.

RUBINO, Vicente. *Individuación*. Editorial Nuieva Ciencia, 1990, Buenos Aires.

RUBINO, Vicente. *Símbolos y arquetipos de la tragedia*. Editorial Almagesto, 1996, Buenos Aires.

SCHULTE, Etel. *Quienes son los elementales*. Editorial Errepar, 1997.

TREVI, Mario. *Metáforas del símbolo*. Editorial Anthropos, 1996, Barcelona.

WHITMONT, Edward. *A busca do símbolo*. Editora Cultrix, 1995, São Paulo.

TABELA DE CORRESPONDÊNCIAS

1º de janeiro	– 10º Capricórnio		16 de fevereiro	– 27º Aquário
2 de janeiro	– 11º Capricórnio		17 de fevereiro	– 28º Aquário
3 de janeiro	– 12º Capricórnio		18 de fevereiro	– 29º Aquário
4 de janeiro	– 13º Capricórnio		19 de fevereiro	– 30º Aquário
5 de janeiro	– 14º Capricórnio		20 de fevereiro	– 1º Peixes
6 de janeiro	– 15º Capricórnio		21 de fevereiro	– 2º Peixes
7 de janeiro	– 16º Capricórnio		22 de fevereiro	– 3º Peixes
8 de janeiro	– 17º Capricórnio		23 de fevereiro	– 4º Peixes
9 de janeiro	– 19º Capricórnio		24 de fevereiro	– 5º Peixes
10 de janeiro	– 20º Capricórnio		25 de fevereiro	– 6º Peixes
11 de janeiro	– 21º Capricórnio		26 de fevereiro	– 7º Peixes
12 de janeiro	– 22º Capricórnio		27 de fevereiro	– 8º Peixes
13 de janeiro	– 23º Capricórnio		28 de fevereiro	– 9º Peixes
14 de janeiro	– 24º Capricórnio		29 de fevereiro	– 10º Peixes
15 de janeiro	– 25º Capricórnio			
16 de janeiro	– 26º Capricórnio		1º de março	– 11º Peixes
17 de janeiro	– 27º Capricórnio		2 de março	– 12º Peixes
18 de janeiro	– 28º Capricórnio		3 de março	– 13º Peixes
19 de janeiro	– 29º Capricórnio		4 de março	– 14º Peixes
20 de janeiro	– 30º Capricórnio		5 de março	– 15º Peixes
21 de janeiro	– 1º Aquário		6 de março	– 16º Peixes
22 de janeiro	– 2º Aquário		7 de março	– 17º Peixes
23 de janeiro	– 3º Aquário		8 de março	– 18º Peixes
24 de janeiro	– 4º Aquário		9 de março	– 19º Peixes
25 de janeiro	– 5º Aquário		10 de março	– 20º Peixes
26 de janeiro	– 6º Aquário		11 de março	– 21º Peixes
27 de janeiro	– 7º Aquário		12 de março	– 22º Peixes
28 de janeiro	– 8º Aquário		13 de março	– 23º Peixes
29 de janeiro	– 9º Aquário		14 de março	– 24º Peixes
30 de janeiro	– 10º Aquário		15 de março	– 25º Peixes
31 de janeiro	– 11º Aquário		16 de março	– 26º Peixes
			17 de março	– 27º Peixes
1º de fevereiro	– 12º Aquário		18 de março	– 28º Peixes
2 de fevereiro	– 13º Aquário		19 de março	– 29º Peixes
3 de fevereiro	– 14º Aquário		20 de março	– 30º Peixes
4 de fevereiro	– 15º Aquário		21 de março	– 1º Áries
5 de fevereiro	– 16º Aquário		22 de março	– 2º Áries
6 de fevereiro	– 17º Aquário		23 de março	– 3º Áries
7 de fevereiro	– 18º Aquário		24 de março	– 4º Áries
8 de fevereiro	– 19º Aquário		25 de março	– 5º Áries
9 de fevereiro	– 20º Aquário		26 de março	– 6º Áries
10 de fevereiro	– 21º Aquário		27 de março	– 7º Áries
11 de fevereiro	– 22º Aquário		28 de março	– 8º Áries
12 de fevereiro	– 23º Aquário		29 de março	– 9º Áries
13 de fevereiro	– 24º Aquário		30 de março	– 10º Áries
14 de fevereiro	– 25º Aquário		31 de março	– 11º Áries
15 de fevereiro	– 26º Aquário			

1º de abril	– 12º Áries	20 de maio	– 30º Touro
2 de abril	– 13º Áries	21 de maio	– 1º Gêmeos
3 de abril	– 14º Áries	22 de maio	– 2º Gêmeos
4 de abril	– 15º Áries	23 de maio	– 3º Gêmeos
5 de abril	– 16º Áries	24 de maio	– 4º Gêmeos
6 de abril	– 17º Áries	25 de maio	– 5º Gêmeos
7 de abril	– 18º Áries	26 de maio	– 6º Gêmeos
8 de abril	– 19º Áries	27 de maio	– 7º Gêmeos
9 de abril	– 20º Áries	28 de maio	– 7º Gêmeos
10 de abril	– 21º Áries	29 de maio	– 8º Gêmeos
11 de abril	– 22º Áries	30 de maio	– 9º Gêmeos
12 de abril	– 23º Áries	31 de maio	– 10º Gêmeos
13 de abril	– 24º Áries		
14 de abril	– 25º Áries	1º de junho	– 11º Gêmeos
15 de abril	– 26º Áries	2 de junho	– 12º Gêmeos
16 de abril	– 27º Áries	3 de junho	– 13º Gêmeos
17 de abril	– 28º Áries	4 de junho	– 14º Gêmeos
18 de abril	– 29º Áries	5 de junho	– 15º Gêmeos
19 de abril	– 30º Áries	6 de junho	– 16º Gêmeos
20 de abril	– 1º Touro	7 de junho	– 17º Gêmeos
21 de abril	– 2º Touro	8 de junho	– 18º Gêmeos
22 de abril	– 3º Touro	9 de junho	– 19º Gêmeos
23 de abril	– 4º Touro	10 de junho	– 20º Gêmeos
24 de abril	– 5º Touro	11 de junho	– 21º Gêmeos
25 de abril	– 6º Touro	12 de junho	– 22º Gêmeos
26 de abril	– 7º Touro	13 de junho	– 23º Gêmeos
27 de abril	– 8º Touro	14 de junho	– 24º Gêmeos
28 de abril	– 9º Touro	15 de junho	– 25º Gêmeos
29 de abril	– 9º Touro	16 de junho	– 26º Gêmeos
30 de abril	– 10º Touro	17 de junho	– 27º Gêmeos
		18 de junho	– 28º Gêmeos
1º de maio	– 11º Touro	19 de junho	– 29º Gêmeos
2 de maio	– 12º Touro	20 de junho	– 29º Gêmeos
3 de maio	– 13º Touro	21 de junho	– 30º Gêmeos
4 de maio	– 14º Touro	22 de junho	– 1º Câncer
5 de maio	– 15º Touro	23 de junho	– 2º Câncer
6 de maio	– 16º Touro	24 de junho	– 3º Câncer
7 de maio	– 17º Touro	25 de junho	– 4º Câncer
8 de maio	– 18º Touro	26 de junho	– 5º Câncer
9 de maio	– 19º Touro	27 de junho	– 6º Câncer
10 de maio	– 20º Touro	28 de junho	– 7º Câncer
11 de maio	– 21º Touro	29 de junho	– 8º Câncer
12 de maio	– 22º Touro	30 de junho	– 9º Câncer
13 de maio	– 23º Touro		
14 de maio	– 24º Touro	1º de julho	– 10º Câncer
15 de maio	– 25º Touro	2 de julho	– 11º Câncer
16 de maio	– 26º Touro	3 de julho	– 12º Câncer
17 de maio	– 27º Touro	4 de julho	– 13º Câncer
18 de maio	– 28º Touro	5 de julho	– 14º Câncer
19 de maio	– 29º Touro	6 de julho	– 15º Câncer

7 de julho	– 16º Câncer		26 de agosto	– 4º Virgem
8 de julho	– 17º Câncer		27 de agosto	– 5º Virgem
9 de julho	– 18º Câncer		28 de agosto	– 5º Virgem
10 de julho	– 19º Câncer		29 de agosto	– 6º Virgem
11 de julho	– 20º Câncer		30 de agosto	– 7º Virgem
12 de julho	– 20º Câncer		31 de agosto	– 8º Virgem
13 de julho	– 21º Câncer			
14 de julho	– 22º Câncer		1º de setembro	– 9º Virgem
15 de julho	– 23º Câncer		2 de setembro	– 10º Virgem
16 de julho	– 24º Câncer		3 de setembro	– 11º Virgem
17 de julho	– 25º Câncer		4 de setembro	– 12 Virgem
18 de julho	– 26º Câncer		5 de setembro	– 13º Virgem
19 de julho	– 27º Câncer		6 de setembro	– 14º Virgem
20 de julho	– 28º Câncer		7 de setembro	– 15º Virgem
21 de julho	– 29º Câncer		8 de setembro	– 16º Virgem
22 de julho	– 30º Câncer		9 de setembro	– 17º Virgem
23 de julho	– 1º Leão		10 de setembro	– 18º Virgem
24 de julho	– 2º Leão		11 de setembro	– 19º Virgem
25 de julho	– 3º Leão		12 de setembro	– 20º Virgem
26 de julho	– 4º Leão		13 de setembro	– 21º Virgem
27 de julho	– 5º Leão		14 de setembro	– 22º Virgem
28 de julho	– 6º Leão		15 de setembro	– 23º Virgem
29 de julho	– 7º Leão		16 de setembro	– 24º Virgem
30 de julho	– 8º Leão		17 de setembro	– 25º Virgem
31 de julho	– 9º Leão		18 de setembro	– 26º Virgem
			19 de setembro	– 27º Virgem
1º de agosto	– 10º Leão		20 de setembro	– 28º Virgem
2 de agosto	– 11º Leão		21 de setembro	– 29º Virgem
3 de agosto	– 11º Leão		22 de setembro	– 30º Virgem
4 de agosto	– 12º Leão		23 de setembro	– 2º Libra
5 de agosto	– 13º Leão		25 de setembro	– 3º Libra
6 de agosto	– 14º Leão		26 de setembro	– 4º Libra
7 de agosto	– 15º Leão		27 de setembro	– 5º Libra
8 de agosto	– 16º Leão		28 de setembro	– 6º Libra
9 de agosto	– 17º Leão		29 de setembro	– 7º Libra
10 de agosto	– 18º Leão		30 de setembro	– 8º Libra
11 de agosto	– 19º Leão			
12 de agosto	– 20º Leão		1º de outubro	– 9º Libra
13 de agosto	– 21º Leão		2 de outubro	– 10º Libra
14 de agosto	– 23º Leão		3 de outubro	– 11º Libra
16 de agosto	– 24º Leão		4 de outubro	– 12º Libra
17 de agosto	– 25º Leão		5 de outubro	– 13º Libra
18 de agosto	– 26º Leão		6 de outubro	– 14º Libra
19 de agosto	– 27º Leão		7 de outubro	– 15º Libra
20 de agosto	– 28º Leão		8 de outubro	– 16º Libra
21 de agosto	– 29º Leão		9 de outubro	– 17º Libra
22 de agosto	– 30º Leão		10 de outubro	– 17º Libra
23 de agosto	– 1º Virgem		11 de outubro	– 18º Libra
24 de agosto	– 2º Virgem		12 de outubro	– 19º Libra
25 de agosto	– 3º Virgem		13 de outubro	– 20º Libra

14 de outubro	– 21º Libra
15 de outubro	– 22º Libra
16 de outubro	– 23º Libra
17 de outubro	– 24º Libra
18 de outubro	– 25º Libra
19 de outubro	– 26º Libra
20 de outubro	– 27º Libra
21 de outubro	– 28º Libra
22 de outubro	– 29º Libra
23 de outubro	– 30º Libra
24 de outubro	– 1º Escorpião
25 de outubro	– 2º Escorpião
26 de outubro	– 3º Escorpião
27 de outubro	– 4º Escorpião
28 de outubro	– 5º Escorpião
29 de outubro	– 6º Escorpião
30 de outubro	– 7º Escorpião
31 de outubro	– 8º Escorpião
1º de novembro	– 9º Escorpião
2 de novembro	– 10º Escorpião
3 de novembro	– 11º Escorpião
4 de novembro	– 12º Escorpião
5 de novembro	– 13º Escorpião
6 de novembro	– 14º Escorpião
7 de novembro	– 15º Escorpião
8 de novembro	– 16º Escorpião
9 de novembro	– 17º Escorpião
10 de novembro	– 18º Escorpião
11 de novembro	– 19º Escorpião
12 de novembro	– 20º Escorpião
13 de novembro	– 21º Escorpião
14 de novembro	– 22º Escorpião
15 de novembro	– 23º Escorpião
16 de novembro	– 24º Escorpião
17 de novembro	– 25º Escorpião
18 de novembro	– 26º Escorpião
19 de novembro	– 27º Escorpião
20 de novembro	– 28º Escorpião
21 de novembro	– 29º Escorpião
22 de novembro	– 30º Escorpião

23 de novembro	– 1º Sagitário
24 de novembro	– 2º Sagitário
25 de novembro	– 4º Sagitário
26 de novembro	– 5º Sagitário
27 de novembro	– 6º Sagitário
28 de novembro	– 7º Sagitário
29 de novembro	– 8º Sagitário
30 de novembro	– 9º Sagitário
1º de dezembro	– 10º Sagitário
2 de dezembro	– 11º Sagitário
3 de dezembro	– 12º Sagitário
4 de dezembro	– 13º Sagitário
5 de dezembro	– 14º Sagitário
6 de dezembro	– 15º Sagitário
7 de dezembro	– 16º Sagitário
8 de dezembro	– 17º Sagitário
9 de dezembro	– 18º Sagitário
10 de dezembro	– 19º Sagitário
11 de dezembro	– 20º Sagitário
12 de dezembro	– 21º Sagitário
13 de dezembro	– 22º Sagitário
14 de dezembro	– 23º Sagitário
15 de dezembro	– 24º Sagitário
16 de dezembro	– 25º Sagitário
17 de dezembro	– 26º Sagitário
18 de dezembro	– 27º Sagitário
19 de dezembro	– 28º Sagitário
20 de dezembro	– 29º Sagitário
21 de dezembro	– 30º Sagitário
22 de dezembro	– 1º Capricórnio
23 de dezembro	– 2º Capricórnio
24 de dezembro	– 3º Capricórnio
25 de dezembro	– 4º Capricórnio
26 de dezembro	– 5º Capricórnio
27 de dezembro	– 6º Capricórnio
28 de dezembro	– 7º Capricórnio
29 de dezembro	– 8º Capricórnio
30 de dezembro	– 9º Capricórnio
31 de dezembro	– 10º Capricórnio